ARISTOTLE
PHUSIOGNŌMONIKA

아리스토텔레스

관상학

그린비 고전의 숲 07

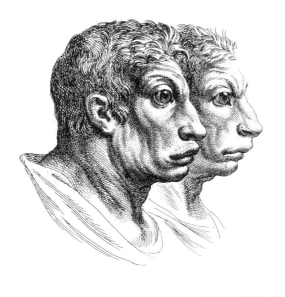

ARISTOTLE
PHUSIOGNŌMONIKA

그린비

김재홍 옮김·주석

책을 내면서
변명을 위한 변명

아리스토텔레스의 『관상학』을 번역하고 소개하면서 몇 마디 군더더기를 첨언하지 않을 수 없다. 몇 마디라고 했지만 꽤 길어질 수도 있다. 관상학에 얽힌 주변적인 애기보다는 아리스토텔레스의 저작으로 전해지는 『관상학』에 무슨 애기가 실려 있는지에 더 관심을 가진 사람은 대뜸 본문으로 진입해서 읽어도 좋을 것이다.

영국에서 한동안 판매가 금지되었던 '아리스토텔레스의 섹스 교본'이 지난해 에딘버러에서 경매에 부쳐졌다고 해서 화제가 된 바 있다. 이름하여 『아리스토텔레스의 완전한 걸작』(Aristotle's Masterpiece)이라는 책이었다.[1] 경매 가격으로 400파운드가 넘을 것으로 예상했으니 꽤 비싼 편이다. 이 책이 처음 세상에 나온 것은 1684년으로 대중적으로 꽤 널리 읽혔다고 한다. 예나 지금이나 '빨간책'은 인기 만점이다. 이후 이 책은 200년간이나 영국에서 판매가 금지되었다. 이 책은 아마추어 산파와 미숙한 부부를 위한 임신과 섹스에 관한 정보를 담고 있다.

이 책은 혼외 섹스로 인해 벌어지는 비참함과 경고를 포함하고 있을 뿐 아니라 현대 독자들이 놀랄 만한 섹스에 대한 관점도 전해 주고 있다.

---

1   *The MASTERPIECE and other works,* By "Aristotle, the Famous Philosopher", Published by the Ex-classics Project, 2010. http://www.exclassics.com, Public Domain.

또한 오늘날 우리가 지저분하다고 생각할 수 있는 행위들이, 거기에는 아무렇지도 않게 서술되어 있어서 흥미를 불러일으키기도 한다. 17세기에는 임신하기 위해 성애(性愛; sexual intercourse)를 즐기는 것이 여성에게 유용하다고 생각했으며, 당시의 일반적인 통념은 남녀가 성애를 즐기는 것은 당연한 것이었다. 지금으로서는 흥미로운 점인데, 그보다 훨씬 이후에는 여성은 임신하기 위해 성적 클라이맥스에 도달할 필요가 없고,

여성이 섹스를 즐기는 것 자체는 별로 중요한 것으로 간주되지 않았다고 한다.

정작 문제가 되는 것은 섹스와 임신에 관한 교본에 어째서 '아리스토텔레스'라는 이름이 붙어 있는가 하는 점이다. 이 작품의 실제 저자는 알 수 없다. 실상 아리스토텔레스의 이름이 붙어 고대로부터 전해진 저작 중에 어떤 것들은 위작(僞作)으로 간주되며, 그 이후의 저작들은 대부분 가짜인 게 많다. 아리스토텔레스의 권위에 의존해서 아주 그럴듯하게, 다시 말해 현실적이고―경험적인 데이터를 아주 근사하게 오려 붙여 놓고 아리스토텔레스라는 이름으로 그 주장의 신빙성을 띠도록 했을 것으로 생각된다.

사실상 서양 중세에는 오랜 세기 동안 아리스토텔레스라는 이름 자체가 학문의 권위와 진리를 상징했었으니 더 말해 무엇할까. 동양에서 '공자 왈 맹자 왈' 하듯, 서양에도 대략 12~15세기까지는 '아는 자들의 스승'이었던 **'그 철학자(아리스토텔레스)** … 자신이 말씀하시길'(Ille Philosophus … ipse dixit)이라고만 하면 만사형통이던 시절이 있었다.[2] 앞에서 당장 문제가 된 책은, 전해지는 아리스토텔레스의 생물학 저작 속에서 성과 임신에 관한 이러저러한 부류의 이야기를 끄집어내 그럴듯하게 구성하고 꾸몄을 수 있다. 그런 것을 밝혀내는 것도 고전을 해석하는 즐거움이랄 수는 있겠으나 그저 흥밋거리에 지나지 않는다.

이태 전인가 우연한 계기에 서양 고전을 연구하는 정암학당 식구들과 차 한잔을 하면서 잡담을 나누던 중, 당시 장안에 화제를 뿌리며 인구(人口)에 회자되던 영화 「관상」이 언급되었다. 그때 누군가가 아리스토

---

2 스콜라 철학자들에게 그렇게 불렸다. 철학자라는 말 자체인 Philosophus가 대문자로 쓰이면 그 시대에는 곧 '아리스토텔레스'를 지칭한다.

텔레스 저작집에 실려 있는 『관상학』이라는 작품을 언급하며, 그 내용을 제대로 소개해 주면 좋을 것 같다는 말을 해 주었다. 또한 그는 한국에 최초의 '인상학 박사'가 있다는 소식도 전해 주었다. 그 박사학위 논문이 '아리스토텔레스의 관상학'을 다루고 있다는 것이었다.

정작 문제는 이런 것이다. "아, 그거 정말 아리스토텔레스 작품이야?" 이쯤에 이르면 그래도 아리스토텔레스를 전공했다고 자처하는 나로서는 무슨 말인가를 해야 할 것 같았다. 그래서 국회 전자도서관에서 그 논문[3]을 내려받아 훑어보았다. 아리스토텔레스 철학을 전공한 나의 눈에 그 논문은 아리스토텔레스 '할아버지'의 저작에 대한 관례적 인용 방식과 어긋나게 영어 번역본 쪽수를 인용하면서 원문을 소개한 것을 비롯하여, 여러 못마땅한 구석이 고스란히 보자기에 싸인 채 들어왔다. 하긴 서양 고전 문헌을 주 전공으로 삼지 않는 전공 영역에서 만들어 낸 연구 업적에 대해 지적하는 일은 참으로 민감하고도 난처한 일이다. 외려 아리스토텔레스 전공자로서는 누구도 관심을 표명하지 않는 작품에 대해 고전 철학을 전공하지 않은 학자가 지대한 관심을 갖고 지적인 애정(?)을 베푼 작업이니 얼마나 고마운 일이겠는가마는! 또 그렇게 시간이 흘렀다. 그러다 지난 3월에 어떤 연유로 내 '작은 영웅'이 잠시 내 곁을 떠나면서 편치 않은 마음을 둘 데 없던 참에 숙제로 남겨 두었던 작품이나 번역하고자 마음을 먹고 작업을 시작했다.

아리스토텔레스의 중요 저작이 여전히 완전하게 번역되지 못한 사정을 잘 알면서도 학술적으로 그다지 중요한 위치를 차지하지 않은 『관상학』을 번역했다는 것에 조금은 마음이 편치 않았다. 실제로 동학(同學)인

---

3   주선희, 「동서양 인상학 연구의 비교와 인상관리에 대한 사회학적 고찰」, 경희대 대학원 사회학과, 2004.

어느 분은 핀잔 아닌 핀잔을 주면서 '뭘, 그런 것까지 손을 대누'라고 했다. 오늘도 그 극복하기 힘든 헬라스 고전 원전을 붙들고 씨름하는 동료 고전 철학자들이 손사래 치며 뭐라고 혼내는 듯한 기분이 들기도 한다.

전남대 철학과의 외우(畏友) 김상봉 교수는, 헤겔의 『정신현상학』에서 헤겔이 도대체 관상학, 골상학에 대해 뭐라고 했으며 헤겔의 입장은 무엇이냐고 묻는 내 질문에 친절히 답변하던 중, 연세대 설혜심 교수의 『서양의 관상학 그 긴 그림자』(한길사, 2002)라는 매우 밀도 있는 서양 관상학의 역사 연구서를 소개해 주었다. 그 책에 힘을 받아서 『관상학』을 단순히 번역하는 것을 넘어 번거로운——어쩌면 독자로서는 따분하고 지루한——주석과 긴 해제를 쓰게 되었다.

그렇다면 아리스토텔레스 저작 중 25퍼센트 이상을 차지하는——어떤 작품은 '생물학'에 포함하기에는 다소 까다로운 문제가 있지만, 실제로 아리스토텔레스는 '생물학'이라는 말을 사용하지 않았다——생물학 저작에 대한 초보적 연구조차 시작되지 않은 '여기 지금'(hic et nunc) 당장의 상황에서 시간을 들여 가며 애써 이 책을 번역해 낸 이유는 무엇인가? 이유를 군이 꼽자면 나 자신의 흥미가 이 일에 착수하도록 했다는 것이 가장 솔직한 고백일 것이다. 누군가는 미아리에서 가부좌 틀고 앉아 '관상쟁이'가 될 것이냐는 지청구를 주겠지만, 억누를 길 없는 지적 호기심이 고양이를 죽일지 살릴지 누가 알겠는가? 혹여 이 책 때문에 정말로 저잣거리에 앉아 두꺼운 돋보기안경을 낀 채로 남의 관상 보는 일이야 일어나겠는가? 엄청나게 큰돈을 번다면 몰라도 내 관상을 보아하니 그런 팔자는 못 될 듯하다.

이 책의 초벌 번역을 읽어 주고 적절한 지적을 해 준, '아리스토텔레스 연속이론 연구'로 서울대 대학원 철학과에서 박사학위를 끝내고 현재는 군산대학교 교수로 있는 유재민 선생에게 고마움을 전한다. 주석과 해제를 쓰도록 자료를 준비해 준 동학(同學) 서울대학교의 안재원 교수, 사랑하는 후배들인 숭실대 오지석 교수와 신응철 교수, 백두환 선생, 연세대학교 철학과 이대일 학형(學兄)에게 변함없는 우정과 감사의 마음을 전한다. 미처 발견하지 못한 논리적 잘못이나 부적절한 표현이 있다면 그것은 전적으로 필자가 짊어질 몫이다.

거듭 고마움을 전해야 할 한 분을 마지막으로 기억하고자 한다. 정암학당 이사장이신 이정호 교수님을 빠뜨린다면, 사람의 도리를 잊는 것인지도 모르겠다. 예전처럼 건강을 되찾으시어 열정적으로 세상에 대해 정의로운 분노를 내뿜는 모습을 보고 싶다는 간절한 소망을 여기다 적어 둔다.

책이 마무리될 무렵에 돌아와 위안이 돼 준 내 마음속 작은 영웅, 손녀 지아가 건강하게 자라길 바란다.

2014년 10월

손녀가 벌써 초등학교 5학년이 된다. 세월이 참 빠르다. 그러고 보니 이 책의 번역본이 나온 지도 10년이 되었다. 어떤 사정인지 번역자인 나도 모르게 발간된 지 얼마 되지 않아 초판이 절판되었다. 그간 여러 사람들로부터 이 책을 다시 출판할 수 없느냐는 말을 들었다. 이번 수정판에는 번역을 전면적으로 새로 했으며, 해제 부분을 새롭게 보충하고, 초판본에서 부족했던 부분을 수정 보완했다. 이 책과 연관을 맺고 있는 아리스토텔레스의 생물학 저작 중 『동물의 부분들에 대하여』가 다음 작업이 될 것이다.

2024년 3월 창월당

일러두기

1 이 책은 『'아리스토텔레스의 저작 모음집』(*corpus Aristotelicum*)의 『소작품집』
(*Opuscula*)에 실려 있는 『관상학』(*Phusiognōmonika*)을 우리말로 옮기고 풀이한 것이
다. 옮긴이가 대본으로 삼은 헬라스어 원전 텍스트는 임마누엘 벡커판(I. Bekker, 1831
베를린)을 따르고 있는 하버드대학 출판부에서 간행한 Loeb 시리즈 중에 W. S. Hett,,
Aristotle; Minor Works, XIV, Cambridge, Mass., 1936(1993)에 실려 있는 판본을 대본
으로 사용했다. 원칙적으로 벡커판을 따르되, 여러 대목에서 필요한 경우 원전 독해
를 달리했을 경우나, 다른 전승된 판본에 따라 텍스트 해석을 달리한 경우에는 주석에
서 그 점을 밝혀 놓았다. 이 책의 헬라스어 판의 전승된 여러 사본을 수정한 R. Förster,
Scriptores Physiognomonici Graeci et Latini(2Bde., Teubner, Leipzig 1893)를 참고했다.

최근에 쉽게 이용할 수 있는 푀르스터(1843~1922)의 헬라스어 판본은 ed. S. Swain,
Seeing the Faces, *Seeing the Soul: Polemon's Physiognomy from Classical Antiquity to
Medieval Islam*(Oxford 2007)의 '부록'으로 실려 있다. 스웨인(2007)은 러브데이와 포스
터(T. Loveday, T & E. S. Forster) 번역을 상당 부분 수정해서 싣고 있다. 그 밖에도 이 책
에는 고대 관상학에 관한 주요 작품들로서 『폴레몬의 관상학』(아라비아어의 Leiden판
의 새로운 편집판), 『이스탄불의 폴레몬판』(TK 수정판), 『소피스트 아다만티우스의 관
상학』『무명씨의 라틴어판 관상학』 등이 원전으로 실려 있다.

2 독일어 번역본인 주석과 해제가 달려 있는, Bamberg대학 고전학 교수 자비네 폭크
트의 책[Aristoteles, *Physiognomonica*, übersetzt und kommentiert von Sabine Vogt,
Wissenschaftliche Buchgesellschaft, Darmstadt, 1999[Aristoteles, Opuscula, Band 18,
Teil VI], 1999)으로부터 큰 도움을 받았다. 자비네 폭크트는 푀르스터 판본이 전승된 사
본을 거스르고 지나친 개입을 하고 있음을 지적하면서(p. 229 아래), 자신이 선호하는
벡커판에 의존해서 번역, 주석, 해석하고 있다. 이 책은 본인의 박사 학문을 토대로 『관
상학』에 대한 번역과 주석 그리고 긴 해제를 덧붙인 저작이다. 헬라스 원문이 벡커판으
로 10여 쪽에 불과한데도, 그에 딸린 주석과 해제만도 486쪽에 달하고 있다. 자비네 폭
크트에게 깊은 신뢰와 감사를 표한다. 이 책을 번역하는 데 사용된 아리스토텔레스 텍
스트와 옮긴이가 참고한 문헌은 이 책의 끝에 수록했다.

3 아리스토텔레스 저작을 표시하는 관례에 따라서 벡커(1831, Berlin)판의 텍스트 표시
를 사용하였다. 이를테면 805a8은 '벡커판 805쪽 왼쪽 난(欄: column) 8행'을 표시한다.
b는 오른쪽 난을 가리킨다.

4 각 장의 소제목은 옮긴이의 해석에 맞춰 옮긴이가 임의로 붙인 것이다.

5 원칙적으로 헬라스 원전에 충실해서 옮기되, 우리말로 매끄럽지 않을 때에는 어느 정도
의역(意譯)을 했다. 되도록 맥락이 연결되게끔 옮긴이의 해석에 맞춰 옮기려 노력했다.

6 원문에 없지만 문맥상 생략된 말로 생각되거나 겉으로 드러나지 않은 말들로 인해서 원
문만으로 의미가 충분히 전달되지 않는다고 판단될 때에는 [ ] 기호를 사용하여 옮긴
이 임의로 원문을 이해하는 데 도움이 될 수 있는 방향으로 의미를 보충했다. 혹은 원어
에 대한 부가적 설명을 담고 있다. 물론 다른 풀어쓰기가 요청되는 경우에는 주석에서

그 뜻을 명확히 밝혔다. (　)는 원문의 헬라스어와 다른 가능한 번역어라든가 혹은 원문에 괄호 표시된 말의 번역을 표시한다. 따라서 원문으로 읽어도 무방하다. 가능한 한 독해하는 데 방해가 되지 않도록 원문에 생략된 표현이나 겉으로 드러나지 않은 헬라스어로 판단된 경우에도 기호 표시를 하지 않은 채 번역에 삽입해서 읽으며 옮기려 노력했다.

7 ē와 ō는 헬라스어 장모음 에타(eta)와 오메가(omega)를 표시한다. χ는 ch로, υ는 u로 표기하고, 헬라스어의 우리말 표기는 원음에 가깝게 표기하고, υ는 일관적으로 '위'로 읽어서 Phuthagoras는 퓌타고라스로, Aiguptos는 아이귑토스로 표기했다. 후대의 이오타시즘(iōtakismos)은 따르지 않는다. Iota subscript(hupogegrammenē)를 드러내 표기하지 않았다.

차례

논고 A

논고 B

아리스토텔레스

관상학

아리스토텔레스와 관상학의 역사적 연원
관상학과 의학

"여호와께서 사무엘에게 이르시되 그 용모와 신장을 보지 말라.
내가 이미 그를 버렸노라. 나의 보는 것은 사람과 같지 아니하니,
사람은 외모를 보거니와, 나 여호와는 중심을 보느니라."
——『사무엘 상』16장 7절

"의미는 관상이다."
——비트겐슈타인, 『철학적 탐구』 §568

이 책은 19세기에 임마뉴엘 벡커가 편집한 '아리스토텔레스 저작 모음
집'(*corpus Aristotelicum*)에 실린 『관상학』(*Phusiognōmonika*)을 번역하고,
주석과 해제를 붙인 것이다. 서양 고대에 쓰인 가장 영향력 있는 관상학
에 대한 작품을 꼽는다면, 단연 '아리스토텔레스의 이름'[1]으로 떠돌아
다니고, 벡커가 편집한 '아리스토텔레스 저작 모음집'에 실려서 오늘에
까지 전해지고 있는 『관상학』일 것이다. 진작(眞作) 여부를 차치한다면
이 작품은 그 이래로 관상학의 전형이 되었고, 이후에 저술된 관상학에
관한 대부분의 작품들은 이 작품을 언급하지 않고는 생겨날 수 없었다
고 해도 지나친 말이 아니다. 로마 시대의 폴레몬(Polemōn ho Laodikeus,
88~144년)의 작품과 무명(無名)씨의 라틴어 작품, 심지어 의학자 갈레
노스(Galēnos 129~199년; 129~200/216년)가 관상학에 대한 이론적인

---

1   보다 올바르게 표현하면 '아리스토텔레스에게로 돌려지는 『관상학』'(*Phusiognōmonika
    ta eis Aristotelē anapheromena*)일 것이다.

논의에 빠져 있을 때조차 염두에 두고 있었던 것도, 또『혼의 기능(힘)은 신체의 기질(혼합)을 따른다』라는 책의 첫 문장까지도 이 작품에 의존하였다.[2] 실제로 갈레노스는 혼의 힘이 신체와 결부되어 있다고 믿었다. 또한 3세기경의 소피스트 아다만티우스(Adamantius)의 축약본 등도 그렇다.

그런데 무척 아쉬움이 남지만 엄밀하게 말해서 '아리스토텔레스의 이름'으로 알려진『관상학』은 아리스토텔레스의 진작이 아니다. 아리스토텔레스의 뤼케이온(Lukeion) 학원의 전통을 이어받은 매우 똘똘한 학생(들)인 페리파토스(소요학파)[3] 계열의 '짝퉁(僞: Pseudo) 아리스토텔레스'(아리스토텔레스 추종자들 가운데 '누군가')가 기원전 3세기경에 쓴 것으로 추정된다.[4] 이 책의 진작 여부는 17세기경부터 의심을 받았지만, 명확하게 위작(僞作)으로 간주되기 시작한 것은, 특히 19세기 말에 로제(Valentin Rose)와 푀르스터(Richard Foerster)의 연구 이후이다.

---

2   *Quod animi mores corporis temperamenta sequantur*, ed. S. Swain, *Seeing the Faces Seeing the Soul: Polemon's Physiognomy from Classical Antiquity to Medieval Islam*, Oxford, 2007, p. 45.

3   소요학파(Peripatetic)라는 이름은 '걸어 다니면서 철학을 가르쳤다'(peripatein)'라는 것에서 유래하였다. 그러나 실제로는 colonnade(주랑) 혹은 peripatos(遊步場)에서 가르쳤다는 것에서 유래하였을 것이다. 소요학파는 철학사에서 아리스토텔레스적 철학 전통을 일컫는 말이다. 아리스토텔레스 철학 전통은 고대의 페리파토스학파 내에서 대체로 세 단계로 나누어진다. 이에 대한 더 자세한 사항은, 김재홍,『왕보다 더 자유로운 삶』, 서광사, 2013, 120~124쪽 참조.

4   나는 아리스토텔레스와『관상학』의 저자──'짝퉁 아리스토텔레스'라고 부르겠다──를 명확히 구분해서 언급하고자 한다. 아래에서 다시 언급하겠지만,『관상학』의 저자가 혼자인지 둘인지의 여부는 여전히 문제가 될 수 있다. 2300년 지난 이 시점에서 이러한 구분이 이 책의 독자에게 무슨 의미와 효용이 있겠느냐고 말할 수 있겠지만, 유감스럽지만 나로서는 그렇게 하지 않을 수 없다. 오랜 기간을 아리스토텔레스를 선생으로 모시고 공부해 온 고전 철학 연구자로서, 엄밀성(akribeia)을 추구하는 정신을 '아리스토텔레스 선생'으로부터 배운 입장으로서는 양보할 수 없는 미덕이라면 미덕이라 할 수 있을 것이다.

로제는 페리파토스학파에서 유래한 관상에 관한 저작들에서 후대에 익명의 저자에 의해 발췌된 것이라고 추정했다. 이 책에서 유일하게 언급되고 있는 인명이 디오뉘시오스이다(808a16). 이 인물은 필로스트라투스의『소피스트의 생애』제1권 22에서 거론되고 있는 '두 번째 소피스토' 시기, 즉 기원전 2세기에 활동한 밀레토스의 디오뉘시오스임은 문맥상 분명하다. 이것만으로 이 저작이 쓰인 연대가 대략적으로 고정될 것 같지만, 반드시 그런 것만도 아니다. 이 언급을 비롯해서 이 책의 여러 대목이 나중에 덧붙여진 것으로 추정된다(자비네 폭크트[1999], p. 375). 이 인물은 또한 2세기경의 로마에서 웅변가로 활동했던 관상학자 폴레몬과도 어떤 관계가 있었던 것 같다(Campanile, M. D.[1999], pp. 294~297). 어쨌든 그렇게 덧붙여진 것 하나만으로 이 책의 저작 연대를 확정하는 것은 분명히 무리가 있어 보인다. 오늘날에는 더 이상 아리스토텔레스가『관상학』의 저자로 간주되지 않는다. 이 점은 아무런 이의 없이 대부분의 학자들에게서 받아들여지는 정설로 굳어진 견해다.

　일반적인 문화–역사적 배경에서 보자면 기원전 4세기 말에 이르러 관상학에 대한 일반적인 관심이 증대했다. 이는 페리파토스 계열의 철학자의 연구에도 반영되었다. 나중에 다시 언급하겠지만 기원전 319년으로 거슬러 올라가는 테오프라스토스의『성격의 유형들』이라는 작품은 관상학의 기초가 되는 '성격 유형 연구'에 대한 이러한 관심에 중요한 토대를 놓았으며,『관상학』과의 어떤 유사성을 보여 주고 있다. 만일 이 작품이 '짝퉁 아리스토텔레스 작품들'(Pseudaristotelica) 이전에 쓰였다고 하면, 대략 기원전 3세기 중반으로 작품 연대를 특정할 수 있을 것이다. 그 이유는 이 작품이 나머지 '짝퉁 아리스토텔레스의 작품'의 연구를 제대로 반영하고 있지 않기 때문이다. 무엇보다 기원전 300년경으로 설정되는 것은 진작 여부가 의심받는『자연학적 문제들』과 그 연결성이 부족하기 때문이다(자비네 폭크트[1999] pp. 195~196).

　이 작품을 '가짜' 작품으로 판정하는 이유는『관상학』에서 사용된 학문 방법론이 **대단히 유사(類似) 아리스토텔레스적**이기는 하지만, 아리스토텔레스 학문 이론의 정통 핵심을 비껴가는 철학적 관점이 명확히 드러나 있기 때문이다. 이에 대한 보다 자세한 논의는 이 책의「해제」를 참조하기 바란다. 그럼에도 우리가 이 책의 저자명을 '아리스토텔레스' 또는 '짝퉁-아리스토텔레스'라고 언급하지 않고『관상학』의 두 논고를 모두 '아리스토텔레스적'이라고 설명하는 것은 그 정당성을 가진다.

아리스토텔레스 관상학의 정의──「논고 A」와「논고 B」의 대조 검토

서양에서 관상학은 인상학과 골상학을 포괄하는 넓은 의미로 사용되는 개념이었다. 오늘날의 관상학은 흔히 '외적 신체의 생김새를 관찰하여 개인의 성격을 평가하는 학문'으로 정의된다. 관상학에 해당하는 헬라스어 phusiognōmonika는 phusis(자연, 본성)와 '알다', '판단하다', '해석하다'를 의미하는 gnōmōn이 결합되어 생겨났다. phusiognōmonika의 단수 형태 phusiognōmonikē technē(관상학적 기술)는 phusio - gnōmoneō로부터 파생되었다. 결국 중성 복수형의 phusiognōmonika는 'phusiognōmonia에 관계되는(혹은 속한) 것들'을 의미하게 된다. 이 말은 다시 고대 후기에 접어들어 압축 형태인 phusiognōmia로 사용되었다. 영어 physiognomy가 바로 이 말에서 나왔다.

　이 책에서 전개된 여러 철학적 관점을 고려해 볼 때, 거듭 말하거니와 아리스토텔레스 문하에서 열심히 배운 누군가가 아리스토텔레스의 학문 방법론을 빌려 관상학 논의를 전개한 듯하다. 관상학에 대한 논의가

많이 언급되고 있는, 아리스토텔레스의 생물학 관련 3부작이라 불리는
『동물 탐구』,[5]『동물의 생성에 대하여』,『동물의 부분들에 대하여』를 비
롯한 생물학 저작에 정통한 학자가 아리스토텔레스의 이름을 빌려 관상
학 논의를 발전시켰다고 보는 것이 타당할 것이다.

　진화론의 창시자로 잘 알려진 찰스 다윈은 그의 책『인간과 동물의 감
정 표현』(The Expression of the Emotions in Man and Animals, 1872)에서 아리
스토텔레스의 관상학 관련 책을 두고 "그의 여전히 흥미로운 책"이라고
말하면서, 인간의 신체적 표현을 성격 특징 및 사고 습관과 연결하는 데
는 그럴 만한 충분한 근거가 있다고 주장하기도 했다.

　이 책은 크게 보아「논고 A」와「논고 B」로 구성된다. 이 구분은 푀르
스터(1893)에 따른 것이다. 자세한 구조 분석은 이 책 말미에 있는「해
제」에서 다루겠다. 먼저 기억해 둬야 할 것은 그 형식에서나 내용에서
「논고 A」와「논고 B」는 다소 차이가 있기 때문에, 이 두 논고가 서로 다
른 저자에 의해 완성되어 하나의『관상학』으로 모아 편집된 것으로 보
인다는 점이다. 이 문제를 여기서 자세히 다룰 수는 없지만, 그럼에도 이
두 논고를 한 권으로 묶어 놓은 것은 나름대로 이유가 있어 보인다. 아래
에서 나는 이 점을 간략히 설명할 것이다.

　이 책에서 "관상학은 그 이름에서 알 수 있듯이, **마음에 자연적으로
생긴 성격 특성들(겪음들)**(ta phusika pathēmata)을 다루는 것이다. **획득
된 성격 특성**이라도 그것이 생기면서 관상의 대상이 된 징표가 변화한
다면, 그것 또한 관상학과 관련된다"[6]라고 정의된다. 요컨대 관상학은

5　『동물 탐구』를 비롯한 생물학 저작과 관상학의 연관 가능성에 대해서는 제프리 로
　이드(G. E. G., Lloyd, *Science, Folklore and Ideology; Studies in the Life Sciences in Ancient Greece*,
　Cambridge, 1983, pp. 23~26) 참조.
6　『관상학』806a23~25. 강조 표시는 필자에 의한 것임.

인간에게 자연적 혹은 본성적으로 일어나는 마음 안에서의 겪음과 그에 부수하는 정신적 특성을 다룬다. 이런 측면에서 관상학은 논리적이고 개념적인(logikos) 대상을 다루는 것이 아니라, 사실적이고 자연적인(phusikos) 대상을 다룬다. 다시 말해, 이 책에서 규정되는 관상학은 '외형적으로 드러난 모습(ēthos)과 움직임, 형태로부터 이끌려 나온 추론들'과 '신체 부분들로부터의 징표'를 통해 정신적 특성을 탐구하는 것으로 정의할 수 있겠다. 그래서 이 책의 저자는 관상학자들이 하는 일이란 정신적 속성을 명증(明證)하게 보여 주는 신체의 부분을 통해서 인간의 성격을 파악하는 것으로 보고 있다.

> "징표로서 선택되는 전체 징표들에서, 다른 징표보다 한층 명료하게 기초적인 성격 특성을 표시하는 어떤 징표가 있다. 또한 징표가 더 명료해지는 것은 그것이 [신체의] 가장 적합한 장소에서 나타나는 경우다. 여기서 가장 적합한 신체상의 장소란 눈, 이마, 머리 그리고 얼굴 언저리이며, 다음으로는 가슴과 어깨 언저리, 그다음으로는 다리와 발 언저리이다. 뱃살은 별로 중요하지 않다. 한마디로 말해서, 그러한 신체상의 몇몇 부분이 가장 명증한 징표를 제공하는 것이며, 그것들을 참조함으로써 분별력(프로네시스)이 가장 적절하게 작용하는 것이다"(814b1~10).

「논고 A」의 저자는 『분석론 전서』 제2권 제27장에서의 관상학적 징표 추론의 네 가지 논리적 전제 조건에 대한 아리스토텔레스의 설명을 충실하게 따르며, 개별적인 점에서는 그의 주장을 더욱 발전시켰음을 보여 주고 있다. 이 책이 원래는 별개로 있었던 성격이 분명히 다른 두 논고(두 계통의 사본 부류)를 '관상학'이라는 주제 아래 기계적으로 결합한 것이라고 한다면, 이들 두 논고의 저자를 동일 인물이라고 보기는 어렵다. 「논고 A」의 논의는 아리스토텔레스의 『분석론 전서』 제2권 제27장에 강하게 의지하고 있다. 거기서의 "자연적으로 생긴 성격 특성"(phusika pathēmata)이라는 용어도 그대로 차용하고 있다.

반면에 「논고 B」에는 「논고 A」에서 한 번도 찾아볼 수 없는 '전체 인상'(epiprepeia)이라는 완전히 다른 독자적인 개념을 사용하고 있다. 이는 두 논고의 차이를 여실하게 보여 준다. 「논고 A」에서 한 번도 나타나지 않았던 이 개념은 「논고 B」에서는 가장 중요한 방법론적 역할을 수행한다. 이 말은 동사 epiprepein(눈에 확 띄다, 겉으로 드러나다)에서 나왔다. 이 말은 접두사(epi)를 제외한 prepein('적당하다', '적합하다')과도 의미상으로 연결되어 있다. 그래서 명사형 epiprepeia는 '적합성', '합치' 및 '외관', '겉보기'라는 의미를 가진다. 아마 이 말은 「논고 B」 저자가 조어(造語)했을 가능성이 농후하다. 「논고 B」에서 개별적 동물의 종, 수컷과 암컷은 마찬가지로 하나의 유비로서 epiprepeia(전체 인상)는 대상의 성격을 파악하고, 그 성격을 '환원해서' 판별하고 확인하는 주요한 근거가 되고 있다. 좀 더 나가면 이 말은 '한 개별자의 본질을 규정하는 것'이라는 의미에 접근해 간다. 자비네 폭크트가 Gesamteindruck(전체 인상)로 번역하는 것과 달리, 러브데이와 포스터 그리고 스웨인(S. Swain[2007], 부록의 『아리스토텔레스에게로 돌려진 관상학』 번역 참조)은 그것을 '합치'(congruity)로 이해한다. 이렇게 번역하는 이유는 809a13~18에서 '특정한 징표와 특정하게 지시된 것' 간의 안성맞춤의 '합치'(일치)를 말하고 있기 때문이다. 게다가 809a18에서는 이 양자가 'prepein dei(… 합치해야만 한다)'고 말하고 있다. 이 책에서는 주로, 관상하는 경우 규준(規準)으로 자주 사용되는 동물, 암컷과 수컷, 감정과 마찬가지로 어떤 특정 신체적 징표와 성격 특성의 결합을 직관적이고 보편적으로 가져오는 것을 의미한다. 즉 일종의 '판별'하는 유형이라고 말할 수 있다. 그래서 「논고 B」에서는 '그 증거로 수컷/암컷/사자 등을 참조하라' 혹은 '전체 인상으로 되돌려서 확인하라', '그 증거로는 해당하는 전체 인상을 참조하라'와 같은 정형적 표현이 사용된다. anapheretai epi(…에로 돌려서 조회하다)라는 표현은 「논고 B」에서 무려 백열네 번이나 사용된다. 811a1~5에서는 전체 인상을 **참조해야**(조**회하는**) 하는 이유를 들고 있다. 그것은 '전체 인상'에서 관상 대상의 신체적 징표와 그 사람의 성격을 드러내 보이는 외관이 '합치하기' 때문이다. 이쯤에서 epiprepeia라는 말에 '적합성'과 '외관'이라는 의미가 한데 결부되고 있다고 생각된다. 이러한 해석에 대하여 스웨인은 '개별적인 징표'와 그것들이 지시하는 성격적 특징 간의 '적합함' 내지는 '일치'를 의미하는 것처럼 보이게 하는 것으로 이해하기도 한다(George Boys-Stones[ed. S. Swain, 2007], p. 70). 나는 이 두 입장 어느 쪽에도 치우치지 않고 양쪽으로의 가능성을 다 열어 두고 결정을 유보하면서 일단 '전체 인상'으로 옮겼다. 나중 시대의 관상학자에 속하는 소피스트 아다만티우스의 『관상학』 B1에는 "모든 이러한 징표에 부수하는 인간 전체의 전반적인 인상(epiprepeia)이 판단하는 데(eis epikrisin)에 가장 중요하다"라는 구절이 나온다. 이 밖에도 이 말은 '전반적인 인상'을 의미하는 『무명씨의 라틴어판 관상학』 45("전체 상황과 신체의 성질[qualitate corporis]로부터 나온 전체 인상[omnis aspectus]을 헬라스인들은 epiprepeia라고 부르고, 모든 관상학의 작가들은 이것에 최고의 강조점을 둔다")에도 나온다. 이런 점을 고려하면 두 논고의 저자가 다르다고 해석해도 아무런 무리가 없을 성싶다.

아리스토텔레스의 『분석론 전서』에 따르면, 관상학이 학문으로서 성립하기 위해선, 즉 관상학적 연구가 가능해지는 것(phusiognōmonein)은 신체와 혼이 "서로 함께 변화를 겪는다(sumpaschein)고 가정되는" 경우라고 주장한다.[7] 아리스토텔레스의 학문 방법론을 어느 정도 수용하는 『관상학』의 「논고 A」는 "정신적 특성들(마음의 작용)은 신체적인 것에 수반하는 것으로, 신체의 운동 변화에 영향받지 않고, 그 자체로 존속하는 것이 아니다"라는 주장을 내세우는 것으로부터 시작한다. 이와 거의 비슷하게 「논고 B」의 첫 문장은 "나에게는 혼과 신체가 서로 간에 공통된 변화를 겪는(sumpathein allēlois) 것처럼 생각된다. 혼의 상태가 변화를 겪는 동시에 신체의 형태에도 어떠한 변화가 생긴다"라는 것으로부터 시작하고 있다. 아리스토텔레스의 『분석론 전서』 그리고 「논고 A」와 「논고 B」가 공통적으로 명확히 주장하는 바는 요컨대 신체와 정신 간의 쌍방향의 관계가 성립한다는 전제 위에서 관상학이 연구될 수 있다는 점이다.

게다가 아리스토텔레스의 『분석론 전서』와 『관상학』은 '신체와 혼(psuchē)이 서로에 대하여 동시적으로 함께 변화를 겪는다(상호작용한다; sumpaschein)'(70b16, 805a5)라는 가정이 전제되어야(ex hypothesi)만 한다는 관상학에 대한 기본적 전제에서, '함께 변화를 겪는다'라는 동일한 말을 사용한다. 이런 점에서 『관상학』의 저자는 아리스토텔레스의 『분석론 전서』를 충분히 의식하고 있었을 것으로 추정된다.

다소 생소하게 생각되기는 하지만, 흥미로운 사실은 아리스토텔레스

---

7 『분석론 전서』 제2권 제27장 70b16~17. 관상학, 즉 '자연 본성을 인지하는' 것에 대한 언급이 『분석론 전서』 맨 끄트머리에서 언급되는 것에 대해서는 의문을 던질 수 있을 것이다. R. 스미스는 이 대목이 『분석론 전서』의 다른 주제와 무관한 것으로 보인다고 주장한다. 그는 이 기술이 연설가의 술책 일부였기 때문에 그 대목에 포함된(혹은 편집자에 의해 포함된) 것으로 본다. 그래서 그는 이 대목이 여기에서 발견되는 이유는 그것이 성격의 사태에 대한 '징표'로서 어떤 물리적 상태와 연관되기 때문이라고 해석한다 (R. Smith, *Aristotle, Prior Analytics*, Hackett Publishing Co., 1989, p. 227). 나는 이 문제에 대해서는 일단 중립적인 태도를 취하며 어떤 선입견도 표명하지 않을 것이다.

가 『분석론 전서』 제2권 제27장에서 관상학이 성립할 수 있는 몇 가지 전제 혹은 조건을 제시하고, 이를 통해 관상학의 활용 가능성에 관한 상당한 논의를 전개하고 있다는 점이다. 관상학이 성립할 수 있는 전제 조건이 되는 핵심 대목은 70b7~8(전제 1)과 11~14(전제 2와 3)이다.[8]

"(전제 1) 자연 본성적인 겪음(pathemata)이 신체와 혼을 동시적으로 (hama) 변화시킨다는 것을 우리가 인정하고, … 만일 이것(전제 1)을 받아들일 수 있고, 또 (전제 2) 하나의 징표(sēmeion)가 하나의 겪음에 대응하는 것이 승인되고, 나아가 (전제 3) 각각의 [동물의] 종(種)에 대해 고유한 겪음(성격 표지)과 징표를 우리가 파악할 수 있다면, 우리는 관상 (phusiognōmonein)을 통해 성격을 추론할 수 있을 것이다."

위의 논의에 따르면, 전제 1, 2, 3이 성립되어야 관상학적 연구가 가능할 수 있다. 실제로 전제에서는 '받아들일 수 있고'(dotheiē), '가능할 수 있다면'(dunaimetha)이라는 희구법(optative)으로 표현하고, 결론에서는 '가능할 수 있을 것이다'(dunēsometha)라는 미래형을 사용하고 있다. 이처럼 아리스토텔레스는 '자연적인 겪음이 있는 한에서 신체와 혼이 함께 변화한다면'이라는 조건을 우리가 승인하는 한에서만 관상학이 가능할 수 있다고 주장한 것이다.

『관상학』의 저자도 아리스토텔레스와 유사한 표현을 사용한다. "만일 이러한 것이 참이라면——실제로 이것이 늘 참이지만——관상학적 연구가 가능할 것"(805a17)이라는 희구법으로 표현하고 있다. 이처럼 아

---

8 관상학의 전제를 논의하는 『분석론 전서』의 중요한 대목에 대한 자세한 논의와 분석은 이 책의 「해제」 참조.

리스토텔레스는 관상학이 성립하기 위한 전제들을 조건 명제로 받아들였다. 이에 반해『관상학』의 저자는 아무런 논리적 증명 없이 관상학적 탐구를 위해 신체와 혼의 관계를 하나의 '주장'으로, 자명한 것으로 받아들이고 있다. 나중에 언급하겠지만 갈레노스는 신체와 혼의 관계를 성명하기 위하여 '체액 이론'을 도입하기도 한다.

어쨌든 아리스토텔레스는『분석론 전서』에서 자신이 세운 전제들의 타당성을 논리적으로 증명하려는 시도를 하지 않는다. 아리스토텔레스는 '신체와 혼이 동시적으로 변화한다면'이라는 조건 아래에서만 관상학이 성립할 수 있다고 주장할 뿐이다. 게다가 신체와 혼이 서로 영향을 주고받는다는 이 철학적 관점은 신체의 '형상'으로서의 혼에 대한 아리스토텔레스의 질료-형상 개념(hylomorphic conception)과는 거리가 먼 것으로 이해된다. 그러나 아리스토텔레스의 질료-형상설보다는 인간의 심리적 기능이 물리적 사태(physiological state)의 견지에서 설명될 수 있다는 부수현상론(epiphenomenalism)을 받아들이면 이야기는 달라질 것이다. 그렇다면 아리스토텔레스 이후에 페리파토스학파 내부에서 누군가가 질료-형상설을 포기하고 부수현상론을 받아들였다는 말이 된다. 즉 혼과 신체에 대한 이러한 입장을 취한 누군가가 바로 이『관상학』을 썼다고 유추해 볼 수 있다.

『관상학』의「논고 A」는 특정한 동물의 신체에는 특정한 혼이 병렬적으로 (혹은 대응해서) 부수해야만 한다고 주장한다. '특정한 신체에는 특정한 정신적 특성을 수반'해야만 한다는 것이다. 이 주장은 심신 관계에 관한 어떤 종류의 부수현상론을 말하는 것이다.

"왜냐하면 어떤 동물의 종이라도 그 자신이 외적 생김새(eidos)와 정신적 특성이 각기 다른 종류의 동물의 것인 그런 동물은 아직까지 존재한 적이 없기 때문이다. 오히려 어떤 동물이든 그 신체와 혼은 항상 같은 종류인 동물의 것이며, 따라서 그러그러한 신체에는(tō toiōde sōmati) 그러그러한 정신적 특성(toiande dianoia)이 필연적으로 수반되는 것이다"(805a11~14).

이와 반대로 「논고 B」에는 「논고 A」의 부수현상설의 주장과 달리 '그러그러한 혼에는 그러그러한 신체적 특성'이 수반해야 한다는 주장을 펴고 있다. 단지 한두 군데이기는 하지만——나는 아래의 두 번째 인용에 대해서는 심도를 가늠하기는 어렵기 때문에 좀 더 논의가 필요하다는 점을 인정한다——신체가 혼에 '앞선다'는 것이다.

"혼의 상태가 변화를 겪는 동시에 신체의 형상에도 어떠한 변화가 생길 것이고, 그와 반대로 신체의 형상에 생긴 변화로 인해 혼의 상태가 변화를 겪을 수도 있을 것이다"(808b12~14).

"마찬가지로 신체의 형상은 혼의 기능(작용, dunamis)과 유사하게 된다(epiginontai). 따라서 동물들 사이에서 발견되는 [신체적 형태의] 모든 유사성은 특정하고 동일한 것을 보여 준다"(808b27~29).

"신체의 형상이 혼의 기능과 유사하게 된다는 것"은 '신체에 수반하는(epiginontai) 모습이 혼의 기능과 유사하다는 것'을 말한다. 그렇다면 신체의 모습이 혼에 영향을 준다는 강한 해석은 「논고 A」의 부수현상설과 명확히 반대 입장에 서는 것으로 볼 수 있다. 이런 관점에서 『관상학』의 「논고 A」와 「논고 B」를 서로 다른 저자가 쓴 것으로 간주하려는 학자도 있다.[9] 실제로 「논고 A」는 동물 종에 근거한 징표의 목록을 만드는 데에 치중하는 반면, 「논고 B」는 동물의 특성을 남성적인 원형과 여성적인 원형으로 크게 구분을 짓는 것으로부터 시작하고 있다.

외형적인 차이에도 불구하고 두 논고를 서로 모순되는 것으로 보기보다는 상호 보족적인 입장으로 보는 것이 더 그럴듯해 보인다. 게다가 두 논고의 출발점은 앞서 살펴보았듯이, 공통적으로 아리스토텔레스의 『분석론 전서』 제2권 제27장에 언급된 관상학적 연구의 전제를 받아들이는 것으로부터 시작한다. 신체와 혼 간에는 긴밀한 관계가 있다고 하는 점, 동물 종에 대한 탐구로부터 이끌려 나온 징표에 토대를 두고 관상학적 탐구를 하고 있다는 점 등은 두 논고를 관통하는 공통 논점이다.[10]

아리스토텔레스의 『분석론 전서』의 논의에 대한 본격적 고찰은 이 책의 「해제」 부분으로 미루어 두고, 앞서 언급한 질료-형상설을 좀 더 살펴보도록 하자. 실제로 아리스토텔레스는 『혼에 대하여』 제2권에서 '혼은 필연적으로 잠재적으로 생명을 가질 수 있는 자연적 신체의 형상으로서 실체(ousia)이어야만 한다'라는 질료-형상설을 강력히 주장한다.

9　이에 대해서는 George Boys-Stones의 *Physiognomy and Ancient Psychological Theory*, ed. S. Swain, 2007 참조. 그는 이 작품을 페리파토스학파에 속하는 상이한 두 사람의 저자가 쓴 것으로 보고 있다(특히 pp. 64~65). 두 〈논고〉로 이루어진 이 작품을 '한 사람의 동일한 저자이거나 두 사람의 공동 저자'로 보기도 한다(자비네 폭크트[1999]). 이 문제에 대해서는 「해제」 참조.

10　아리스토텔레스의 『분석론 전서』 제2권 제27장, 「논고 A」와 「논고 B」를 상호 대조하면서 텍스트를 상세하게 검토하여 그 유사점을 도표로(pp. 66~68) 제시했던 George Boys-Stones은 관상학에 관련된 이 세 부분이 아리스토텔레스 자신에 의해 뤼케이온에서 행해졌던 그의 출판되지 않은 저작에 의존하고 있다고 주장한다. 그는 초기의 아리스토텔레스 추종자들이 이용할 수 있었던 아리스토텔레스의 강의 노트가 상이한 정도로, 또 상이한 방식으로 실천적인 결론으로 발전된 서로 다른 개정본이나 판본, 혹은 기록이었을 것이라고 주장한다(George Boys-Stones, *Physiognomy and Ancient Psychological Theory*, ed. S. Swain, 2007, pp. 74~75).

실체란 그 '사물의 무엇임'(to ti ēn einai)을 보여 주는 것이다. 형상으로서의 실체는 질료에 영향받는 것이 아니라 오히려 질료에 목적을 실현하게 해 주는 원인으로서 작동하는 것이다. 그런 의미에서 혼은 '생명을 잠재적으로 가지는 자연적 신체[즉 질료]의 제일 현실태'이다. 그런 까닭에 밀랍(蜜蠟)과 그것에 새겨진 각인(schēma)이 하나인지를 물을 필요가 없으며, 각 사물의 질료와 그 형상이 동일한 것인지 물을 필요가 없는 것과 마찬가지로 혼과 신체가 하나인지 물을 필요가 없다. 왜냐하면 일자(一者)와 존재는 여러 가지로 이야기될 수 있지만, 가장 주된 의미에서 하나인 것은 현실태이기 때문이다.[11]

이 경우에 형상으로서의 혼은 개체의 생명을 유지하기 위해 요구되는 모든 특성에 대해 책임질 수 있는 것이다. 이를테면 영양을 섭취하고, 성장하고 소멸하며, 장소 운동을 하고, 지각과 사고하는 기능을 담당하는 역할을 한다.[12] 그렇다면 이러한 기능을 가능하게 하는 형상인은 특정한 개체가 갖는 '성격'과는 다른 혼의 기능인 셈이다. 그렇다면 혼과 신체의 상호작용과 그 영향에 논리적 토대를 두고 있는 '관상의 기술', 다시 말해 관상학은 아리스토텔레스의 질료-형상설을 누그러뜨려 일상적인 경험적 태도, 즉 귀납을 통한 추론에 토대를 두고 있는 아주 소박한(naive) 수준의 학문 또는 하나의 기술(technē)이라고 결론 내려야만 하는가?

그렇다고 해서 관상학을 정당화하기 위해 동물의 구조가 형상(idea), 즉 그 신체 위의 모습 또는 그 신체의 틀을 잡아 주는 것이라고 생각하는 것도 마땅치 않다. 왜냐하면 '책상이란 물건을 놓을 수 있도록 평평한 면

---

11 『혼에 대하여』 제2권 제1장 412a19~412b9.
12 『혼에 대하여』 제2권 제1장 413a22~25.

을 가지고 있는 나무로 만들어진 것'이라고 말하는 것과 '사람이란 지각하고 욕구할 수 있도록 뼈와 살이 잘 배치된 것'이라고 말하는 것은 동일한 말이 아니기 때문이다. 혼이 신체의 형상이라는 질료-형상설을 가지고는 관상학의 학문적 가능성에 대해 설명할 수 있는 여지가 그리 많아 보이지 않는다. 신체와 혼의 동시적 상호 영향을 전제하는 관상학의 방법은 또한 아리스토텔레스의 전형적인 목적론적 사고와도 이론적으로 어울리지 않는 것으로 보인다.

그렇다고 하면 기껏해야 추정할 수 있는 가능성은 『관상학』의 저자가 아리스토텔레스의 충실한 추종자였기 때문에[13] 관상학의 기본적 전제가 되는 아리스토텔레스의 저 주장, 즉 혼과 육체의 상호 의존성을 아무런 반성 없이 받아들였거나 혹은 목적론적 설명 방식보다는 혼과 신체에 대한 부수현상설을 받아들여 관상학을 학문적으로 정초하려는 의도에서 이 책을 썼으리라 짐작하는 것이다. 『관상학』의 저자는 신체와 혼, 양자 간의 관계에 대한 견해를 받아들여야 관상학적 징표를 식별할 수 있는 시도가 가능할 것으로 보고 있다.

혼과 신체의 상호 관련성에 관한 바로 이 주장이 역사적으로 관상학에 대한 철학적-이론적 탐구의 출발점이 된다. 도대체 혼의 본질은 무엇이고, 그것과 육체의 관계는 어떻게 설명될 수 있을 것인가? 이 물음을 묻는 것이 관상학에 대한 철학적 관심이고 철학적 탐구의 목적이 되는 셈이다. 그렇다면 고대의 관상학은 오늘날의 '심리 철학적 문제'를 탐구 대상으로 삼았다고 해도 지나친 말이 아니다. 실제로 이 책은 관상학 연구의 토대가 되는 신체와 혼의 상호 의존성을 '확립된' 것으로 전

---

13 『관상학』의 저자가 아리스토텔레스의 충실한 추종자였다는 점은 특히 「논고 B」에서 외형적 크기의 '중간', '균형', '적절함', '조화'를 자주 언급하며 이를 다시 인간의 중용적 성품과 연결시키는 관점으로부터도 유추할 수 있다.

제하고, 관상학의 논의를 시작하고 있다.[14]

아리스토텔레스와 고대 관상학자들의 보고

헬라스에서 관상학은 철학과 의학에서의 이론적인 탐구를 목적으로 연구되기 시작한 것이 아니라 일상적 삶의 요구와 필요에서 발생했을 것으로 생각된다.[15] 그러다가 철학자들이 관상학에 대한 이론적 탐구를 시작하게 되면서 본격적으로 학문의 자리를 차지하게 되었을 것이다. 아마도 철학자들은 인간의 '윤리적 성격'에 대해 관심을 가지면서 인간의 성격과 인간의 생김새 사이에 있을 수 있는 모종의 연관성을 이론적으로 따져 보았을 것이다. 철학과 의학이 겹칠 수 있는 영역은 인간 본성의 정신적 측면과 신체적 측면이 상호 관련되는 영역이다. 바로 이 지점에서 관상학을 통해 철학과 의학은 만날 수 있었다. 의사들은 무척 오랫동안 관상을 통해, 즉 인간의 외관을 읽어 냄으로써 질병의 원인과 그의 심리적 상태를 파악하려는 노력을 기울여 왔다.

'신체의 표지를 보고 성격을 판단해 내는'이라는 phusiognōmonia(동사형: phusiognōmize)라는 말은 아리스토텔레스 이전에 의사인 힙포크

---

14 아리스토텔레스의 철학에서 관상학 성립 가능성의 문제는 그의 형이상학, 형상과 질료의 문제, 혼과 신체의 관계에 대한 심리 철학, 생물학적인 관찰에 토대를 둔 생명 현상에 대한 이해 등을 종합적으로 검토해야 대답할 수 있는 복잡하고 까다로운 문제라고 생각한다.

15 원시적 치료 방법의 실행에서 출발한 의학과 달리 관상학은 철학적 사변을 위한 경험적 출발점에서 시작되지 않았고, 관상학이 존재하지 않았던 시절에 인간 본성에 대한, 즉 혼과 신체의 관계에 대한 이론적 모델을 구축하려는 관심에서 시작되었다고 주장하는 학자도 있다(George Boys-Stones, *Physiognomy and Ancient Psychological Theory*, ed. S. Swain, 2007, p. 21 참조).

라테스(기원전 460~370년)[16]가 언급하고 갈레노스가 인용한 힙포크라테스의 말에서 나온다. 그 말이 사용된 맥락은 심리적 성격과 외관과의 상호 관계가 아니라 정신적 활동과 생리학(physiology)의 상호 관계였다. 힙포크라테스는 혼 자체에 대한 관심은 없었다. 혼 자체로 관심을 이끈 것은 아리스토텔레스였다.

2세경에 살았던 퍼가문 출신의 갈레노스는 '신적인 힙포크라테스'를 관상학의 '최초의 발견자'(prōtos euretēs)라고 지칭하고 있다.[17] 또한 갈레노스는 같은 책에서 "아리스토텔레스의『동물 탐구』(peri zōōn historias Aristotelēs) 제1권에서"라고 언급하면서 "관상학의 연구에 관한 (peri phusiognōmonikōn theōrēmatōn) 또 다른 작품에서"라는 말을 하고 있다.[18] 이를 미루어 판단해 보면 관상학은 철학적 동기에서 유래한 것이 아니라 의학적 관심에서 발생한 것이라고 추정해 볼 수 있다. 이는 헬라스 의학을 받아들인 아라비아의 관상학자 대부분이 의사였다는 사실에서도 그럴 만한 이유를 충분히 찾을 수 있다.

아리스토텔레스의『동물의 발생에 대하여』제4권 제3장에는 아리스토텔레스 이전에도 헬라스에 관상학자가 있었다는 보고가 전해진다.

"어떤 관상학자는 모든 인간의 외적 인상의 모습(opseis)을 둘 혹은 세 동물에게로 되돌려서 사람들에게 말함으로써 종종 납득시켰다

---

16 Hippokratēs,『유행병』(epidēmiai) 2.5와 2.6.1. 2.5의 제목은 Phusiognōmoniē이고, 2.6의 제목은 Phusiognōmonikon이다. 이 두 장은 환자의 외견에서 심리적 상태를 추론해서 진단하는 예들을 포함하고 있다. 이 용어는 짝퉁 갈레노스가 전하는 힙포크라테스의 단편에도 나온다(de decubitu xix. 530. 5~6, 9, 10) phusiognōmize라는 동사는 법정을 떠나면서 배심원의 얼굴 표정을 살피는 경우에도 쓰였던 말이다.

17 Galēnos, Quod animi mores 7 [4.780].

18 Galēnos, Quod animi mores 7 [4.797 이하].

(sunepeithe)[19]"(769b20~22).

이 관상학자가 누군지, 어느 출전으로부터 나왔는지에 대해 아리스토텔레스는 더 이상 특별하게 언급하지는 않았다. 따라서 그 관상학자의 방법이 어떤 종류의 것인지에 대해서 보다 자세히 알 수 없는 노릇이지만, 아리스토텔레스가 언급한 '어떤 관상학자'는 일단은 『관상학』의 저자에 선행하는 사람으로 추정해 볼 수 있다. 실제로 이 책의 「논고 A」의 서두는 '동물의 비유 방법'에 근거한 관상학을 비판적으로 검토하고 있다(805a18~33).

관상학에 대해 언급했던 고대의 보고를 간단히 살펴보기로 하자. 견유학파인 안티스테네스(Antisthenēs; 기원전 446~366년)의 저술 목록에는 『소피스트들에 대한 관상학에 관한 것』(phusiognōmonikos)이라는 작품이 전해진다.[20] 헬레니즘 시기에 관상학이 어떤 방식으로 발전했는가에 대해선 전해지는 여러 보고가 있다. 초기 스토아 철학자인 클레안테스(Kleanthēs; 기원전 331~232년)는 '교육받지 않은 사람은 단지 생김새에서만 동물과 다르다'라고 말한다(SVF.,I. 517). 크뤼시포스(기원전 279~206년)는 hē psuchēs nosos(혼의 질병)와 hē tou sōmatos akatastasia(신체의 혼란) 간의 유비를 인정하기도 했다(SVF, III, 120.9 아래). 클레안테스에 대해서는 관상과 관련한 다음과 같은 일화가 전해지고 있다.

---

19 관상학에 대한 아리스토텔레스의 이 언급은 한편으로는 '관상학과 설득을 목적으로 하는 수사학'의 연관성을 최초로 보여 주는 중요한 전거가 될 수 있다.
20 디오게네스 라에르티오스, 『유명한 철학자들의 생애와 사상』 제6권 16. 책 전체 제목은 'Peri tōn sophistōn phusiognōmonikos'이다.

"그(클레안테스)가 제논을 좇아서 성격(ēthos)을 생김새에 근거해서 파악 가능하다(katalēptos)고 확언하자, 재치 있는 어떤 젊은이들이 그에게 시골에서 험한 일을 하면서 [튼튼하게] 자란 톳쟁이(kinaidos)[21]를 데려와 그의 성격에 대해서 밝혀 보라고 요구했다고 한다. 클레안테스는 곤경에 처했고 그 사람에게 그만 가라고 했다고 한다. 그런데 떠나가면서 그가 '재채기'를 하자 클레안테스는 이렇게 말했다고 한다. '알았다! 그가 방탕하다는 것을.'[22]"[23]

"클레안테스가 말하길, 우리는 신체상으로 부모처럼 될 뿐 아니라 심리적으로도, 감정(pathē)에서도, 성격(ēthē)적으로도, 성향(diatheseis)에서도 그렇게 된다고 하였다."[24]

세네카는 인간 본성(성격)의 다양성은 네 가지 요소들(물, 불, 공기, 흙, 즉 냉온건습) 간의 혼합으로부터 생긴다고 설명한다(『분노에 관하여』 2.19). 예를 들면 분노는 열이 많은 혼으로 생기는데, 불은 사납고 완고한 기운을 갖기 때문이다. 냉기가 많아지면 사람은 소심해진다. 냉기는 움츠러들고 수축하는 기운이기 때문이다. 즉 한 요소(원소)가 다른 요소들보다 많아짐에 따라 성격은 한쪽으로 기운다는 것이다. "늙

---

21 비역(男色)의 수동적 대상이 되는 젊은이를 가리키는 말이다. 흔히 '음란한, 호색한'을 의미하기도 한다(808a12 참조).
22 malakos는 흔히 '부드럽다, 유약하다'를 의미하나 여기서는 인간에 대한 부정적 뉘앙스로 '무기력하고 태만하다'라는 의미를 갖는, 육체적 탐닉을 하는 방탕함의 의미로 새겨질 수 있다.
23 디오게네스 라에르티오스, 『유명한 철학자들의 생애와 사상』(이정호·김재홍·김인곤·김주일 공역, 나남, 2021) 제7권 173~174.
24 SVF, i. 518. 이 인용의 출처는 네메시우스의 『인간의 본성에 관하여』 2,20,14~17이다.

은이는 까다롭고 불평이 많으며 아플 때나 건강할 때나 마찬가지 상태인데, 피로 혹은 혈액 소실로 열기가 소진되었기 때문이다." 한편 에픽테토스는『강의』에서(제4권 제5장 19~20절) '인간임'을 보이는 '덕'은 인간이 가지고 있는 눈이나 코와 같은 종류의 문제가 아니라, 인간임(anthrōpion)에 속하는 판단(dogmata)을 소유하고 있는지를 살펴보아야 한다고 말한다.

"그렇다면 왜 그 사람을 인간이라 했던가? 어떤 것이든, 그 모습만으로 판단되는 것인가? 그렇다면 밀랍으로 만든 사과도 사과라고 해야 한다. 아니네. 사과의 맛과 향도 있어야 한다. 외형만으로는 충분하지 않은 것이네. 따라서 인간임을 보여 주기 위해서는 코와 눈이 있는 것만으로 충분하지 않고, 오히려 인간다운 생각(판단)을 가지고 있어야 충분한 것이다."

중요한 것은 사람의 생김새가 아니라, 그 사람의 됨됨이인 '인격'이라는 것이다. 이는 에픽테토스가 소크라테스의 철학 정신을 그대로 반영하고 있음을 보여 준다.

에피쿠로스학파의 경우는 좀 더 명료하게 관상학에 대한 그들의 태도를 읽어 낼 수 있다. 원자론자였던 에피쿠로스주의자들은 신체와 혼의 상호 의존성을 주장하기는 하지만, 혼의 성격은 신체를 구성하는 원자들에 의해서가 아니라 혼을 구성하는 원자의 본질에 의한 것이라고 설명하고 있기 때문이다. 따라서 특정한 신체에 특정한 혼이 자리 잡을 수는 없다. 원칙적으로 에피쿠로스주의자들의 원자론적 세계관에는 관상학이 터를 내릴 지반이 없다고 보는 것이 맞을 것이다.

갈레노스가 힙포크라테스를 관상학의 '발견자'(prōtos euretēs)로 말한 것과 같이(*Quod animi mores* 7 [4,789 K.]), 갈레노스보다 1세기 뒤에 살았던 신플라톤주의자 포르퓌리오스(Porphurios; 234~305년)는 흔히 철학자, 수학자로 알려졌지만 신비적이고 윤회적인 삶을 살았다고 보고되는[25] 퓌타고라스를 최초의 관상학자로서 보고하고 있다. 그에 따르면 퓌타고라스는 "미리 그 사람이 대체 어떤 성격의 인물인지(hopoios pot' estin)에 대해 관상적인 검사를 하지(phusiognōmonēsai) 않고는 자신의 친구나 학생으로 삼지 않았다"고 한다.[26] 퓌타고라스학파가 관상학적 검사를 했다는 보고는 아우루스 겔리우스의 보고와도 정확히 일치한다.

"그와 그 후의 추종자들 역시 얼굴 생김새와 표정으로부터 또 신체 전체의 형태와 태도로부터 추론함으로써 인간의 성격과 성향을 탐구했으며, 적합하다고 검사한 연후에야 비로소 즉시 학교에 입학하도록 허락했으며, 한정된 시간 동안에는 침묵을 유지하도록 명했다는 것이다. 이것은 모든 사람에게 동일한 것은 아니었고, 재빠르게 학습하는 인간의 능력에 대한 평가에 따라서 달랐다고 한다. 침묵하면서 다른 사람이 말하는 것을 경청해야 했고, 충분히 이해하지 못했다면 질문하는 것이 종교적으로 금지되었고, 들었던 것에 대해서 언급하는 것도 금지되었다. 누구도 2년 이상은 침묵할 수 없었고, 모든 것을 배웠을 때, 말을 하지 않고 듣기만 하는 것은 매우 어려웠다. 그런 다음 말하는 것과 질문하는 것이 허용되었으며, 그들이 들은 것을 기록할 수 있었고, 그들 자신의 견해를 표현할 수 있었다고 한다."[27]

그렇다면 퓌타고라스의 말하는 얼굴의 생김새와 표정, 태도의 본질

---

25 디오게네스 라에르티오스, 『유명한 철학자들의 생애와 사상』 제8권 4~5와 14 참조.

26 포르퓌리오스, 『퓌타고라스의 생애』(Vita Pythagorae; [Puthagorou bios]) 13.

27 A. Gellius, 『아티카의 밤들』(Noctes Atticae) i 9.

은 무엇인가? 이것에 대한 정보는 더 이상 전해지지 않는다. 흥미 있는 사실은 신과 같은 인물로 고대 세계에서 받아들여졌던 퓌타고라스의 인상에 대한 보고이다. 포르퓌리오스는 "그[퓌타고라스]는 풍모가 자유인답고, 장대하며, 목소리와 성품 및 그 밖의 모든 면에서 특출나게 품위와 절도를 지녔다"라고 평하고 있다.[28] 이를 미루어 보면, 퓌타고라스의 외모와 풍모가 당시 헬라스인들이 품었던 **'신과 같은'**(anēr theios) 위대한 인물이 지녀야 할 일반적인 외관이었다고 추정해 볼 수 있다.

체액 이론: 힙포크라테스

힙포크라테스는 인체를 구성하는 네 가지 체액(chumos[29])[30]이 기후와 풍토의 영향을 받는다고 설명했다. 그 당시(기원전 5세기)에는 유행하던 여러 체액론이 있었다고 한다.[31]

힙포크라테스의 학생이었던 폴뤼보스가 '진짜' 저자로 알려진 『인간의 본성에 관하여』(De Natura Homini)에는 힙포크라테스의 이름으로 전해지는 인체의 네 가지 중요한 체액이 있다. 즉 흑담즙(melaina cholē), 황담즙(xanthē cholē), 점액(phlegma), 혈액(haima) 등이다. 이 작품은 인

---

28 *DK*. 14A8a(『소크라테스 이전 철학자들의 단편 선집』, 아카넷, 2005, p. 167).

29 원래의 의미는 '즙'이나 '수액'을 가리킨다.

30 자크 주아나(Jacques Jouanna), 『힙포크라테스』, 서홍관 옮김, 아침이슬, 2004, 501쪽 및 각주 99, 100 참조.

31 갈레노스의 책 *Galēnou biblion hoti tais tou sōmatos krasesin hai tēs psuchēs dunameis hepontai*를 9세기경에 아라비어로 옮긴 사람인 Johannitius(Honein ben Ishak)가 사용한 용어다. 체액은 인간의 생명을 유지하는 신체의 액으로 다혈질(sanguine; 피가 지배적일 때), 담즙질(phlegm), 점액질(phlegmatic; 황담즙[yellow bile]이 지배적일 때), 우울질(melancholy) 및 혈액, 담즙, 물, 점액 등을 말한다.

체의 생득적인 4체액론을 명확히 밝히고 있는 최초의 저서로 평가받는다. 힙포크라테스학파의 체액 병리학에서는 담즙과 점액이 중요한 기능을 담당했다.

이 네 가지 체액은 인체를 구성하는 불, 물, 흙, 공기라는 네 원소에 해당하는 뜨겁고, 차갑고, 축축하고, 건조한 네 가지 기본적 특성 및 사계절과 연관을 맺고 있다. 차고 축축한 점액은 겨울에, 축축하고 뜨거운 피는 봄에, 뜨겁고 건조한 황담즙은 여름에, 건조하고 찬 흑담즙은 가을에 우세하다.[32]

이 도식은 질병을 따뜻함과 습기의 지나침이나 모자람과 연관시켰고, 서로 다른 체액이 서로 다른 계절에 우세한 경향이 있다는 결론을 이끌어 냈다. 예를 들어 차가운 가래는 겨울 동안 양이 증가한다. 따라서 겨울에는 점액질 질환이 특히 흔하다. 봄에는 혈액, 여름에는 황담즙, 가을에는 흑담즙(melaina cholē)이 우세하다는 것이다.

말하자면 그는 인간 실체의 기본적 구성을 네 가지 체액과 그에 상응하는 네 개의 우주의 기본적 요소(원자들)와 네 개의 기관으로 이루어지는 것으로 보았다. 다음의 도표는 인간의 생리학이 인간의 행동에 큰 영향을 미치고 있음을 보여 준다는 힙포크라테스의 체액 및 원소, 기관, 기질, 성격 간의 기본적인 상호 관계를 나타내고 있다.[33]

---

32 네 가지 체액 이론은 알크마이온, 파르메니데스, 엠페도클레스에서 찾아지며, 성격을 네 요소들에 연결시키지는 않았지만 플라톤에게서도 찾아진다.

33 Hippokratēs, *De Natura Homini*, 4, 1~3: K. Kalachanis & I. E. Michailidis, "The Hippocratic View on Humors and Human Temperament", *European Journal of Social Behaviour*, 2(2): 2015, P. 3: D. Keirsey, *Please Understand Me II: Temperament, Character, Intelligence*, Del Mar, CA: Prometheus Nemesis Book Company, 1998 참조.

체액/원소/계절/속성	기관	기질	성격의 특성
피/공기/봄/뜨겁고 축축함	심장	낙천성	용기, 희망, 쾌활함, 걱정 없음
황담즙/불/여름/뜨겁고 건조함	간	성마름	야심, 리더십, 침착하지 못함, 쉽게 화를 냄
흑담즙/흙/가을/차갑고 건조함	비장	우울증	낙담, 정숙함, 분석적, 엄숙함
점액/물/겨울/차갑고 축축함	뇌, 폐	차분함	냉정함, 신중함, 인내심, 평온함

물론 계절적 요인만이 질병의 유일한 원인은 아니다. 음식, 물, 공기 및 운동도 건강 상태에 영향을 미친다. 요컨대 힙포크라테스에 따르면 네 가지 체액들이 신체를 구성하는 기본 구성 요소이며,[34] 네 가지 체액들의 '혼합'(krasis; temperamentum)이 조화를 이루면 건강하고, 그것들이 결핍이나 과잉으로 인해 조화가 깨지면(duskrasia) 병이 생긴다. 좋은 건강은 체액의 균형과 혼합으로 정의되고, 그것들의 불균형과 분리는 질병의 원인이 된다고 주장한다.[35] 그래서 이 요소들은 아무렇게나 혼합될 수 없다는 것이다(Hippocrates, *De Natura Homini*, 4,1~9). 즉,

"인체에는 혈액, 점액, 황담즙, 흑담즙이 있다. 이것들은 그 체질을 구성하고 몸에 고통과 건강을 일으킨다. 건강은 일차적으로 이러한 구성 물질이 강도와 양에서 서로 간에 올바른 비율과 잘 혼합되어 있는 상태다. 통증은 이 실체들 중 하나가 결핍 또는 과잉을 나타내거나 체내에서 분

---

34 Hippokratēs, *De natatura homini*, 4, 1.

35 Hippokratēs, *De natatura homini*, 4, 2~3.

리되어 다른 물질과 혼합되지 않을 때 발생하는 것이다."

아리스토텔레스의 이름으로 전해지는 『자연학적인 문제들』(30.1)에서 논의하고 있는 멜랑콜리(우울증) 기질은[36] 힙포크라테스의 의사들의 주장과는 차이가 난다. 『자연학적인 문제들』은 철학, 정치학, 시, 기술에 뛰어난 사람들이 '우울한 기질'(melagcholikos), 즉 흑담즙이 지배하는 '기질'을 가지고 있는 이유에 질문을 제기하는 것으로 시작한다. 그리고 이런 성격을 가진 영웅들로 헤라클레스, 아이아스, 벨레로폰테스 등을 열거한다. 예를 들면 '벨레로폰테스는 모든 신들의 미움을 받게 되자, 비탄에 빠져 알레이온 평원을 홀로 방황하면서 사람들이 다니는 길을 피했다'는 것이다(『일리아스』 제6권 200행 아래). 철학자로서는 엠페도클레스, 플라톤, 소크라테스와 같은 사람들이 '신체상의 그러한 기질'을 갖고 있어서 그러한 일을 겪었다는 것이다. 그 논의에서 그 책의 저자는 힙포크라테스와 다른 방향에서 우울한 기질에 심리적 차원을 도입해서 '포도주'와의 비교를 통해서 이것을 정의한다. 예를 들면 "과도한 양의 술에 취하면 포도주는 사람의 긴장을 풀게 하고 어리석게 만든다. 마치 어린 시절부터 간질이 있는 사람이나 tois melagcholikois, 즉 '우울질에 강한 영향을 받는 사람'처럼 말이다"(30.1, 953b6). 즉 "한 사람이 취한 순간과 같이, 다른 사람은 자연적으로 그러한 상태가 되는데, 어떤 사람은 수다스럽게 되고, 다른 사람은 감정적이 되며, 또 다른 사람은 눈물을 흘리게 되기 쉽다"(953b9~11).

---

36 "이 실재(즉, 신)가 미래와 현재를 잘 보며, 이성적 능력이 풀린 자들에게조차 그렇다. 그런 까닭에 우울한 사람들은 생생한 꿈을 꾼다. [혼의 운동] 원리는 이성이 풀릴 때 더 강해진다"(아리스토텔레스, 『에우데모스 윤리학』 1248a39~40, 『수면 중의 예언에 대하여』 참조).

아리스토텔레스는 『에우데모스 윤리학』에서 '우울한 사람들'이 euthuoneiria(생생한 꿈/예언적 꿈)를 꿀 수 있는데, 그것은 이성과 숙고 (logos kai bouleusis)가 부족한 사람들("이성이 풀린 자들")에게 이런 경향이 강해지기 때문이라고 주장한다. 그들은 혼의 신성한 운동에 의해 그들의 행동에서 성공적이고 올바른 일을 할 수 있다. 이 신성한 운동은 아리스토텔레스가 『수면 중의 예언』(*Div.somn.* 463b15)에서 daimonia physis라고 부르는 메커니즘과 동일하다. 여기서 우울증은 비이성적인 사람들(alogoi, aphrones)의 집단에 속하는 것으로 분류되며, 또 그들의 이성의 결핍과 그들의 예언적 능력 간의 관계가 감지되고 있다. "마치 보이는 것들에서 풀려난 맹인들이 기억력의 강화로 인해 더 잘 기억하듯이 말이다"(『에우데모스 윤리학』 1248b2~3).

한편, 『니코마코스 윤리학』에서는 우울증은 자제력 없음(아크라시아)으로 분류되며, 자제력 없음의 한 종류는 성급함(propeteia)이고, 다른 것은 마음 약함(astheneia)이다. 마음이 약한 사람은 숙고(bouleusis)를 통해 결심해 놓고도 감정(pathos) 때문에 그 결정을 오래 지속하지 못한다. 성급한 사람[37]은 숙고를 하지 않아서 감정에 의해 이끌린다. 자제력 없음의 성급함에 대한 예로서, 아리스토텔레스는 날카로운 사람(hoi oxeis)과 멜랑콜리한 사람(hoi melancholikoi)을 들고 있다. 전자는 급속함(tachutēs) 때문에, 후자는 그들의 격렬함(sphodrotēs) 때문에 이성(logos)을 기다리지 못한다. 그들의 그러한 기질은 눈앞에 떠오르는

---

37 '성급함의 종류에서 자제력 없는 사람'을 '벗어나는 사람'(hoi ekstatikoi)라고 부르기도 한다(『수면 중의 예언에 대하여』 464a25에서도 우울한 사람들로서 이들을 언급하고 있다). 이런 사람은 "이성적인 판단(logos)은 가지고 있되, 거기에 머물러 있지 못하는 사람들보다 낫다"(1151a1~5).

표상(phantasia)을 따르는 강한 경향을 생기게 만든다.[38] 여기에서 감정과 표상 간의 관계는 명확히 언급되고 있지는 않다. 그러나 판타시아(phantasia)는 '지각된 대상을 추구하거나 회피해야 할 어떤 것으로 제시한다'라는 사실로 이루어진다. 그래서 그것은 즐거움이나 고통을 일으킬 수 있다. 우울한 사람은 상상의 대상을 먼저 이성에 맞서게 하지 않은 채로 그것에 따라 행동하는 경향이 있다.

아리스토텔레스에게서 찾아지는 이러한 점들은 힙포크라테스에게서는 찾아볼 수 없다. 『자연학적인 문제들』은 주어진 것으로 제시하는 가치 판단, 즉 철학, 정치학, 시, 기술에서 뛰어난 사람들의 원천인 '우울한 기질'의 우수성을 출발점으로 삼고 있다. 우울한 기질을 질병이 아니라 본질적으로 우울한 사람들의 우수성으로 남겨 둠으로써 『자연학적인 문제들』의 저자는 의사의 영역을 넘어서고 있다. 아리스토텔레스의 『자연학적인 문제들』을 유명하게 만든 바로 그 근거는 의학적 기원이 아니며, 분명히 힙포크라테스적인 기원도 갖고 있지 않다. 즉 아리스토텔레스의 '흑담즙' 개념은 힙포크라테스 의학에서의 개념과 다르다. 물론 『인간의 문제의 관하여』와 『자연학적인 문제들』 둘 다에서 흑담즙을 '생득적 체액'이라고 한 점에서는 가능한 연관성이 있을 수 있다.[39] 그러나 아리스토텔레스의 『자연학적인 문제들』에는 네 가지 체액 이론의 흔적을 찾아볼 수 없으며, 무엇보다 아리스토텔레스의 흑담즙 개념과 힙포크라테스의 그 개념은 양립할 수 없을 정도로 상이하다. 『인간의 본성에 관하여』에서 말하는 흑담즙은 차갑고 건조한 체액이며, 계절적으로

---

38 『니코마코스 윤리학』 1150b19~27(『수면 중의 예언에 대하여』 제8장, 『기억과 상기에 대해서』 453a15 참조).

39 Jouanna, Jacques. "At the Roots of Melancholy: Is Greek Medicine Melancholi?" *Greek Medicine from Hippocrates to Galen*, trans. Neil Allies, Brill, pp. 237~240, 2012.

는 춥고 건조한 가을에 상응한다. 반면에, 아리스토텔레스의 『자연학적인 문제들』에서는 자연적 체액인 흑담즙을 매우 다른 방식으로 제시하고 있다.

"이 우울질 체액은 애초부터 자연적인 혼합으로서 신체에 존재한다. 사실상 그것은 뜨거움과 차가움의 혼합이다. 그 본질은 이 두 가지 원리에 의해 구성된다. 이 때문에 흑담즙은 지나칠 정도로 뜨겁거나 지나칠 정도로 차가울 수 있다"(30.1, 954a12~16).

하나의 체액인 '흑담즙'에 두 가지 상반된 특성을 부여하고 있는 아리스토텔레스적 방식은 힙포크라테스의 의학 전통을 벗어나는 것이다. 건조함이나 습함도 마찬가지다. 아리스토텔레스가 동일한 체액의 반대 효과로 설명한 것이 힙포크라테스 의학에서는 자연적으로 반대되는 두 가지 체액, 즉 담즙과 점액의 작용이었다. 힙포크라테스의 의학적 사고에서 하나의 동일한 타고난 체액은 상반되는 두 가지 기본 특성의 혼합으로 정의될 수 없다. 그것은 차가움과 뜨거움의 혼합이 아니라, 본래적으로 뜨겁거나 차가운 것이다. 아리스토텔레스는 체액의 혼합(krasis; '생리학적 상태')에 대해 어느 곳에서도 언급하지 않으며, 건강한 체질의 토대로서 뜨거움과 차가움의 특정 혼합만을 언급하고 있을 뿐이다. "우리는 건강함과 외모의 잘생김 같은 신체의 우수성을 뜨거움과 차가움의 혼합과 균형으로 상정한다"(『자연학』 246b4~5).

앞서 살펴보았듯이, 어쨌든 체액의 정확한 비율(correct ratio)에 대한 힙포크라테스의 개념은 우리를 수학 및 의학의 양적인 접근 방식으로 이끈다. 요컨대 힙포크라테스의 의술적 작업(modus operandi)에서는 기하학 및 수비학(numerology)에 대한 앎은 물론, 의학적 생리학, 병리 생리학, 병리학적 해부학, 치료요법의 지식도 매우 중요하다. 심지어 환자를 진단하고 직접 치료하는 의사에게는 환자에게 투여할 모든 약물의 정확한 용량을 이해하는 것도 중요하다고 말할 수 있다.

　이러한 체액의 불균형을 회피하기 위해서 의사는 계절에 따라 치료요법을 수정할 것을 권장한다. 체액의 우세는 계절뿐만 아니라 연령에 따라 다르다. 그럼에도 힙포크라테스의 책에서는 체액과 삶의 단계 사이의 관계는 체계적으로 논의되고 있지 않다. 힙포크라테스의 저자가 흑담즙으로 돌리고 있는 '사일열'(quartan fever; 4일마다 반복되는 열을 일으키는 가벼운 형태의 말라리아)에 대해 그는 단순히 이 체액이 가을에 해당하는 장년기인 25세에서 42세 사이의 사람들에게 우세하다고 말하고 있을 뿐이다.[40]

　『전염병』2에는 관상학적인 성격 유형론의 흔적이 남아 있긴 하지만 이것이 네 가지 체액과 연결되고 있지는 않다. 『전염병』2.6.1에는 흑담즙이 우세한 사람들(우울증; melagcholikoi)[41]에 대해 논의한다. 정신의 장애로서의 '우울증'에 대한 명시적인 설명은 힙포크라테스 저작에서 극히 드물다. 두려움이나 낙담, 섬망(譫妄)의 어떤 형태 외에도 '우울'의

40　Jouanna, Jacques. "The Legacy of the Hippocratic Treatise The Nature of Man: The Theory of the Four Humours", *Greek Medicine from Hippocrates to Galen*, trans. Neil Allies, Brill, p. 335, 2012.

41　여기서 논의되는 것은 질병의 '원인'이 아니라 '진단'이다. 장기간의 두려움이나 낙담은 '우울'이라는 질병의 특징을 식별할 수 있게 해 준다. 이 질병의 특징은 '우울한 종류의 두려움', '마음의 혼란'으로 말해질 수 있다. 『전염병』(1~3)에서 병상에 누워 있는 환자의 상태에 대한 설명으로 "마음의 상태는 멜랑콜리하다(melancholika)"라고 말하고 있다. 따라서 때때로 몸에 영향을 미치고, 더 자주는 정신에 영향을 미치는 '우울'의 세 가지 주요 증상(두려움이나 낙담, 섬망(譫妄)의 어떤 형태, 언어 장애 또는 신체 일부의 마비)을 가지고 있다. 힙포크라테스의 의사들은 이 질병을 간질과 광기(manikos, mainesthai) 사이에 명확한 개념으로 위치를 정하고 있다. 가을의 질병을 열거할 때, 간질, 광기, 우울, 이 세 가지 질병으로 이야기된다(*Aphorisms* 3.22).

특징적인 세 번째 유형의 증상은 언어 장애 또는 신체 일부의 마비로 나타난다. 이것은 개인의 범주를 정의하는 다른 특성들 중 하나일 뿐이다. 즉 말을 더듬고, 말을 빨리하고, 우울하고, 격앙되고, 눈을 깜빡이지 않는 사람들은 성미가 급하다는 것이다(oxuthumos).

"혀가 갑자기 힘이 없어지거나 혹은 신체 일부가 마비되면 우울한 상태(melancholikon)가 된다."[42]

멜랑콜리는 기후에 대한 논의에서도 언급된다. 그 저자('진짜' 힙포크라테스로 추정됨)는 여름과 초가을에 건조하고 북풍이 부는 한 해를 그 예로 들어 그 기후는 담즙성 체질을 선호하지만 담즙성 체질에는 매우 혹독하다고 말한다.

"이 기간은 담즙이 너무 건조해지기 때문에 담즙에 가장 해롭다. 건조한 성격의 안염, 격렬하고 장기간 지속되는 열병 그리고 어떤 경우에는 우울질(melancholiai)이 부수한다. 담즙의 가장 축축하고 수분이 많은 부분은 소모되지만, 가장 걸쭉하고 가장 쓴 부분은 남는다. 이러한 질병이 담즙에서 발생할 때 동일한 것이 혈액에도 적용된다."[43]

따라서 힙포크라테스의 체액 이론에서 명백하게 드러난 사실은 인체의 체액 비율이 건강 상태에도 영향을 줄 뿐만 아니라, 성격 유형을 예측하거나 나타내는 역할도 담당한다는 것이다. 체액 영향 외에도 힙포크

---

42 Hippocrates, *Aphorisms* 7.40.

43 힙포크라테스, 『공기, 물 장소에 관하여』 10장.

라테스는 환경적 요인이 인간의 기질에 직접적인 영향을 미칠 수 있다는 견해를 지지한다. 특정 지역 주민의 기질과 기분은 주변의 공기와 날씨, 그 일반적인 조건과 같은 요인에 종속되어 변화한다고 주장한다. 다시 말해 힙포크라테스의 견해에 따르면 인간의 심리적 상태가 환경적 상황에 의해 결정적으로 영향을 받는다는 것이다.

당시 여러 지역을 여행했던 힙포크라테스는 인간의 기질과 거주지 사이의 잠재적인 연관성에 대해 독창적인 관찰을 했다. 실제로 힙포크라테스는『공기, 물 장소에 관하여』에서 지리적 조건과 기후적 조건이 인종의 겉모습과 기질에 영향을 준다는 주장을 폈다. 이 책에서 그의 논지는 어떤 나라가 더운 바람이 불어오는 쪽을 향해 있고, 또 그러한 바람이 일상적으로 불어오며, 북풍으로부터 보호받는다면, 이 지역에 사는 사람들의 머리는 습하고 체질은 점액질이고, 그들의 모습(eidea)은 무기력하게 보이며 잘 먹지도 마시지도 못한다는 식으로 전개된다.[44] 또한 용기, 인내, 노력, 기개와 같은 정신적 기질도 적합한 기후가 아니라면 생겨날 수 없다는 것이다. 그래서 이 작품은 초기 관상학과 인종학의 분야에 과학적 토대를 놓았다는 평가를 받는다.

헬라스인들이 일상적 생활 가운데서 가장 중요한 삶의 표준으로 받아들인 것은 중용(중간임; mesotēs)이었다. 인간의 행위를 말할 때도 문제가 되는 기준도 중용이었다. 힙포크라테스에게서도 '적합함'이란 곧 중용이었다.[45] 중용은 지나치지도 않고 모자람도 없는 상태다. 그러나 힙포크라테스와 같은 의사들은 중용에 대립되는 적합하지 않음과 지나

---

44 힙포크라테스,『공기, 물 장소에 관하여』(*De aere, aquis, locis*) 제3장, 여인석·이기백 옮김 (『힙포크라테스 선집』), 나남, 27~28쪽, 2011.

45 헬라스의 의학과 조형 예술, 도덕 영역과 인간의 신체 구조 그리고 인간의 성격에서의 중용 개념의 의미와 중요성에 대해서는 이 책의「해제」참조.

침을 '변화'(metabolē)라는 새로운 개념으로 바꾸었다. 지역이 되었든 기후가 되었든 나쁜 조건은 변화를 통해서 일어나기 마련이다. 그래서 힙포크라테스는 기후와 풍토에 따라서 사람의 체질이나 체형, 나아가 도덕적 품성과 성격까지도 영향받을 수 있다고 주장한다. 그는 기후가 인간의 건강과 도덕적 성품에 영향을 미칠 수 있는 결정적 요소로서 계절의 균형(summetria)과 변화의 개념을 들었다.[46]

"계절의 변화가 잦을 때가 계절이 같거나 유사할 때보다 정액이 응고할 때 더 큰 변질(phthorai)이 일어나기 때문이다. 성격에도 같은 이치가 적용된다. 거칢, 사나움, 용맹함은 그런 자연환경에서 생겨난다. 왜냐하면 정신이 겪는 잦은 추격은 거칢을 심어 놓는 반면 유순함과 온화함을 사라지게 하기 때문이다. 그래서 나는 유럽에 사는 이들이 아시아에 사는 이들보다 더욱 용감하다고 생각한다. 항상 같은 기후에서는 게으름이 생겨나고, 변화 많은 기후에서는 몸과 마음이 시련을 견뎌 낸다."[47]

"수목이 무성하고 물이 풍부한 산과 유사한 성질을 가진 사람이 있는가 하면, 가볍고 메마른 땅을 닮은 사람, 초원이나 습지를 닮은 사람, 또 평원과 헐벗고 건조한 땅을 닮은 사람도 있다. 그것은 외모의 성질을 변화시키는 계절에 차이가 있기 때문이다. 만일 계절이 서로 간에 차이가 크다면 체형의 차이도 커진다."[48]

나아가 그는 아시아인들이 기개와 용기가 부족하고, 유럽인들보다

---

46 자크 주아나, 『힙포크라테스』(서홍관 옮김), 350~354쪽 참조.
47 힙포크라테스, 『공기, 물 장소에 관하여』 23장.
48 힙포크라테스, 『공기, 물 장소에 관하여』 13장.

호전적이지 못하고 성격이 유순한 것도 추위나 더위 쪽으로 큰 변화를 보이지 않는 일정한 계절이 가장 주된 원인이 된다고 주장한다.[49] 요컨대 거친 고지대에 물이 풍부하고 계절의 변화가 매우 큰 나라에 사는 부족들은 그들 사이에서 매우 다양한 외형을 가질 가능성이 높으며, 천성적으로 진취적이고 호전적인 기질을 갖게 된다는 것이다. 그러면서도 그런 사람들은 그 본성에서 적잖이 야만적이고 사나운 경향을 지니게 된다. 반면에 통풍이 제대로 되지 않고, 찬바람 대신 따뜻한 바람에 노출되는 저지대에 사는 사람들은 용기가 없어지고, 힘든 일을 할 능력도 없게 된다는 것이다. 따라서 힙포크라테스에게 계절의 차이는 신체적 성질의 변화와 더불어 인간의 도덕적 성품에 영향을 미치는 가장 중요한 요소였다.

나아가 힙포크라테스는 제도와 관습 또한 인간의 성격에 영향을 미칠 수 있다고 지적한다. 유럽인들과 달리 왕의 지배를 받는 아시아인들은 겁이 많다는 것이다. 그 이유는 그들의 정신이 노예화되었기 때문이며, 타인의 권력을 위해 자발적이고 무모하게 위험을 무릅쓰려 하지 않기 때문이라는 것이다. 그러나 스스로 다스리는 사람들, 즉 남이 아니라 자신을 위해 위험을 떠맡는 사람들은 기꺼이 위험에 직면하는데, 그 이유는 스스로 승리에 대한 보상을 차지하기 때문이라는 것이다. 이렇듯 나라의 "제도가 인간의 용기 형성"에 지대한 영향을 미친다는 것이 힙포크라테스의 주장이다.[50]

플라톤도 『티마이오스』에서 힙포크라테스와 동일한 사유의 노선에

---

49 이 밖에도 아시아인들의 성격이 그들이 사는 기후와 환경, 제도에 의해 변화된다는 주장과 아시아인들이 겁이 많아서 남에게 지배당하고, 자율적이지 못하다는 주장에 대해서는 힙포크라테스의 『공기, 물 장소에 관하여』 16장 참조.
50 힙포크라테스, 『공기, 물 장소에 관하여』 23장.

따라서 인간의 덕(aretē)과 지혜(phronēsis)가 적절한 기후 속에서 산출된 것이라는 점을 강조한다.

"그리하여 그때 여신은 그 모든 질서와 제도를 정립하고는 당신들이 태어날 곳을 골라서 당신들을 먼저 정착시켰는데, 이는 그곳의 온화한 기후(eukrasia)가 가장 지혜로운 사람들을 산출할 것이라는 걸 여신께서 간파하셔서였소. 한데, 여신께서는 전쟁을 좋아하시고 지혜를 사랑하시기 때문에 장차 자신을 닮은 사람들을 낳아 주게 될 장소로 그곳을 고르시어 맨 먼저 정착시켰소. 그래서 당신들은 그와 같은 법률을 누렸을 뿐만 아니라, 아니 그보다도 한결 더 나은 법질서를 갖추고 살게 되었고, 마치 그 존재에 있어서 신들에게서 태어나고 교육받은 아이들인 듯, 일체의 훌륭함(덕)에서 모든 사람을 단연코 능가하게 되었소."[51]

플라톤이 특정한 지역의 기후 조건과 그곳에 거주하는 사람들의 성격을 연결시킨 점을 비롯하여 아리스토텔레스 또한 직간접으로 힙포크라테스의 영향을 받은 것으로 추정된다.[52] 그는 『정치학』에서 거주 지역과 환경에 따른 인간의 본성을 이렇게 규정하고 있다.

51　플라톤, 『티마이오스』 24c~d, 박종현·김영균 역주(약간 수정했음), 서광사, 2000.

52　Jacques Jouanna, *Hippocrate*, Fayard, 1992, pp. 327~329(여인석·이기백 옮김에서 재인용). 실제로 갈레노스는 플라톤이 그의 주요 이론을 힙포크라테스에게서 취했다고 생각한다[『신체 부분들의 유용성에 관하여』(*De usu partium; peri chreias moriōn*) I.8(ed. Helmreich, 1.11)] 참조: "플라톤은 힙포크라테스의 추종자(zēlōtēs)였으며, 가장 중요한 그의 교리들을 가져왔다." 이러한 교리에는 네 가지 체액 이론, 혼의 삼분설 등이 포함된다. 갈레노스의 '플라톤주의'에 대해서는 Phillip De Lacy, "Galen's Platonism", *The American Journal of Philology* 93, 1972, pp. 27~39 참조.

"이제 시민이 어떤 종류의 본성을 가져야 하는지를 논해 보자. 우리는 이 것을 헬라스에서도 높은 평판을 받는 폴리스들로 눈을 돌려 인간이 사는 전 세계가 어떻게 여러 민족으로 나누어지고 있는지에 주목하면 아마 이해할 수 있을 것이다. 추운 지역에 있는 민족들, 특히 에우로페(유럽)의 민족들은 기개(튀모스)[53]는 충만하나 사고와 기술에서는 뒤떨어진다.[54] 따라서 그들은 비교적 자유롭게 살 수 있으나 정치적 제도가 없어서 이웃을 지배할 수 없다. 이와 대조적으로 아시아에 사는 민족들은 사고와 기술이 넘치는 정신을 갖고 있지만 기개는 부족하기 때문에 지배당하고 노예로 머무는 것이다. 그러나 헬라스의 민족은 지리상 양자의 중간 지역에 위치하도록[55] 그 양쪽의 힘을 공유하고 있다. 즉 기개와 사고력[56]을 가진다. 이러한 이유로 그들은 자유로움을 유지하면서 최선의 정치 통치를 하고 있으며, 어느 하나의 정치체제를 채택할 기회를 얻으면 다른 모든 민족을 지배할 수 있을 것이다. 그러나 헬라스의 민족들은 또한 서로를 비교하면 양자와 동일한 차이를 보인다. 즉 양자의 힘의 한쪽밖에 없는 민족이 있는가 하면, 반면에 그 두 힘을 잘 조화시킨 민족도 있다."[57]

---

53 무모한 용기. 여기서 thumos는 '지배에 대한 저항'을 의미를 가진다(1328a7). '튀모스 (분노)로서의 용기(andreia)가 가장 자연스러운 것이다'(『에우데모스 윤리학』 1229a26). 튀모스라는 말은 맥락에 따라 '기개', '격정', '분노', '화' 등으로도 옮겨질 수 있다. 호메로스에서는 의지나 생각이 깃드는 심장이나 마음을 가리킨다.

54 기후와 동물의 기질의 상관성에 대해서는 『동물의 생성에 대하여』 783a15 아래 및 플라톤, 『국가』 435e~436a 참조. 기후와 인간 성격(아시아인, 유럽인) 형성의 큰 영향을 주고 있다는 점에 대해서는 힙포크라테스, 『공기, 물, 장소에 관하여』(특히 13장, 16장, 23장), 플라톤, 『법률』 747d~e, 『국가』 435e~436a 참조.

55 헬라스인들은 델포이 신전에 있는 옴팔로스(omphalos)를 헬라스와 인간이 거주하는 중심으로 생각했다.

56 사고력은 '정치적 문제에 대하여 숙고할 수 있는 능력'을 가지고 있음을 말한다.

57 아리스토텔레스, 『정치학』 제7권 제7장 1327b20~1327b35. 플라톤도 『법률』에서(제

이를 미루어 짐작하건대 힙포크라테스와 플라톤, 아리스토텔레스 당대에 냉온건습이 잘 조화된 지중해성 기후에 사는 주거지가 인간의 성격에 좋은 영향을 준다는 그들의 주장은 헬라스인들 사이에서 널리 통용되던 믿음이었던 것 같다. 그래서 유럽 인종과 아시아 인종과 달리 기후적으로 온화한 중간적 위치를 차지함으로써 헬라스인들은 '용기와 지성'이라는 측면에서 다른 민족에 대해 우위를 점할 수 있는 자신들의 타고난 자질을 정당한 것으로 받아들였다. 나아가 이러한 기후 결정론적 생각은 나중에 '헬라스 중심적 사고'(Hellencentrism)의 헬레니즘의 전통으로 자리 잡게 되었다.

힙포크라테스의 관상과 의학적 관계를 요약하면 아래와 같이 정리된다. 첫째, 인체에는 네 가지 기본 요소인 체액이 포함되어 있으며, 그 조화로운 비율은 건강 유지를 위한 촉매제가 된다. 둘째, 우리의 신체는 이러한 체액의 비율 차이와 다름에 따라 사람마다 고유한 기질과 성격을 형성해서 다양한 속성이 만들어지기 마련이다. 마지막으로, 체액 외에도 기질과 인간의 행동은 환경, 특히 우리가 거주하는 장소에 의해 결정적으로 영향을 받는다. 이러한 맥락에서 살 곳을 선택하는 것은 잠재적인 환경적 영향을 통해 우리의 건강에 영향을 미칠 뿐 아니라 우리의 기질과 성격을 조절할 수 있는 결정인자가 된다.

이와 연관해서 탈레스가 몇 가지 이유로 신께 감사했다는 다음과 같은 보고는 문화사적으로 의미심장한 주장으로 받아들여질 수 있다. 남성 헬라스인에게 대척되는 것은 열등한 부류에 속하는 '짐승, 여성, 이민

5권 747d) 국가를 세우고자 하는 사람은 인간의 혼과 몸에 영향을 미칠 수 있는 환경적 요인, 즉 일조량, 바람, 물, 땅을 고려해야만 한다고 말하고 있다. 우리 식으로는 일종의 '풍수지리설'에 해당한다고 하겠다. 이 역시 힙포크라테스의 직간접적인 영향으로 보인다.

족'이었던 셈이다. 우리는 이러한 사유 방식을 『관상학』에서 동물을 여성과 남성으로 나누고, 남녀 간의 신체적 차이를 통해서 남성적 성격의 우월성을 이끌어 내는 생각이 당시 헬라스에서 널리 통용되고 있음을 증명하는 것으로 받아들일 수 있다.

"다음과 같은 세 가지 이유 때문에 탈레스는 튀케 여신에게 감사한다고 말하곤 했다는 이야기이다. 첫째는 짐승이 아니라 인간으로 태어난 것이고, 둘째는 여자가 아니라 남자로 태어난 것이고, 그리고 셋째는 이민족(barbaroi; 헬라스어를 말하지 못하는 자들)이 아니라 헬라스인으로 태어났기 때문이라는 것이다."[58]

'짝퉁 아리스토텔레스'와 폴레몬의 관상학

관상학에 관한 고대 헬라스의 중요한 문헌 두 개가 전해진다. 하나는 바로 아리스토텔레스의 이름으로 알려진, 우리가 눈앞에 놓고 읽어 보려고 하는 바로 이 책으로 기원전 3세기경에 쓰인 가장 오래된 관상학 책이다. 다른 하나는 하드리아누스 황제 시대에 로마의 귀족으로 정치가이자 학자로, 2세기경에 활동했던—지금의 터키의 아나톨리아 지역인—라오디케우스 혹은 스뮈르나의 웅변가인 폴레몬[59](90~144년)이쓴 책이다. 그는 2세기 관상학 연구의 중심적 인물로 대중적으로 잘 알려진 인물이었다. 그는 자신의 혹독한 적수였던 파보리누스(Favorinus)

---

58 디오게네스 라에르티오스, 『유명한 철학자들의 생애와 사상』 제1권 33 항목.

59 헬라스어로 전해진 그의 이름에 라틴어로 주어진 공식적인 이름은 Marcus Antonius Polemo였다.

를 두고 자신의 『관상학』에서 경멸적인 의미로 '소피스트'라고 부르기
도 하였는데, 그 자신도 역시 정치가로서 당대의 문화를 주도적으로 이
끌면서 수완을 잘 발휘한 관계로 다방면으로 재주가 많은 '소피스트'로
불렸다.

폴레몬이 쓴 오리지널 형태의 『관상학』은 고대 말까지는 온전하게 보
존되었으나 불행히도 지금은 상실되어 전해지지 않는다. 다행스럽게
도 헬라스어, 라틴어, 아라비아어 번역본(9세기경) 등 다른 여러 언어로
된 축약본 형태는 전해지고 있다. 폴레몬의 『관상학』은 아다만티우스
(Adamantius)의 헬라스어 판본과 라이덴판의 아라비아어 텍스트로 전
해지고 있다. 폴레몬의 저작은 짝퉁 아리스토텔레스와 로수스(Loxus)[60]
그리고 상실된 저술과 당시의 구술 전통의 영향 아래에서 쓰인 것으로
여겨진다. 전해지는 내용을 보면 폴레몬은 단순히 이전의 관상학을 정
리한 것으로 그치지 않고 자신의 관점에 따라 『관상학』을 완성시킨 것
으로 보인다. 특히 관상학적 관찰에서 '눈'(眼)의 중요성을 크게 강조하
고 있다. 그 책은 로마와 하드리아누스 황제에 대한 폴레몬의 태도에 관
한 의미 있는 정보를 포함하고 있으며, 2세기 헬라스 세계에서의 정치
적, 시민적 삶의 특징에 대한 중요한 사항도 전해 주고 있다. 폴레몬의
『관상학』은 1893년에 푀르스터가 *Scriptores physiognomici graci et latini*라
는 제목으로 편집하고 정리해서 간행한 책에 짝퉁 아리스토텔레스의 저

---

60 Loxus의 헬라스어 Loxos는 '경사진', '삐딱한', '모호한'이라는 의미를 가진다. 그 인물
   의 정체가 정확히 밝혀지지 않은 사람으로 '의사'라는 설도 있고, 그리고 시대적으로 거
   의 플라톤 당대의 '에우독소스'(Eudoxos)라는 인물의 이름이 지워져 남은 이름이라는
   설도 있다. 아주 그럴듯한 가설은 '아리스토텔레스의 관상학'을 쓴 사람과 마찬가지로
   아리스토텔레스의 생물학 저작에 아주 친숙한 페리파토스 계열로 추정되는 작가라는
   것이다(George Boys-Stones, ed. S. Swain, 2007, p. 59).

작과 더불어 실려 있다.[61]

9세기경 아라비아의 압바스 왕조 시대에 다양한 분야의 학문과 관련한 헬라스어로 된 문헌을 아라비아어로 옮기는 번역 운동의 중심에서 활약했던 후나인 이븐 이사크(Hunayn ibn Isahaaq; 라틴명 Johannitius; 808~873년)가 '아리스토텔레스의 이름'으로 알려진 『관상학』을 아라비아어로 번역한 『관상학』이 전해진다. 그는 네스토리우스파 기독교인으로 의사였다. 그가 전하는 당시의 학교에서 이루어지던 학습 환경은 고대 말기 알렉산드리아의 교육 장소인 스콜레(scholē)에 모여 공부하는 모습과 비슷했다고 한다. 주로 갈레노스의 의학책 중에서 주요 텍스트 하나를 읽고 공부했다. 아마도 의학 교육 이외에 다른 과목에 대해서도 이와 비슷한 방법으로 공부했을 것이다. 그들이 공부했던 주제는 아리스토텔레스의 논리학 저서 모음집인 『오르가논』뿐만 아니라 프톨레마이오스의 천문학과 점성술에 이르는 다양한 분야였다. 또한 후나인은 갈레노스의 의학과 관련한 해부학 책을 비롯하여 플라톤의 『티마이오스』, 아리스토텔레스의 『형이상학』 그리고 『구약성서』 등을 포함해서 다방면의 주제에 걸치는 110권이 넘는 책을 아라비아어로 번역했다.[62] 그는 문자적인 번역보다는 의미를 살리는 번역에 치중했다.

헬라스어 관상학에 해당하는 아라비아어는 firāsa(통찰력)이다. 이 말은 기본적으로 '면밀한 음미를 통한 식별', '중간 개념의 도움 없이 알려

---

61 스웨인이 편집한 책에는 푀르스터의 『관상학』에 관한 헬라스어와 라틴어 판본이 약간의 주석이 가미되어 기본적으로 그대로 수록되었고, 거기에 교정된 아라비아판이 덧붙여져 있다(ed. S. Swain, 2007). 앞으로의 연구를 위해 폴레몬의 아라비아판, 무명씨의 라틴어판, 소피스트 아다만티우스의 헬라스어판 『관상학』이 모두 번역되어 한 권의 책으로 묶여 출판되기를 바란다.

62 디미트리 구타스, 『그리스 사상과 아랍 문명』(Greek Thought, Arabic Culture, 1998), 정영목 옮김, 글항아리, 2013, 32~33쪽과 169쪽 참조.

지지 않은 것으로부터 알려진 것으로 급격하게 나아가는 재빠른 이해'를 의미한다. 헬라스의 관상학과 아라비아의 firāsa가 구체적으로 어떤 관련성을 가지는지는 분명하지 않다. 이슬람 문화권에서 firāsa는 이미 하나의 '학문' 전통으로 자리매김하고 있었다. 그것은 관용적으로 예언가나 신비주의자들의 신적인 firāsa 활동이었다. 당시 아라비아에서 관상학에 관한 저작을 남겼던 저자들이 대부분 의사였다는 사실은 기억해 둘 만한 중요한 가치를 지닌다. 이 점은 고대의 문화 전통에서 관상학과 의학 간의 긴밀한 연결이 있었음을 보여 주는 것이기도 하다.[63] 실제로 아라비아의 학자들은 firāsa를 의학과 동일한 위상을 갖는 학문으로 간주했다. 앞서 언급했던 것처럼, 헬라스에서 의사인 힙포크라테스가 관상학의 최초 발견자였다는 점에서도 이를 확인할 수 있다.

게르세티(A. Ghersetti)는 이븐 시나(Ibn Sīnā; Avicenna[아비첸나, 라틴명]; 980~1037년)가 분류한 방식의 자연과학에서 관상학을 의학과 더불어 '두 번째 지위'에 위치시켰음을 지적하고 있다. 그만큼 관상학은 의학에 버금가는 지위를 누렸다. 이 점은 다시 후기의 아라비아 학자들이 의학과 관상학을 동일한 '징표적 범형과 추론적 절차'를 공유하는 것으로 간주하려는 경향에 지대한 영향을 끼쳤다. 실상 아비첸나 이전에도 이미 의학과 관상학의 연결이 있었음은 앞서 간단하게 지적한 바 있다. 그것은 폴레몬의 책이 9세기경에 아라비아어로 번역되기에 앞서 아리스토텔레스의 이름으로 알려진 『관상학』을 아라비아어로 번역한 후나인 이븐 이사크의 영향력 때문이었다. 어쨌든 이를 통해서 우리가 확인할 수 있는 바는 이슬람 문화권에서 관상학이 결정적으로 하나의 과

---

63 Antonella Ghersetti가 쓴 제6장 'Semiotic Paradigm: Physiognomy and Medicine in Islamic Culture' 참조(ed. S. Swain, 2007).

학으로 지위를 누렸고, 의학과 관련하여 깊게 연구되었다는 사실이다.

앞서 언급한 현존하는 폴레몬의 헬라스어 판본은——이것도 추정일 수밖에 없는데——3세기경의 소피스트 아다만티우스가 만든 축약본이라고 한다.[64] 아니면 그 축약본의 축약본일 수도 있다. 아다만티우스는 자신의 『관상학』 첫머리에서(A1) "아리스토텔레스로부터 관상학의 방법을 공부하고 '폴레몬으로부터'[65] 그것에 대한 더 많은 앎을 얻게 되었을 때, 그리고 그것을 내가 만난 사람들의 행위에 활용하게 되었을 때"라고 말하고 있다. 이어서 그는 같은 대목에서 폴레몬의 작품을 풀어쓰기(paraphrasis) 했다고 말하고 있지만, 그 목적은 "표현을 명료하게 함으로써 그것을 접하게 될 사람들에게 공통의 이익을 보존"하려는 것이었다고 말한다. 또한 그는 "내가 알아낸 것을 그 가르침(didaskalia)에 덧붙였다"라고 말하지만, 그럼에도 본질적으로는 이 작품을 폴레몬의 작품에 대한 축약본으로 보는 것이 옳을 것이다.

이 밖에도 『무명씨의 라틴어판 관상학』(Incerti auctoris Physiognomonia)이 전해지는데, 4세기 말경에 쓰인 것으로 추정된다. 이 작품은 명확하게 헬레니즘 시대의 관상학자 로수스 그리고 우리가 이 책에서 다루고자 하는 '짝퉁 아리스토텔레스'와 부분적으로 폴레몬의 책에 토대를 두고 있으나 얼추 폴레몬의 작품을 사용한 것으로 보인다. 전해지는 『무명씨의 라틴어판 관상학』 1에서 저자는 세 저자의 관상학 책을 자신의 수중에 가지고 있다고 말한다. '의사인 로수스, 철학자 아리스토텔레스, 웅변가 폴레몬'이 그들인데, 자신이 그 주제에 적합한 주요 원리를 포함하고, 또 쉽고 공정하게 이해될 수 있는 부분을 발췌했다고 말하고 있다.

---

64 이 판본이 폴레몬의 원본에 가장 근접한 판본으로 푀르스터의 판본에 실려 있는 것이다.

65 '폴레몬으로부터'(ek Polemōnos)는 푀르스터가 꼭 필요한 것으로 삽입한 것이다.

이 작품 역시 푀르스터의 판본에 실려 있다.

아리스토텔레스의 이름으로 전해진 『관상학』 813b11~b35에서는 피의 운동이 인간의 성격을 규정한다는 내용을 논의하고 있다. 가령 키가 작아서 피의 흐름이 빨라 생각하는 장소에 일찍 도착하게 되면 '생각함에서 빠르고', 키가 큰 사람은 그 반대여서 그렇지 못하다는 식이다. 이와 유사한 설명 방식이 『무명씨의 라틴어판 관상학』 12항목에도 그대로 적용된다. 『무명씨의 라틴어판 관상학』 12항목에는 '로수스가 혼 (anima)의 장소로 위치시켰던 피가 신체의 성격과 인간의 지성, 또 감각적 지각의 성격'에도 영향을 미친다고 말하며, '모든 성격은 그 시원을 피의 유형과 기질로부터 취한다'라고 설명되어 있다. 이로 미루어 보면 아리스토텔레스의 이름으로 전해진 『관상학』이 로수스의 관상학에 영향을 미치고, 이것이 다시 『무명씨의 라틴어판 관상학』에 영향을 미쳤다고 생각해 볼 수 있다. 이런 측면에서 이들은 모두 형식적으로나 내용적으로나 아리스토텔레스의 이름으로 전해지는 책과 관련하여 매우 '아리스토텔레스적'이라고 말할 수 있다.

폴레몬은 아라비아의 관상학사 전통에서 신비한 인물로, 그 어떤 출전에서든 언급되는 매우 중요한 인물이다. 거기에서는 그를 '관상학의 스승'(Aflīmūn ṣāḥib al-firâsa)으로 바꾸어 부르고 있다(antonomasia). 13세기의 어떤 전기 작가(Ibn al-Qifti)의 보고에는 폴레몬은 철학자, 수사학자가 아니라, 과학자고 힙포크라테스 당대에 살았던 관상학의 전문가로 전해진다.

"폴레몬은 뛰어나고 위대한 사람으로 자연과학의 한 분야에서 전문가다. 그는 힙포크라테스의 당대에 살았다. 내가 생각하기에 쉬리아 출신이다. 그는 관상학과 그것에 관한 지식에서 전문가였다. 그는 누군가의 골격을 보고서 그의 성격을 추론할 수 있었다. 그는 이 주제에 관해 잘 알려진 책의 저자다. 그 책은 헬라스어에서 아라비아어로 번역되었다. 또한 폴레몬과 힙포크라테스의 동료들에 관한 기이한 이야기가 있다."[66]

아래에서 따로 언급하게 될 텐데, 전문에 따르면 디오게네스 라에르 티오스와 키케로로부터 전해지는 조퓌로스와 소크라테스와 관련한 관상에 대한 일화가 폴레몬과 힙포크라테스의 일화로 바뀌어져 나타나기도 한다. 어느 날 힙포크라테스의 제자들이 자신들 스승을 그린 그림을 들고 관상학자 Aflīmūn(폴레몬)를 찾아가서는 스승의 성격을 추론해 보라고 요청했다고 한다. 그의 신체의 구조를 자세히 뜯어본 폴레몬이 "여기 있는 그 사람은 여색을 밝힌다"라고 했다는 것이다. 그러자 힙포크라테스의 제자들이 이구동성으로 "그는 지자 힙포크라테스다"라면서 "당신은 거짓말을 한다"라고 답했다고 한다. 그들이 힙포크라테스에게 가서 전후 사정을 자세히 말하자 힙포크라테스는 "Aflīmūn이 옳다. 나는 여색을 밝힌다. 그러나 나는 나 자신을 통제한다"라고 말했다는 것이다.

한편, 폴레몬의『관상학』에 대한 아라비아어 오리지널 번역본(Aflīmūn) 은 상실되었다. 그 후에 만들어진 교정본은 두 종류가 남아 있다. 폴레몬의 아라비아어 번역은 후나인의 헬라스어『관상학』번역본에 자극을 받아 이루어졌을 것이다. 남아 있는 아라비아어 번역 교정본 둘 다 상실된 오리지널 번역본에 기초하고 있지만 하나는 헬라스어 판본을 수정함 없이 상대적으로 충실하게 옮긴 것으로 내용 면에서 또 전체 순서 면에서 폴레몬의 헬라스어판과 아주 유사하다. 다른 하나는 원본과 다른 자료를 다루고 있는데 '폴레몬'이라는 이름을 가지고 있는 이른바 '짝퉁 폴

---

66 위의 책, ed. S. Swain, 2007, p. 309.

레몬'의 교정본이다. 이 두 판본을 전해지는 폴레몬의 헬라스어 축약본과 대조하는 작업은 문헌학적으로 매우 흥미로울 수 있다. 서로 다른 언어들로 번역된 판본을 대조하여 읽으면서 텍스트가 일치하는 경우에 우리는 폴레몬의 진짜 텍스트를 확인할 수 있다.[67]

아리스토텔레스와 갈레노스의 관상학과 체액 이론

폴레몬보다 반세기쯤 뒤에 살았던 갈레노스(129~216년)는 혼의 힘이 신체에 결부되었다고 믿었다. 관상학에 대한 갈레노스의 관심은 새로운 소피스트들의 활동의 중심지였던 스뮈르나(smurna)에서 의학을 공부하기 위해 체류했던 동안에 고무되었을 것으로 생각된다. 이곳의 지도자 역할을 하던 한 사람이 바로 웅변가이자 관상학자로 알려진 폴레몬이었다.

폴레몬은 스뮈르나의 웅변가로 레토릭 교사를 위한 지침서를 저술했다고 한다. 나중에 갈레노스는 그의 레토릭 이론들을 의사 훈련의 중요한 부분으로 취급했다. 갈레노스의 관상학은 힙포크라테스학파에서 기인한 이른바 '체액 이론'에 그 뿌리를 두고 있다. 그럼에도 폴레몬도 갈레노스와 마찬가지로 의학적인 문제에 관심을 가졌는지는 명확하지 않다. 관상학과 관련한 폴레몬의 저작은 애초에는 헬라스어로 쓰였으나 지금은 아라비아어로만 전해질 뿐이다.[68] 그는 주로 당대의 지중해 이곳

---

67 이 문제에 대해서는 Antonella Ghersetti, "Polemon's Physiognomy in the Arabic Tradition", Chap. 7, ed. S. Swain, 2007 참조.

68 14세기에 이루어진 라틴어 번역은 *Polemonis de Physiognomonia liber arabice et latine* (ed. G. Hoffmann)로 남아 있다. R. Förster, *Scriptores Physiognomonici graecis et latini*, Leipzig, 1893,

저곳(코린토스, 뤼디아, 퀴레네 등)에서 온, 이름이 알려지지 않은 인물의 (특히 눈 같은) 특정한 부위에 대한 관찰을 토대로 관상학을 작성했다. 과거 인물에 대한 예는 단 두 번 사용하고 있다.

폴레몬은 여러 인종들의 외양과 성격을 구별함으로써 관상 비평을 하고 있다. 그는 인물에 대해 찬사하거나 비방할 목적으로 관상학을 사용했다. 예를 들어 그는 하드리아누스 황제를 찬양하며──그의 후원 아래에서 명성과 성공을 거뒀기 때문에──가장 우호적인 언사를 사용해서 '눈'을 논하는데, 그 대목은 다음과 같다. "다른 징후가 그 눈을 오염시키지 않는다면, 뚜렷하고 빛나는 눈은 좋다. … 이런 눈의 타입은 황제 하드리아누스의 눈이다. … **빛나고, 촉촉하고, 날카롭고, 크고, 충만한 빛**"(폴레몬, 148). 이것을 이어받아『무명씨의 라틴어판 관상학』은 이를 "*charopous*, humidos, acres, magnos, luminis plenos"(푀르스터, vol. 2 pp. 51~52)로 옮기고 있다.

폴레몬은 플루타르코스의 친밀한 친구이자 자신과 마찬가지로 하드리아누스의 후원을 받았으나 자신과는 적대했던 소피스트 아레라테(현 프랑스 남부 아를)의 파보리아누스(80~160년)를 비방할 목적으로 관상학을 사용한다. 에페소스 사람들은 파보리아누스를 좋아했고, 스뮈르나 사람들은 폴레몬을 좋아했기 때문에 둘은 서로 앙숙이었다. 폴레몬은 켈트 지역 출신들의 신체적 허약함을 경멸하듯 기술했다. 파보리아누스가 호색하고, 지나칠 정도로 방종하다는 것이다. 그의 눈은 몹시 비열한 사람들에게서 찾아볼 수 있는 타입의 눈인데, 눈이 크게 열려 있고, 대리석과 같은 빛을 가지고 있다고 한 것이다. 그 시선은 날카로운데, 이것이 뜻하는 징표는 '부끄러움을 모르는 것'(**몰염치한 사람의 징표**[anaidēs];

---

vol. 1.

휘둥그레지면서 빛나는 눈, 핏발이 선 두꺼운 눈꺼풀, 다소 굽어짐[짝퉁 아리스토텔레스,『관상학』807b28~29])이다. 그런 다음 환관의 처량해 보이는 특징을 파보리아누스에게 돌리고 있다.

황제 마르쿠스 아우렐리우스의 시의(侍醫)였던 갈레노스는 폴레몬에 게서 영향을 받았을 것으로 추정되나 의학과 관련한 그의 많은 저작들 은 심리적인 것과 도덕적인 주제를 다루고 있다. 그가 쓴 의학 저술들의 주된 관심은 의학 문제들과 더불어 인간의 성격과 신체 외관과의 관계 에 대한 해명이었다. 외적인 요인이 어떻게 하여 인간의 기질을 변형시 킬 수 있는지에서 나아가 한 개인의 심리적-물리적 성격 변화를 고찰하 는 것이 그의 주된 관심사였다.

갈레노스의 관상학에 대한 지침서인 작은 작품은『혼의 기능(힘)은 신체의 기질(혼합)을 수반한다』(Biblion hoti tais tou sōmatos krasesin hai ps uchēs dunameis hepontai [Quod animi mores corporis temperamenta sequantur; QAM]:C. G. Kühn 1822)[69]라는 제목을 가지고 있다. 작품의 제목이 암시 하는 바처럼 그는 '인간과 생명체는 신체와 혼으로 구성된다'는 점을 자 명한 것으로 받아들이고 있다. 이 점은 또한 힙포크라테스와 플라톤, 아 리스토텔레스에게 의존하고 있다. 건축가였던 아버지 니콘의 생전에 갈 레노스는 사실상 플라톤, 아리스토텔레스, 스토아학파, 에피쿠로스학파 등에 대해 공부했다고 한다. 그러한 철학적 훈련이 나중에 그의 사상을 형성하는 밑받침이 되었을 것으로 추정된다. 그는 신체는 하나의 도구 이고, 혼은 그것을 사용한다고 주장한다(『신체 부분들의 유용성에 관하 여』(De usu partium; peri chreias moriōn). 그리고 특히 QAM에서 그는 '혼

---

69 C. G. Kühn(1819~1833), *Galeni Opera Omnia*(vols. 20 in 22), Leipzig(reissued 1965), Hildesheim.

과 혼의 능력이 그것들이 거주하는 신체의 기질(kraseis; 혼합)에 의존하는 어떤 특정 관계'를 가정한다. 어쨌든 혼과 육체의 관계에 관련해서, 그는 전자에 대한 후자의 종속성을 강조하는 방식으로 표현하고 싶었을 것이다.

그는 '신적인 힙포크라테스'의 말을 인용한다(*Prognost. de Decubitu*, ed. C. G. Kühn, 4.797~798). "관상학에 대한 지식 없이 의술 활동을 하는 사람들의 판단은 어둠 속에서 헤매면서 씨를 뿌리는 것과 같다." 이것을 받아들인 갈레노스는 여기다가 천문학의 관상학적 부분이 가장 중요한 부분이라고 덧붙이고 있다. 이렇게 그는 관상학 연구를 천문학 연구와 연관시키고 있다. 갈레노스의 관상학적 자료들은 힙포크라테스와 아리스토텔레스(『동물 탐구』) 그리고 그 자신의 의학적 관찰에 의존하고 있다. 그의 네 가지 체액 이론은 힙포크라테스와 연결된다. 앞서 보았듯이 힙포크라테스의 『공기, 물 장소에 관하여』는 관상학의 학문적 토대를 놓았다고 할 수 있다. 이 작품은 건강과 질병, 기질에 대한 물리적 환경의 영향을 기술한 최초의 저작으로 받아들여질 수 있다.

갈레노스는 『힙포크라테스와 플라톤의 학설에 대하여』에서 체액과 계절 사이의 상응을 상기하면서 "나이와 계절에 따라 아이(pais)는 봄에 해당하고, 청년(neaniskos)은 여름, 성인(parakmazōn)은 가을, 노인(gerōn)은 겨울에 해당한다"라고 말한다(8.6.17).[70] 또한 갈레노스는 신체의 물리적 특성과 혼의 (혹은 도덕적) 특성은 그것들의 요소적 성질에 의해 정의되는 혼합에 기인하는 것으로 설명한다. 다음은 '차갑고 건조한 기질'과 관련한 하나의 예다.

---

70 ed. P. De Lacy, *Galeni De placitis Hippocratis et Platonis*(『힙포크라테스와 플라톤의 학설에 대하여』), CMG V 4.1.2, vols. 3 ed., trans. and comm., Berlin, 1978~1984.

"한 개인이 애초부터 차갑고 건조하면 이 사람의 체질은 희고 부드러우며 털이 없고 혈관과 관절이 보이지 않고 홀쭉하고 촉감은 차갑다. 그 혼의 성격은 과감하지 못하고 비겁하고 풀이 죽어 있다. 그럼에도 그 나머지 것들은 '우울한 기질'이 아니다("ou mēn melagcholika ge ta perittōmata", *De temperamentis*, 2.6).[71]

여기서 "그 나머지 것들은 '멜랑콜리'하지 않다"라는 말은 차갑고 건조한 혼합물과 멜랑콜리 혼합물 사이의 관계가 **필연적으로** 존재하는 것은 아니라는 것을 의미한다. 따라서 그는 의사들이 실재의 복잡성을 무시하는 것에 대해 비판하면서 미묘한 차이를 확립하고 있다. 요컨대 갈레노스의 *De temperamentis* 이론은 체액 이론에 '전적으로' 근거한 것이 아니다.

그런데 갈레노스가 의학적 징후들과 관상학적인 생각을 혼합하고 있는 예는 이런 것이다. 심장의 물리적 뜨거워짐은 어떤 특정한 징후들, 즉 호흡의 깊이, 맥박의 속도와 빈도수, 행동에서의 대담함과 무모함으로 표시된다고 주장한다.

"지나친 열이 지배한다면 곧장 호된 분노와 미침, 무모함이 있다. 이러한 사람의 흉곽은 털이 텁수룩한데, 특히 가슴과 심장 가까운 부분이 그렇다. 일반적으로 심장이 뜨거워질 때는 온 신체마저 뜨거워지게 된다. 만일 그의 간이 그것에 강하게 저항하지 않는다면 말이다"(*Ars Medica*, 10).

---

71 Singer, P. N. & Ph. J. van der Eijk & Piero Tassinari, *Galen. Works on Human Nature, vol. 1, 'Mixtures (De temperamentis)', Cambridge Galen translations*, Cambridge: Cambridge University Press, 2018.

갈레노스는 여기서 의학적인 물질적 진단 자료를 관상학적 생각과 혼합하고 있다. 요컨대 신체의 물리적 현상과 심리적 현상은 불가분의 관계에 있다는 것이다. 그에게 이 두 요소는 인간에 대한 개념을 형성하는 기본적 토대였다. 그는 인간의 외양으로부터 인간의 성질을 면밀하게 관찰할 것을 요구한다.

> "그의 볼이 사자와 같아서 기개가 있지만 다리가 염소 같아서 호색하다고 말할 때 사람들은 그들이 관찰한 것을 기술하기는 하지만 **이러한 성격에 대한 이유를 빠뜨렸다**"(De temperamentis, 2,6).

이 말은 짝퉁 아리스토텔레스가 『관상학』의 시작 부분에서 말하는 기본적인 전제의 부실함을 지적하는 것으로 이해될 수 있다. 이 점은 폴레몬의 관상학 지침서에도 마찬가지로 해당된다. 도대체 왜 이러한 성격이 일어나는지에 대한 **이유**를 제시하고 있지 않다는 것이다.

> "정신적 특성들은 신체적인 것에 수반하는 것으로서 신체의 운동 변화에 영향을 받지 않고 그 자체로 존속하는 것이 아니다. … 왜냐하면 정신적 특성들이 신체적인 겪음들(sōmatos pathēmata)에 의해 변화한다는 것은 전적으로 명백하기 때문이다. 또 반대로 신체는 혼의 겪음들에 따라 변화를 겪는다(sumpaschon)"(805a1~5).

2세기의 갈레노스는 체액 이론을 도입해서 『관상학』이 전제하는 관계에 대한 이유와 근거를 설명하려고 했다. 갈레노스의 주석 작업은 힙포크라테스의 '말들'(주장, lemmata)을 옮겨 오고, 그런 다음 그것에 대한 자신의 '설명'을 차례로 내세우는 것으로 이루어지고 있다. 갈레노스의 『힙포크라테스의 인간의 본성에 관한 주석』에 대한 논의는 세 부분으로 나누어진다. 이 책은 힙포크라테스 논고(『인간의 본성에 관하여』)의 세 부분에 해당하는 세 권의 책으로 구성된다.

주석의 첫 번째 책은 논문 1장부터 8장까지에 해당하며 '힙포크라테스학파의 저자'가 인간 본성에 대한 일원론적 개념을 비판하고, 인체는 네 가지 체액(혈액, 점액, 황담즙, 흑담즙)으로 구성되어 건강할 때는 서로 섞이고 아플 때는 분리된다고 주장한다. 갈레노스의 두 번째 주석 부분은 『인간의 본성에 관하여』 9장부터 15장까지에 해당한다. 여기서는 특히 아리스토텔레스 시대에 익히 알려졌던 『동물 탐구』에 실려 있는 '혈관'에 대해 긴 논의가 전개된다. 갈레노스의 세 번째 논의는 『인간의 본성에 관하여』 16장부터 23장에 해당하는 주석이다. 이 마지막 부분은 두 번째 부분보다 더 일관성을 지닌 채로 '건강한 사람들의 섭생(攝生)'에 관한 논의에 초점을 모으고 있다.[72]

그는 『힙포크라테스의 인간의 본성에 관한 주석』(*In Hippocratis de Natura Hominis*)[73]에서 체액 이론이 힙포크라테스 작업의 기초임을 보여줌으로써 네 가지 체액 이론에 한층 권위를 부여했다. 물론 갈레노스는 의심할 여지 없이 힙포크라테스의 학생들 중 한 사람의 작업을 힙포크라테스에게 귀속시켜 판단하는 잘못을 범하고 있긴 하지만 말이다. 『인간의 본성에 관하여』는 힙포크라테스 저작들 중에서 그의 제자이자 사위였던 폴뤼보스(Polubos)가 저자로 확실히 인정될 수 있는 유일한 논

---

72 Jouanna, Jacques. "Galen's Reading of the Hippocratic Treatise the Nature of Man: The Foundations of Hippocratism in Galen', *Greek Medicine from Hippocrates to Galen*, trans. Neil Allies, Brill, 2012, pp. 313~333.

73 D. Manetti and A. Roselli, Galeno commentatore di Ippocrate, *ANRW* II, 37, 2, Berlin/New York, 1994, pp. 1,529~1,635.

고다. 그럼에도 후세에 이 이론의 생존과 운명에 대해 역사적으로 심각한 영향을 끼친 것은 갈레노스였다고 할 수 있다. 요컨대 갈레노스에 따르면 신체와 성격의 관련성은 체액의 '적절한 혼합'(eukrasis)에 근거한다는 것이다. 갈레노스의 앞서 언급한 저서(QAM) 역시 체액 이론에 근거해서 이루어진 작품이라고 말할 수 있다.

체액 이론의 근원은 기원전 5세기에 활동했던 크로톤 출신의 퓌타고라스주의자 알크마이온(기원전 540~500년)에게까지 거슬러 올라간다. 그 이론의 연원은 이집트, 메소포타미아의 고대 의학에서도 찾을 수 있다. 갈레노스에 따르면 건강은 축축함-건조함과 같은 결합의 균형(isonomia)이고, 네 가지 성질들(네 요소인 불, 물, 공기 흙에 상응하는 성질들) 중에서 어떤 하나가 지배적(monarchia)일 때에 질병을 가져온다는 것이다. 요컨대 "건강은 성질들 간의 조화로운 혼합"이다.[74] 이로부터 고대 헬라스와 로마 시대에 대부분의 의학자와 관상학자에게 이른바 체액 심리학(humoral psychology)이 발전하게 된다.

파르메니데스는 차가움과 뜨거움이라는 두 원리로써 이해의 차이를 설명하면서 더 낫고 순수한 이해는 뜨거움으로부터 온다고 보았다(Theophrastus, De Sensibus 3~4). 뇌수와 혼의 장소가 피에 있다고 믿었던 엠페도클레스는 물, 불, 공기, 흙, 네 요소들의 혼합이 헐거우면 느릿하고 나태하며, 그 혼합이 농후하면 재빠르고 행동이 증가한다고 주장한다(Theophrastus, De Sensibus 10~13).

갈레노스는 경험을 통해서 정신의 능력이 신체의 기질과 밀접하게 관련된다고 관찰했다. 아이들은 신체와 정신의 다양성을 보여 준다. 어떤 아이는 어리석고, 어떤 아이는 겁이 많고, 어떤 아이는 관대하고, 어

---

74 H. Diels-Kranz, *Die Fragmente der Vorsokratiker*, vol. 3, ed. 6th, Berlin, 1951~1952.

떤 아이는 탐욕스럽다. 혼은 간, 심장, 뇌 등에 위치하여 기능한다. 이 주장은 혼이 가진 가장 높고, 신성한 이성적인 부분인 '지휘 사령부'(헤게모니콘)가 심장에 위치하는 것으로 보는 스토아의 주장(크뤼시포스)을 공격하는 것이기도 하다(『힙포크라테스와 플라톤의 학설에 대하여』제1~3권). 네 가지 성질들의 현존 유무에 따라 혼의 본질을 설명했던 플라톤과 아리스토텔레스의 철학, 스토아 철학의 입장을 받아들였던 갈레노스는 지혜의 원인이 왜 건조함이고, 어째서 축축함이 광기의 원인인가라고 묻는다. 마침내 그는 정신적 질병을 가져오는 신체의 혼합(krasis)에 대한 영향을 논의하고, 정신은 손상 입은 체액으로서 신체적 질병에 의해 피해를 겪는다는 주장을 하기에 이른다. 그는 신체의 균형을 유지하는 체액의 중요성에 대한 초기 사상가들의 생각을 받아들인 후 관상학의 원리를 탐구함으로써 자신의 이론을 발전시켰다.

"이번에 다시 고통에 대해 말하자면 혼은 마찬가지로 몸 때문에 많은 악을 갖게 됩니다. 왜냐하면 누군가의 시고 짠 점액에 속하는 것이라든가 쓰고 담즙성인 체액에 속하는 온갖 것들이 몸 안을 떠돌아다니다가 바깥으로 난 배출구를 확보하지 못하고 안에 갇힌 채 자기들에게 생긴 증기를 혼의 운행과 뒤섞음으로써 혼합이 이루어지면, 그것들은 정도나 빈도에서 더하거나 덜한 온갖 혼의 질병들을 만들어 내지요. 또한 그것들이 혼의 세 거처로 이동하는 경우, 그것들 각각이 침범하게 되는 장소는 온갖 종류의 변덕과 낙담으로 다채로워지는가 하면 무모함과 비겁함, 더 나아가 망각과 아둔함으로 다채로워집니다."[75]

---

75 플라톤, 『티마이오스』 86e~87a (김유석 번역).

또한 갈레노스는 혼의 능력(dunameis tēs psuchēs)이 그 자신을 생겨나게 한 어머니의 피의 혼합(krasis)에 의존한다는 믿음에서 있어서는 아리스토텔레스를 추종한다.

"이것들 사이의 차이는 더 낫게 만들기 위한 것이다. 피 이외의 것에서의 차이나 피끼리의 차이가 그렇듯이 실제로 피에는 더 엷은 것, 더 농밀한 것이 있고, 더 순수한 것, 더 탁한 것이 있다. 게다가 더 차가운 것, 더 뜨거운 것도 있다. 그 차이를 한 동물의 여러 부분에서도 볼 수 있으며(즉 동물의 몸 위쪽 피와 아래쪽 피 사이에도 이러한 차이가 있다), 심지어 다른 동물끼리도 그 차이를 볼 수 있다. 일반적으로 동물들 중에는 피를 가진 것도 있고, 피를 대신하는 다른 것을 가진 것도 있다. **피가 더 진하고 더 뜨거울수록 더욱 강함을 만들어 낼 수 있고, 더 엷고 더 차가울수록 더 감각적이고 더 사유적이 된다.** 피와 유비적인 것의 경우도 같은 차이가 있다. 그러므로 꿀벌이나 그와 유사한 동물들은 대부분의 유혈동물보다 그 본성에서 더 사려 깊고(phronimōtera), **유혈동물들 중에서는 차갑고 엷은 피를 가진 사람들이 그와 반대되는 성질의 피를 가진 사람들보다 사려 깊다. 가장 좋은 것은 뜨겁고, 엷고, 순수한 피를 가진 동물이다.** 왜냐하면 그런 동물들은 용기와 사려에 있어서 동시에 좋은 상태에 있기 때문이다. 이런 까닭에 몸의 위쪽 부분들은 아래쪽 부분들에 대해서 그러한 차이가 있으며, 더욱이 수컷은 암컷에 대해 그리고 몸의 오른쪽은 왼쪽에 대해 그러한 차이가 있다"(아리스토텔레스, 『동물의 부분들에 대하여』 제2권 제2장 647b29~648a13).

이렇게 아리스토텔레스로부터 피의 본질과 개별자의 성향에 대한 그 관계를 끌어들인 다음에 그는 각 동물의 전체적인 신체 구조가 그 혼의 특유한 성격과 기능이 된다는 아리스토텔레스의 친숙한 이론에 대한 설명으로 넘어간다. 갈레노스는 아리스토텔레스가 동물과의 유비에서 찾은 다음과 같은 특별한 관상학적인 징표들을 받아들인다. 『동물탐구』 제1권 486a14 아래에서는 먼저 동물들 간 삶의 방식과 활동 방식의 차이를 설명하고 있다. 그런 다음 488b12~25에 걸쳐서 각 동물이 가진 성격을 구별한다. 제1권 제8장에 이르러서는(491b12) 인간의 얼굴(metōpon)과 그 관상학적 의미를 언급하기 시작한다. 다른 동물과 달리 인간만이 '얼굴'을 갖는다고 지적하면서 "이마가 큰 사람은 나태하고, 이마가 작은 사람은 변덕스럽다. 둥근 이마를 가진 사람들은 쉽게 흥분하고, 이마가 튀어나온 사람들은 쉽게 화를 낸다"라고 한다. 이어서 이마 밑 눈썹에 관해 간략히 언급한 다음 눈(眼)에 대한 고찰을 시작한다. 귀에 관해서는(492b2) "크고 튀어나온 귀를 가진 사람은 어리석게 말하고(mōrologia) 수다쟁이(adoleschia)"라고 그 성격을 파악한다. 494a16에서는 "발바닥이 두껍고 휘어져 있지 않아서 발바닥 전체로 걷는 사람은 악한 행동을 하는 사람"이라고 말한다. 아리스토텔레스의 『동물 탐구』 제8권 시작 부분에서(588a16 아래)는 대부분의 동물들도 인간과 마찬가지로 혼과 관련해서 성격 유형의 흔적(ichnē)을 가지고 있음을 지적한다. 그것들은 예를 들어 길듦, 난폭함, 온순함, 거칢, 용맹함, 겁 많음, 두려움, 대담함, 교활함 같은 것들이다. 인간 성격과 동물 성격 간의 유비, 암컷과 수컷의 신체적 차이에 따른 성격 차이에 대해서는 제9권 608a1에서 시작해서 608b19에 걸쳐서 논의되고 있다.

체액 이론은 힙포크라테스 추종자들에게서 더 정교하게 주장되어 널리 받아들여졌다. 신체 안에서의 혼합 이론이 네 원소(흙, 공기, 불, 물)에 적용되었다. 신체를 통해 자유롭게 순환하는 네 체액과 관련하여 발전한 개념에 따라 적절한 혼합이 인간의 신체 구성에 건강의 균형

(eukrasia)을 가져다준다는 것이다. 노이부거(Neuburger)는 이 점에 대해서 이렇게 정리한다. "신체의 기본적 구성은 … 냉온건습인데 질료로 받아들여진 성질들이 조직을 구성하고, 힘(force)으로 받아들여진 기관들이 생명의 과정(vital process)들을 조건 짓는다. 따뜻함과 차가움은 능동적 힘, 건조함과 축축함은 수동적 힘으로 자리매김된다."[76]

갈레노스에게 있어 생명의 기본 원리는 프네우마이다. 이것은 외부로부터 숨구멍과 폐를 통해서 신체로 들어온다. 그리고 그것은 신체의 내재적인 열을 통제하는 심장으로 옮겨 간다. 또 그것은 적절한 온도를 피에 나누어 준다. 심장은 프네우마를 위한 주된 기관이기 때문에 '혼의 장소'로 생각되었다. 프네우마는 부적절한 요소적 성질의 혼합(크라시스)에 의해 재빠르게 영향을 받는다. 그래서 질병이 발생한다. 갈레노스는 프네우마가 생명의 원리라는 생각을 수용하였고, 더불어 조직의 네 가지 성질 간의 평형 상태를 보존한다는 생각으로 나아갔다. 바람직한 균형을 만들어 내는 체액은 뜨겁고 축축한 피이며, 점액질은 차갑고 축축하며, 흑담즙은 차갑고 건조하고, 황담즙은 따뜻하고 건조하다. 이러한 방식으로 네 가지 체액들이 조직 안에서 순환하면서 인간의 기질과 본성에 영향을 미치고, 결과적으로 개별자의 외양과 관계를 맺는다는 것이다. 갈레노스는 예를 들어 점액질이 많은 사람은 멜랑콜리한(우울한) 사람으로 에토스(혼의 성격)가 과감하지 못하고(atolmos), 비겁하며(deilos), 풀이 죽어 있다(dusthumos)고 한다(De temperamentis, 2.6). 갈레노스는 요소(불, 공기, 물, 흙)들과 체액 사이의 관계 그리고 무엇보다도 체액과 성격 사이의 관련성을 만들어 내고 있다.

---

[76] Max Neuburger, *History of Medicine*, trans. E. Playfair, London, 1910(E. C. Evans, Galen the Physician as Physiognomist, *Transaction and Proceedings of the American Philological Association*, vol. 76, 1945, pp. 287~298에서 재인용).

갈레노스는 관상학에서 중요한 업적을 남긴 인물이라고 평가할 수 있다. 그는 힙포크라테스의 전통에 따라 체액 이론을 내세웠으며, 인간과 동물의 외형과 본질의 비교를 받아들였고, 다양한 인종에 근거한 관상학에 대해 관심을 표명했다. 이렇듯 우리는 갈레노스를 인간과 환경의 관계, 환경에 의해 영향받는 체액에 대한 이론, 이것이 다시 인간의 외양과 본성에 영향을 미친다는 주장 등에 대한 종합적 견해를 내세운 사람으로 평가할 수 있다. 체액 이론을 비롯하여 신체의 크기와 관련해서 균형과 중용 이론을 받아들였다는 점에서는 그를 '아리스토텔레스주의자'라고도 평가할 수도 있다. 그는 혼에서 중간 상태가 최선이라고 말한다. 이런 사람은 친절하고, 애정이 있으며, 사려가 깊다는 것이다. 또한 그는 신체상의 탁월함과 함께 혼의 덕도 가지고 있다. 이런 사람은 외형적으로도 좋은 빛을 띠고, 숨을 고르게 쉬고, 부드럽고 수북한 털이 났으며, 어둡지도 않고 밝지도 않은 피부색을 가지고 있다는 것이다.

역사적 사실로 볼 때 우리는 갈레노스를 다음과 같이 평가할 수 있겠다. 즉 아리스토텔레스가 실시한 인간과 동물 간의 비교를 관상학 분야에서 신체의 체액 이론에 기술적으로 결부시킨 최초의 학자라고 말이다. 더구나 그는 신체의 외관으로부터 인간의 성격을 읽어 내려는 지난 세기 동안에 거의 상식으로 통용되었던 이론을 학문적으로 한결 분명하게 밝힌 인물이었다.[77]

---

77 E. C. Evans, Galen the Physician as Physiognomist, *Transaction and Proceedings of the American Philological Association*, vol. 76, 1945, pp. 287~298; E. C. Evans, Physiognomics in the Ancient World, *Transactions of the American Philosophical Society*, New Series, vol. 59, no. 5, 1969, pp. 1~101.

호메로스와 헤시오도스 그리고 세모니데스

좀 더 시대를 거슬러 올라가 관상학의 근원을 더듬다 보면 호메로스의 시문학(詩文學)에서도 관상학의 연원을 찾아볼 수 있다. 사실상 호메로스의 문학에는 인간의 생김새에 대한 면밀한 서술이 많이 나타난다. 인간의 생김새에만 한정되는 것은 아니지만 호메로스 문학의 뛰어난 점 중의 하나가 어떠한 특정한 사태에 대한 기술, 정적(靜的)이든 동적(動的)이든 간에 얽혀 있는 사건에 대한 서술과 나아가 인간의 모습에 대한 묘사가 눈앞에 생생하게 살아 있는 것처럼, 마치 섬세한 정물화를 감상하는 듯 자세하다는 점이다.

『일리아스』에 등장하는 인물인 테르시테스의 성격, 그러니까 남과 말싸움하기 좋아하고 고분고분하지 않은 성격은 그의 못생긴 외모에 동반한다. 그의 성격이 전혀 우연적인 것이 아니라는 것이다. 테르시테스의 모습과 성격은 헬라스에서 전통적으로 이상적 인간으로 꼽는, 외적으로는 아름답고 내적으로는 좋은 성품을 가진 '칼로스카가토스'(kaloskagathos)와는 완전히 대비된다.

테르시테스를 두고 이렇게 묘사하다. "그는 일리오스에 온 사람들 중 가장 못생긴 자로 안짱다리에 한쪽 발을 절고, 두 어깨는 굽어 가슴 쪽으로 오그라져 있었다. 그리고 어깨 위에는 뾰족한 머리(phoxos kephalē)가 얹혀 있었고, 거기에 가는 머리털이 드문드문 나 있었다."[78] 그리고 『일리아스』 제3권에서 뛰어난 언설로 논변을 펼쳤던 메넬라오스에 이어 오뒷세우스가 자리에 일어났을 때 "겉으로 보기에는 좀 모자라는 사람 같았소. 아마 사람들은 그를 심술쟁이나 완전한 바보로 여겼을 것이

---

[78] 호메로스, 『일리아스』 제2권 216~219행.

오"(219~220행)라고 말하는 대목 등에서 우리는 인간의 겉모습을 보고 그 사람의 성격을 파악하는 통찰이 작품에 내재하고 있음을 알아낼 수 있다. 테르시테스와 같은 사람의 이러한 못생긴 외모는 신으로부터의 사랑의 결핍을 나타내는 표시일 수 있다.[79] 그러나 작품의 많은 대목에서 인간의 외모와 그의 성격을 내적으로 연결하려는 호메로스의 상상력이 작동하고 있음은 부정할 수 없다.

자연을 관찰하는 것에 기초를 둔 관상학도 근원적으로 따져 보면 비유(allēgoria)에 그 토대를 두고 있다. 인간 신체의 모습과 동물의 생김새를 비교하는 것은 관찰을 통한 양자 간의 외형적 유사성(homoiotēs)에서 이루어진다. 알레고리아는 allē(다른 것으로)와 agoreuō(말하다)가 결합되어 생겨난 말이다. 어원적으로 풀이하자면, '말해진 것과 다른 것을 함축하기 위해 말하는 것'을 의미한다. 말하자면 다른 이미지를 가지고 어떤 것을 묘사하는 것이다.

동물과 인간의 비유는 오랜 역사를 가지고 있다. 헤시오도스의 시대로부터 약육강식이 지배하는 동물의 세계와 신적 선물로 주어진 '정의'가 지배하는 인간의 세계는 극명하게 대조되고 있다. 기원전 6세기경 크로톤의 알크마이온(Alkmaion)은 "인간만이 이해할 수 있고, 다른 동물들은 감각할 수 있으나 이해가 결여되어 있다는 점에서 여타의 것들과 구별된다"(「단편」 1a)라고 말한 바 있다. 호메로스의 영웅들이 전장에서 적들과 마주하고 맞서서 동물적 용기와 그 민첩성을 보일 때는 '사자와 같은'이라는 표현을 늘 사용한다. 다음은 그러한 것의 전형적인 예들이다. "마치 사자가 수풀 속에서 풀을 뜯는 소 떼에게 달려들어 송아지

---

79 호메로스, 『오뒷세이아』 제8권 165~170행 참조. "어떤 사람은 생김새(eidos)는 여느 사람보다 빈약하지만 신께서 그의 말을 우아함으로 장식하시니 사람들은 그를 보고 기뻐하고…."

나 암소의 목을 물어뜯듯이."⁸⁰ "수염 난 사자가 길 위에 나타나 덤벼들던 그들을 모두 한꺼번에 쫓아 버릴 때와 같이."⁸¹ "그 기세는 외양간을 쑥대밭으로 만들다가 마침내 가슴에 부상당하고 제 투지 때문에 죽어 가는 사자와도 같았다."⁸² 앞의 예는 헥토르를 두고 하는 말이고, 마지막 대목은 파트로클로스를 두고 하는 말이다.

호메로스의 『일리아스』와 『오뒷세이아』에는 그런 비유들이 수없이 등장한다. 예를 들면 집단적으로 전투를 벌이는 전사들은 한 무리의 늑대나 야수를 뒤쫓으며 몰아붙이는 사냥꾼(전장의 우두머리)이 거느린 개들에 비유된다.

"어두운 밤에 사자의 습격을 받아 도망치는 소 떼와도 같았다."⁸³
"그는 야수처럼 주위를 살피며 또 가끔 되돌아서곤 하며 한 걸음씩 천천히 물러났다. 마치 개떼와 농부들이 울타리를 친 쇠마구에서 황갈색 사자를 몰 때와도 같았다."⁸⁴

물론 호메로스에 등장하는 많은 비유들은 **행위**에 관련된 것들이 다수이다. 물론 그 관찰의 핵심에는 비유 대상이 되는 것의 외면적 모습에서 그 행위의 가장 강력한 '징표'를 찾아낸다는 사실이 바탕에 깔려 있다. 성격의 파악에까지는 아직 이르지 못한다 해도 호메로스에게서 여전히 비유를 통한 관상학적 방법이 적용되고 있다는 점은 무시할 수 없

---

80 호메로스, 『일리아스』 제5권 161~162행.
81 호메로스, 『일리아스』 제15권 275~276행.
82 호메로스, 『일리아스』 제16권 752~753행.
83 호메로스, 『일리아스』 제11권 172~173행.
84 호메로스, 『일리아스』 제11권 546~547행.

을 것이다.

호메로스가 종종 인간을 어떤 동물과 비교하지만 그 경우에 토대가 되는 것은 영웅이 적을 향해 돌진하는 것이 마치 사자가 야수의 무리에 달려드는 것과 같다는 등의 **일정한 행동 양식**이다.[85] 이 같은 비유는 그 동물에게서 관찰되는 전형적인 행동인 한에서 유익한 것이 된다. 이 점에 대해 브루노 스넬은 이렇게 말한다.

"사자는 호메로스의 작품에서 늘 호전적인 동물로 묘사된다. 특히 사납게 달려드는 것으로 잘 알려져 있지만 사자는 물러나 쉬고 있을 때조차 여전히 호전성을 띠고 있다. 설령 사자가 고귀한 용감성의 상징이 아니라 잔혹한 것으로 평가받는다고 하더라도 이 때문에 사자 특유의 성질이 조금이라도 변화되는 것이 아니며, 단지 그 성질이 다른 형태로 평가받고 있는 데 지나지 않는다. 사자는 살금살금 걷는 고양이나 하물며 익살을 부리는 고양이가 결코 아니다. 이 점은 비교되는 다른 동물들, 예를 들면 뻔뻔스러운 개, 완고한 당나귀, 겁 많은 사슴의 경우에도 한결같이 이야기될 수 있다. 예를 들어 헥토르는 종종 사자와 비교된다. 그는 공격성이라는 점에서 이 맹수와 비슷할 뿐만 아니라, 적에게 돌진하는 경우에도 사자의 성질을 드러내고 있다. 그래서 아이아스가 처음에는 사자와 비교되고 나중에 당나귀와 비교되는데(『일리아스』 제11권 548~557행과 558행, 565행), 이는 동물이 인간의 성질을 드러내는 데 적절하다는 것을 보여 준다. 특정한 인간을 특정한 동물과 동격시하는 관념은 매우 오래된 것이다."[86]

---

85 『관상학』에서 사자의 행동거지와 생김새는 용맹함의 대표적인 징표로 내세워진다. 제 5장에서 남성적 원형으로 사자의 모습을 기술하는 809b14~36 참조.
86 브루노 스넬(Bruno Snell), 『정신의 발견』 '비유, 비교, 은유, 유추', 김재홍·김남우 옮김,

이암보스 형식으로 글을 지었던 아모르고스(Amorgos) 출신의 세모
니데스(Sēmonidēs)는 동물 유형에 따라 가장 체계적으로 인간 유형을
구분한 시인이다. 그가 주장하고 싶은 것은 '좋은 여인은 남자가 얻을 수
있는 것 중에서 최선이며, 나쁜 여인은 몸서리쳐지는 최악'이라는 것이
다. 그는 이 생각을 헤시오도스의 『신통기』에 언급된 판도라 신화 전통
에서 이어받았다. 프로메테우스가 인간을 위해 불을 훔친 것에 대한 대
가로 제우스가 마련한 재앙이 여자였다.[87] 그래서 남자에게 여자는 '아
름다운 재앙'(kalon kakon)(585행)이었다. 이는 여자가 인간에게 행과
불행을 가져다주는 양면적 존재임을 보여 준다.

인간의 특성을 파악하기 위해 세모니데스는 『단편』 7('여자들의 이암
보스')에서 여자의 다양한 유형을 동물과 비교하면서 다음과 같은 식으
로 길게 서술하고 있다.

신은 태초에 여자의 성향을 다양하게 만들었다.

어떤 여자는 뻣뻣한 억센 털로 덮인 암퇘지로 만들어졌는데,

이 여자의 집안은 온통 오물로 덮여 있으며,

모든 것이 뒤죽박죽인 채로 바닥에 널려 있었다.

자신의 몸을 씻지 않고 옷도 빨지 않은 채

분뇨통에 쭈그리고 앉아 점점 살만 쪄 갔다.

신은 다른 여자를 교활한 암여우로 만들어 내었다.

이 여자는 모르는 것이 없어서

그린비, 2020, 352쪽 참조.

[87] 헤시오도스, 『신통기』 570행 아래.

선한 것도 악한 것도

그녀의 눈을 피할 수 없었다.

어떤 사람을 헐뜯는가 하면

금방 그 사람을 칭찬한다.

이렇듯 그녀는 변덕이 죽 끓듯 하였다.

(오늘의 기분이 이런가 하면 내일은 벌써 달라진다.)

다음으로 암캐로 만들어진 여자인데,

뻔뻔스러운 제 어미를 그대로 닮아

무엇이든지 듣고 싶어 하고 알고 싶어 해서

어디라도 냄새를 맡아가며 쉴 새 없이 쏘다닌다.

사람의 그림자가 보이지 않아도 쉴 새 없이 미친 듯이 짖어 대곤 한다.

남편이 윽박지르거나 분노에 싸여

돌로 그녀의 앞니를 부러뜨리기라도 한다면

잠시 기분을 맞춰 상냥하고 얌전하게 되겠지만,

또다시 손님들 사이에 있을 때면

남편 앞에서도 한시도 입을 다물고 있지 않는다.

그녀의 어리석은 수다는 한이 없다.

이런 식으로 여자는 다양한 동물과 계속 비교되는데 마침내 오직 하나 꿀벌만이 선하고 훌륭한 여자의 성질을 띠고 있을 뿐이다. 신이 여인의 마음을 만들면서 어떤 여인은 "뻣뻣한 억센 털로 덮인 암퇘지"로 만들었는데, 그 여인은 집안을 온통 더럽히고 무질서하고 어수선하게 땅바닥에 굴러다니거나 느긋하게 두엄 위에 앉아 몸을 살찌운다고 묘사한다. 변덕이 심한 여인은 "교활한 암여우"로 만들었다는 것이다.

그 밖에도 세모니데스는 관찰된 동물이 가진 특징을 여인이 가질 수 있는 성격으로 환원시키고 있다. 그래서 그는 앞서 든 암퇘지와 암여우 외에도 변덕스러운 암캐, 고집 센 당나귀, 욕정(欲情) 덩어리인 족제비, 갈기 많은 암말, 남자에게 주는 최악의 재앙으로 추하게 생긴, 속임수를 능수능란하게 부려 대는 원숭이, 꿀벌 등으로 8명의 여자 유형을 8개의 상이한 동물에 비유하며 특징적 성품을 설명하고 있다. 갈기를 가진 암말로서의 여자는 지나치게 세면(洗面)하고 치장하므로 다른 이들에게 는 아름다운 것(kalon)이었으나 그녀를 부인으로 둔 남편에게는 재앙 (kakon)이었다(67~69행).[88]

꿀벌인 여성이 모든 여성들 가운데 가장 우수하다. 이 여성의 이미지 는 필시 헤시오도스에게서 빌려 왔을 것이다. 이 여성은 남편으로 하여 금 행복한 삶을 영위하게 하는데[89] "그녀로 인해 생활이 윤택해지고 부 유해지기 때문"에 그렇다는 것이다. 또한 이 여성은 훌륭한 자손들을 많 이 낳아 주기도 한다. 여기서 우리는 남편에게 가장 훌륭하고 현명한 여 성의 모델로서 꿀벌을 끌어들이고 있는 세모니데스가 여인의 유형을 경 험적 사실에서 찾지 않고, 다만 동물을 표본으로 삼아 구분했다는 점을 유의하고 주목해야 한다. 그래서 그는 여인에게 돼지의 성격을 투사해 서 성격을 묘사한 것이고, 몸짓이 둔한 여인은 탐욕스럽고 욕정이 많으 므로 당나귀와 같다는 추론을 이끌어 내고 있다. 세모니데스는 꿀벌 같 은 여인이 부지런하고 일을 잘하고, 더군다나 매력적이라고 말하고 있

---

88 여성이 남성에게 '아름다운 재앙'이라는 이중적 이미지는 헤시오도스에게서 이어받은 지적 유산이다.

89 여자를 통해 이익을 구하는 남자의 모습은 헤시오도스에게서 나타난다. "꿀벌들이 날 마다 해가 질 때까지 온종일 애를 쓰고 하얀 밀랍(蜜蠟)을 쌓아 올리는 동안 수벌들은 지붕이 둥근 벌통 안에 남아 남의 노고를 제 뱃속에 쌓는다"(『신통기』 595~599행, 천병 희 역).

는 것은 가장 이상적인 모습을 띠고 있는 것 안에 모든 바람직한 성질을 집어넣었기 때문이다.[90]

세모니데스에 이르면 동물의 비유는 인간의 어떤 특정한 행동을 설명하는 데 사용되는 것이 아니라 인간의 지속적 본성을 다른 동물의 그것과 대립시킴으로써 파악하고자 사용되었다. 이리하여 세모니데스에게 이르러서 비유는 비로소 호메로스에게서 두드러졌던 **행동의 영역**에서 **성질의 영역**으로 옮아가게 된다.[91]

소크라테스의 관상에 대한 일화

역사적으로 대표적인 추남 철학자로 알려진 소크라테스의 외모와 관련하여 전승된 보고에 따르면 그는 납작코에 퉁방울눈을 가지고 있었고 올챙이배와 두툼한 입술을 가진 모습으로 묘사되고 있다.[92] 소크라테스가 에피소드의 주인공이 된, 그의 관상과 관련한 일련의 흥미로운 동화 같은 일화가 전해진다. 이 일화가 사실인지 아닌지는 충분히 의문시된다. 실제로 이 일화를 두고 비역사적이라고 평하는 독일 출신의 에두아르트 첼러(E. Zeller; 1814~1908)와 같은 학자도 있다.

---

90 세모니데스의 시에 나타난 여인 유형과 동물 유형의 비교에 대한 자세한 논의는 헤르만 프랭켈(『초기 희랍의 문학과 철학』 1, 김남우·홍사현 옮김, 아카넷, 2006), 380~390쪽 참조.

91 브루노 스넬, 『정신의 발견』, 362쪽.

92 플라톤, 『테아이테토스』 143e, 209b~c;『향연』 215b.『향연』의 해당 대목에 따르면 소크라테스는 사튀로스인 마르쉬아스와 닮았다고 한다. 흔히 사튀로스가 대머리로 묘사되고 있어서 이후 소크라테스는 지속적으로 대머리로 표상되고 있다. 이 밖에도 크세노폰의 『향연』 V. 5, 6, 7에서도 소크라테스는 자신의 퉁방울눈, 들창코, 두툼한 입술에 대해 언급하고 있다.

디오게네스 라에르티오스의 『유명한 철학자들의 생애와 사상』은 소크라테스가 자연에 관한 섭리적 능력(예언; pronoia)에 관해 말했다고 하면서, 아리스토텔레스가 발언 당사자가 되어 "한 마고스[93]가 쉬리아에서 아테나이로 와서 소크라테스에 대한 다른 것들과 무엇보다도 소크라테스가 강압적인 최후를 맞이할 것(kai dē kai biaion esesthai tēn teleutēn autō)이라 비난했다(katagnōnai)고 한다"라는 구절을 전해 주고 있다(제2권 45).[94] 여기서 '다른 것들(ta alla)과 … 비난했다'라는 언급과 '강압적인 죽음'에 대한 예언은 외모(성격)와 현실을 연결시킨 논의의 맥락이 아닌가 한다. 필시 이 대목과 연관된 것으로 추정되는 이야기일 터인데, 키케로도 그의 저서에서 관상학자(physiognōmōn) 조퓌로스(Zōpuros)가 소크라테스의 관상을 어떻게 평가했는지를 자세하게 언급하고 있다(『투스쿨룸 대화』 제4권 80).

다양한 통로를 통해 전해지는 조퓌로스와 소크라테스의 일화는 고대 세계에서 철학과 관상학의 첫 만남을 증거하고 있다. 이 이야기는 또한 철학자가 혼의 본질과 신체의 관계에 대해 관심을 기울인다면 철학자는 필연적으로 관상학에 관심을 갖지 않을 수 없다는 것을 보여 주는 하나의 구체적인 예가 되고 있다. 실제로 당시 여러 지역에서 관상학에 관

---

93 마고스들은 메데이아(페르시아)의 여섯 지족 가운데 하나로 페르시아의 전통 종교인 조로아스트레스(조로아스터)교의 세습적 사제 계급의 지자(知者)들이다. 그들은 조로아스트레스교의 교리를 해설하고 제의를 집전하는 역할을 맡았다. 헬라스 사람들에게 그들의 제의가 낯설면서도 강력해 보인 탓에 후에 마고스는 마술사(magician)라는 의미까지 겸하게 되었다.

94 아리스토텔레스, 〈단편〉 32(Rose). 조퓌로스가 쉬리아(시리아)에서 왔다는 전문이 있고, 동쪽에서 왔다는 보고와 함께 이름이 페르시아 계통인 것으로 보아 페르시아인으로 추정하기도 하는데, 어떤 경우든 소크라테스가 살아 있을 때에 아테나이에 왔던 것으로 추정된다. 조퓌로스에 관한 보다 자세한 논의는 George Boys-Stones의 *Physiognomy and Ancient Psychological Theory*, ed. S. Swain, 2007, 제2장 pp. 22~33) 참조.

한 저서가 번역되고, 서로 다른 지역으로 그런 유의 책들이 유포되고 돌아다녔다는 것은 인간의 의도와 성격을 읽어 내는 '예지의 능력'이 단지 호기심을 불러일으킬 뿐인 취미 생활이 아니라 당시 문화권에서 높이 평가받는 지적인 통찰력이었음을 보여 주는 하나의 증거 사례가 된다.

조퓌로스는 노예였다가 소크라테스의 도움으로 자유인이 된 후에 소크라테스 밑에서 철학을 공부했던 엘리스 출신의 인물로 지금은 상실된 작품인 파이돈의 대화편 『조퓌로스』에도 등장한다.[95] 소크라테스의 관상에 관한 고대의 일화는 아마도 파이돈의 『조퓌로스』 작품 속에 그 연원이 있었던 것으로 짐작된다. 고대의 다른 문헌(폴레몬의 『관상학』 아라비아어 TK 사본)에는 폴레몬이 힙포크라테스를 만나서 그의 관상을 평가했다는 전설적인 얘기도 전해지고 있다. 마치 아라비아의 학자들이 아리스토텔레스를 꿈속에 만나 철학적 주제를 놓고 대화를 주고받듯이 말이다.[96]

키케로는 두 대목에서 조퓌로스를 언급한다. 그는 "신체, 눈, 얼굴과 이마로부터 한 인간의 성격과 본성(hominum mores naturasque)을 인식한다고 스스로 주장하는 관상학자" 또는 "외모로부터 모든 인간의 본성을 꿰뚫어 볼 수 있다고 스스로 주장하는 사람"이라고 조퓌로스를 묘사하고 있다. 그는 "소크라테스는 쇄골에 움푹 파인 부분이 없었기 때

---

95 디오게네스 라에르티오스, 『유명한 철학자들의 생애와 사상』 제2권 105: "파이돈은 엘리스 사람으로 귀족 집안 출신이며 조국이 망하면서 포로가 되었고 강제로 가택에 구금되어 있었다. 그러나 그는 문을 닫고서 소크라테스가 알키비아데스 일행들이나 크리톤 일행들에게 그의 몸값을 지불하라고 재촉할 때까지 소크라테스와 같이 지냈다. 그 이후로 그는 자유인이 되어 철학을 했다. 히에로뉘모스는 『판단 중지』에서 그를 노예라고 공격했다. 그는 대화록들을 저술했는데 『조퓌로스』와 『시몬』은 진짜고, 『니키아스』는 의심스럽다."

96 디미트리 구타스, 『그리스 사상과 아랍 문명』, 정영목 옮김, 글항아리, 2013. 특히 '아리스토텔레스의 꿈'에 대한 논의에 대해서는 136~149쪽 참조.

A 유형   소크라테스 흉상. 로마 시대의 복사본.
원본에 가장 가까운 것으로 여겨짐. 원본은
기원전 380~370년.

B 유형   소크라테스 상. 로마 시대의 복사본.
기원전 317~307년경의 가상의 것을 모방함.

문에 '어리석고 우둔하다'라고 말했고, 계속해서 신체의 그 부분이 막히고 잠겨 있다고 말했다. 그는 소크라테스가 바람둥이이기도 하다고 덧붙였다. 그러자 알키비아데스가 웃음을 터뜨렸다고 한다"(stupidum esse Socratem dixit et bardum, quod iugula concava non habert, obstructas eas partes et obturatas esse dicebat; addidit etiam mulierosum, in quo Alcibiades cachinnum dicitur sustulisse. *De fato* 10). 조퓌로스는 온갖 비난을 소크라테스에게 퍼부어 댔을 뿐만 아니라 소크라테스의 눈이 여자를 탐닉하게 생겼다고도 했다는데,[97] 이 점에 대해 소크라테스의 추종자인 알키비아

---

97 '짝퉁 플루타르코스'는 『훈련에 관하여』(*peri Askēseōs*, f. 179)에서 소크라테스의 입을 통해 '정말로 이 사람은 틀리지 않았다. 왜냐하면 본성적으로 나는 여자에 대한 관능적 욕망으로 기울어져 있기 때문이다. 하지만 주의 깊은 훈련을 통해서 나는 너희가 알고 있는 바의 내가 되었다'라고 말했다고 전한다. 다른 이런저런 보고에서도 소크라테스가 조퓌로스가 말한 바대로 스스로를 육욕적(肉慾的)인 사람이라고 고백하고 '철학의 훈련'을 통해 자신의 본성을 더 나은 방향으로 이끌었다고 말했다는 전문이 전해진다(ed.

데스가 냉소적인 웃음을 크게 터뜨려야만 했다는 것이다.[98]

소크라테스에 대한 조퓌로스의 관상적 판단이 『관상학』에서 "쇄골의 주위가 꽉 조여 있는(sumpephragmena) 사람은 감각이 무디다(anaisthētos). 왜냐하면 쇄골 주위가 뻣뻣해서 감각의 작용을 잘 받지 못하기 때문"(811a5~10)이라고 한 언급과 정확히 조응한다는 점은 흥미롭다. 우둔하다는 것은 감각이 무디다는 것인데, 그 이유는 쇄골 주위가 헐겁지 않기 때문에 그렇다는 것이다.

소크라테스를 두고 열거한 여러 단점들을 사람들이 소크라테스에게서 찾아볼 수 없게 되어 도리어 조퓌로스가 비웃음을 사게 될 상황에 처하게 되었다는 소식을 들은 소크라테스는 정작 구경꾼들을 제지시켰고 '그게 바로 〈나〉라는 사람'이라며 그 관상가가 자신의 성격을 올바르게 인식했다고 인정하면서도, 그 본성적 성격의 단점들을 스스로 지성(ratione)을 통해, 즉 '철학을 통해'[99] 극복했노라고 말했다고 한다.[100] 이

S. Swain, 2007, p. 27).

98 "Zopyrus physiognomon, qui se profitebatur hominum mores naturasque ex corpore, oculis, vultu, fronte pernoscere"(*De Fato* v. 10~11); *Tusculanae Disputationes*, iv. 80(Zopyrus, qui se naturam cuiusque ex forma perspicere profitebatur) 참조. 알키비아데스가 소크라테스를 유혹해서 잠자리를 같이하려는 상황을 연출하였으나 전혀 동요하지 않는 소크라테스의 절제력을 찬양하는 일화에 대해서는 플라톤의 『향연』 216c~219d 참조. 다음과 같은 알키비아데스의 말을 특히 주목하라. "내 꽃다운 청춘을 그토록 능가했고 무시했고 비웃었으며, 그것에 관한 한 내가 뭔가나 되는 사람이라고 생각하고 있었는데 바로 그것에 대해서조차 이분은 방자함을 부렸네"(강철웅 옮김).

99 철학에 어울리는 사람과 그렇지 못한 사람이 철학에 접근해서 나타나게 될 상황에 대한 묘사와 철학을 공부하기에 적절한 부류에 대한 설명, 철학을 통한 최대의 성취에 대해서는 플라톤의 『국가』 495c~496e를 보라.

100 Cicero, *Tusculanae Disputationes*, iv. 80. 역사적으로 재미있는 사실이 있다. 소크라테스와 공간적으로 아주 먼 거리에 있었는데도 중국의 순자(荀子) 역시 관상을 반대하면서 소크라테스와 동일한 입장을 취하고 있다. "형상은 마음만 못하고, 마음은 행동규범만 못하다. 행동규범이 바르면 마음은 이에 따르는 것이니, 형상이 비록 나쁘다 하

것은 자신의 본성적 단점인 나쁨(惡)을 의지와 노력 그리고 철학 훈련을 통해 얼마든지 제거할 수 있음을 보여 준다. 실제로 키케로도 이 예를 혼은 교육될 수 있으며, 치료될 수 있다는 전거로 삼고 있다.

파이돈의 대화편에서 기인한 것으로 보이는 이 일화를 통해 우리는 다음과 같은 몇 가지 물음을 던지지 않을 수 없다. 자신의 본성을 악하다고 고백하면서도 자신을 방어하는 일에 있어 소크라테스는 '왜' 우리에게 친숙한 에이로네이아(eirōneia; 짐짓 내숭을 떠는 행위)를 행하지 않고 있는가? 그렇다면 과연 소크라테스는 인간의 자연적 본성이 신체적 현상을 통해서 밝혀질 수 있다고 믿었는가? 혼에 깃든 악을 철학을 통해 치료할 수 있다면 그 철학은 어떤 종류의 것이었을까?

이 일화만으로는 소크라테스가 과연 관상으로 성격을 파악하는 것에 대해 긍정적 태도를 취했는지 아닌지의 여부를 명확히 결정할 수 없으나 인간의 '외모보다는 내면의 삶'을 더 중요한 것으로 보았음은 플라톤의 대화편에 남아 있는 소크라테스의 말에서 분명하게 찾아볼 수 있다.[101] 전해지는 조퓌로스의 일화에서 우리가 파악할 수 있는 한 기억해야 할 중요한 사항은 소크라테스가 일단은 외견상으로 관상학을 인정했으나 '끝내' 그것을 수용하지 않았다는 점이다.

이 얘기가 앞서 언급했던 견유학파의 창시자이자 소크라테스를 추종했던 안티스테네스의 『소피스트들에 대한──관상학에 관한 것』(peri tōn sophistōn phusiognōmonikos)이라는 작품과 어떤 관련이 있는지는 정확히 확정할 길은 없다. 게다가 이런 일화들이 파이돈이나 안티스테네스를

더라도 마음과 행동규범이 훌륭하다면 군자가 되는 데에 아무런 방해도 받지 않는다"(『순자』 제5편 '관상은 정확하지 않다'(非相), 김학주 옮김, 을유문화사, 2008).

101 혼에서 아름다운 것과 접촉하여 사려분별(phronēsis)을 비롯한 정의와 절제 같은 덕의 출산을 논하는 『향연』 209a~e 참조.

비롯한 소크라테스학파를 둘러싸고 일어났다고 해서, 소크라테스학파
가 관상학과 철학을 연결시켰다고 주장하는 것(George Boys-Stones의
해석)도 지나친 해석으로 여겨진다.[102]

관상학적 앎이 중요하지 않고 아무런 소용이 없다는 점은 플라톤의
『향연』에도 여지없이 밝혀져 있다. 소크라테스와 알키비아데스의 다
음 대화는 이를 더욱 명백하게 확인시켜 준다. 소크라테스는 "**그저** 아름
답다고 여겨지는 것을 내놓고 대신 **참으로** 아름다운 것을 얻겠다고 시
도하는 것"은 '청동을 황금으로' 맞바꾸겠다고 마음먹는 것과 같은 것
이고, "마음의 시각은 눈의 시각이 정점에서 내리막으로 접어들려 할
때 날카롭게 보기 시작한다"라고 지적하고 있다.[103] 이것은 기본적으로
소크라테스가 외적인 것과 내면적인 것을 명료하게 구분하고 있었음
을 보여 준다. 게다가 감각적이고 외면적인 것에서는 우리가 찾고자 하
는 참된 아름다움을 찾을 수 없다고도 한다. 더군다나 소크라테스가 말
하는 인생의 궁극적인 잘 삶(eupraxia)인 행복은 혼의 돌봄(epimeleia tēs
psuchēs)이 아니었던가?

테오프라스토스의 『성격 유형들』과 『관상학』

다시 아리스토텔레스와 관련한 이야기로 돌아가 보도록 하자. 『관상
학』을 읽어 나가다 보면 아리스토텔레스의 직계 제자 테오프라스토스
(Theophastos)의 것으로 알려진 작품이 떠오른다. 테오프라스토스는 레

---

102 George Boys-Stones, *Physiognomy and Ancient Psychological Theory*, ed. S. Swain, 2007, p. 23
    아래.
103 플라톤, 『향연』 218e~219a.

스보스섬에 있는 에레소스 출신으로 아리스토텔레스와 더불어 경험적인 생물학적 탐구 활동을 수행한 인물이다. 그가 기원전 319년에 썼다고 알려진 책은 바로『성격 유형들』(ēthikoi charaktēres)[104]이다. 이 작품의 제목은 디오게네스 라에르티오스의『유명한 철학자들의 생애와 사상』제5권 48에도 전해진다. 그렇다면 실제로『관상학』의 저자가『성격 유형들』의 저자인 테오프라스토스와 접촉했을 가능성은 없었을까?『관상학』은 대략 기원전 300년경 페리파토스학파 초기에 쓰인 것으로 여겨지는데 시공간의 차이가 그다지 크지 않다는 점에서 그랬을 개연성이 충분히 있어 보이기도 한다.[105]

『성격 유형들』이라는 제목 자체는 'ēthos(성품)의 영역에서의 각인'(Theophrastou Charaktēres Ēthikoi)을 의미한다. charaktēr라는 말은 charassō(charassein; 부정사)에서 유래한다. charassein이라는 동사는 헤시오도스에게서 찾을 수 있다. 거기서 이 동사는 낫을 '갈다', '날카롭게 하다'를 의미한다(『일과 나날』387행과 573행). 호메로스 시대로부터 접미어 -tēr(tōr와 tēs의 경우와 같이)로 끝나는 nomina agentis('행위하게 하는 것')들은 '어떤 행위를 수행하게 하는 도구를 의미하는 것'(nomen instrumeni)으로 사용되었다. 이로써 이 말은 '각인하다' 혹은 '틀로 찍어 내다'를 의미하게 된다. 후기 산문에 들어서 이 말은 은과 철 같은 동전을 '주조하다' 혹은 그것에 '각인하다', '새기다', '조각하다'라는 것을 의미하게 된다. 나아가 이 말은 새기거나 조각한 행위의 결과(nomen rei actae), 즉 charagma로 '새겨진 표식', '날인', '각인'을 의미하는 데까지 이른다. 이제 이 두 말, 즉 charagma와 charaktēr는 때때로 동일한 의미로

---

104 테오프라스토스,『성격 유형들』(김재홍 역), 쌤앤파커스, 2019.

105 Aristoteles, Physiognomonica, übersetzt und kommentiert von Sabine Vogt, Akademie Verlag, 1999, pp. 98~99. 이 책은 자비네 폭크트(1999)로 표시하겠다.

사용되었다.[106]

화폐의 발생을 설명하는 중에 아리스토텔레스는 "그들 자신이 측정하는 것에서 벗어나고자 그것(철이나 은 같은 것)에 각인(charaktēr)을 새겨 넣었다"라고 말하고 있다.[107] 이는 곧 가치나 의장의 표식을 말한다. "소년의 얼굴 생김새(charaktēr tou prosōpou)가 자신의 얼굴과 비슷했고"[108]에서 밝히 드러나듯이 이 말은 비유적으로 얼굴이나 신체상의 특징에 대한 '생김새(특성)'를 의미하는 것으로 사용되어 인종이나 혈족 관계를 구별하는 것을 말한다.

고전기에 접어들어 charaktēr라는 말을 처음으로 문학적 맥락으로 끌어들인 작가는 아이스퀼로스였다(『탄원하는 여인들』 282행). 거기에서 그 말의 의미는 기본적으로 '각인'을 의미했다. "남성 기술자[109]에 의해서 비슷한 각인(eikōs charakēr)에 퀴프리오스적 여성성의 틀이 새겨졌지요." 여기서 각인 이미지가 인간의 영역으로 옮겨지기는 했지만 아직은 '성격'의 의미라기보다는 '얼굴이나 신체의 특징'을 나타내는 말이었다. 또 이 말은 수사적, 문학적 맥락에서는 문체, 즉 '글을 쓰거나 말을 하는 스타일'(아리스토파네스)을 뜻하기도 한다. 메난드로스가 인간의 '특성'이 그가 하는 말에서 알려진다(andros charaktēr ek logou gnōrizestai; 『단편』 72)라고 할 때, 이 경우 '말'(言語)은 한 인간의 특징을 나타내고 다른 사람과 구별되게 만들어 준다는 것을 의미한다. 그러나 헬라스어 사전(LSJ. II. 4)은 메난드로스의 이 말을 인간의 '개별적 본성'을 지시하는 것으로 풀이하고 있다. 헤로도토스의 경우에 '각인'은 지역적 방언에

---

106 Alfred Körte, XAPAKTHP, *Hermes* 64, 1929, pp. 69~86.

107 아리스토텔레스, 『정치학』 1257a40~43.

108 헤로도토스, 『역사』 제1권 116.

109 퀴프리오스의 아버지.

따라 달라지는 '언어의 특이성'(glōssēs charaktēra, charaktēres glōssēs)을 의미하기도 한다(『역사』 제1권 57, 142 참조).

에우리피데스는 추상적인 실재물을 가리키는 것으로서 '덕', '고귀한 혈통'에 대해 이 말을 사용했다. 노인이 엘렉트라에게 '이분이 아가멤논의 아들 오레스테스라고 하자', 엘렉트라는 '믿을 만한 어떤 표식'을 제시해 주길 원한다고 한다. 그러자 그는 '눈썹에 나 있는 흉터'를 언급한다. 즉 '어떤 외적인 물리적 표식(sign)을 보았느냐?'라고 묻는 것이다. 여기서 '표식'은 charaktēr로 물리적인 것을 함축한다(『엘렉트라』 571~572행). 또 메데이아가 '신은 사악한 인간을 식별할 수 있는 **몸에 심어진 표식**(charaktēr emtephuke sōmati)은 주지 않았다'라고 말한 이유는 왜 외적인 물리적 표식 같은 것이 인간의 몸에 심어지지 않았는지를 묻는 것이었다(『메데이아』 518~519행).

앞의 두 가지 예와 달리 '놀랄 만한 표지(charaktēr)를 사람에게 심어진 고귀한 태생'이라고 말할 경우 charaktēr는 '탁월성, 고귀함'을 의미한다. 그 탁월성은 고귀한 태생에 의존한다. 이것은 만질 수 없는 비-물리적 표지다. 비록 그것이 공적으로 알려질 수 있는 뛰어남이기는 하지만 한 개인에게 자연적 본성으로서 주어진 것은 아니다(『헤카베』 379~380행).[110]

나아가 이 말은 전의되어 개인의 습관이나 성질에 의해 '수동적으로' 새겨지는 '성격'과 자신만의 '고유한 인격'을 가리키는 말이 되었다(메난드로스). 그래서 오늘날에도 무대에 등장하는 배우의 고유한 특징을 '카락테르'(영어로는 character)라고 부르는 것이다. 실제로 테오프라스

---

110 Frederic Will, The Concept of χαρακτήρ in Euripides, *Glotta*, 39, 1960/1961, pp. 233~238 참조.

토스는 『성격의 유형들』에서 인간 행위의 특징적 표지에 깊은 관심을 가지고 있었다. 테오프라스토스 이전에는 charaktēr라는 말이 '성격 유형'을 의미하는 것으로 사용되지 않았다(Alfred Körte[1929], p. 77).

디오게네스 라에르티오스가 보존하고 있었던 테오프라스토스의 저작 ēthikoi charaktēres라는 제목을 유심히 살펴볼 필요가 있다. 여기서는 charaktēr와 ēthos가 결합되어 나타난다. 우리는 ēthikoi라는 말에 주목해야만 한다. ēthos라는 말의 모든 측면을 다 포괄하지 못하지만 이 말을 흔히는 '성격'으로 옮긴다. 이 말의 원래 의미는 '익숙해진 장소'를 뜻하고 복수로는 인간이나 동물의 '거주지'를 가리킨다.[111] 더 흔한 의미는 '관습' 내지는 '관례'다. 이 말에서 '성격'이라는 의미가 나왔다. "성격적 탁월성(ēthikē)은 습관의 결과로 생겨난다. 이런 이유로 성격을 이루는 'ēthos'라는 말도 습관을 의미하는 'ethos'가 조금 변형되어 얻어진 것이다."[112] ēthos라는 말은 연극에서는 '일정한 성격을 유지하는 등장인물'(dramatis persona)을 의미한다.[113] 이 말은 또한 인간 상호 간의 교섭에서 이루어지는 반복적인 행위의 태도와 사회적 가치에 일정한 관련성이 있는 것과 연관되어 있다.

그러한 두 말이 결합된 ēthikoi charaktēres라는 저술의 제목을 생각해 볼 때 테오프라스토스가 '인간의 행위의 반복성을 새롭게 기술'하기 위한 새로운 '장르'를 필요로 했을 것으로 판단된다. 이것은 윤리의 영역에만 한정되는 것이 아니라 시학과 수사학에도 두루 포괄되어 적용되는 것이었다. ēthikoi는 '인간의 실제 행동'을 지시한다. 이런 의미에서

---

111 호메로스, 『일리아스』 제6권 511행; 『오뒷세이아』 제14가 411행; 헤시오도스, 『일과 나날』 167행 및 525행.
112 아리스토텔레스, 『니코마코스 윤리학』 1103a16~17.
113 아리스토텔레스, 『시학』 1460a11.

ēthikoi가 윤리적이라는 것이지 도덕 철학적인 의미에서 윤리적이라는 것은 아니다.

아리스토텔레스의 『수사학』에서는(1384a3 이하) '포부가 작음', '야비함', '떠버리'처럼 인간의 말과 행태를 표시하는 경우에 sēmeia(signa; 징표)라는 말을 사용한다. 바로 이때의 sēmeia와 테오프라스토스의 charaktēres는 동일한 것을 가리키는 것일 수 있다. 그렇다면 ēthikoi charaktēres는 '도덕적 성격'(caractères moraux)[114]이 아니라, '성격을 지시하는 표지들'을 의미한다. 또한 '성격적 특징'이나 '행위적 유형'으로도 이해할 수 있겠다.[115]

'학문에 미친 사람'(scholastikos)으로 불렸던[116] 테오프라스토스는 『성격의 유형들』에서 30개에 달하는 바람직하지 않은 성격 유형에 대한 일련의 스케치를 했다. 이를테면 아첨꾼, 구두쇠, 겁쟁이, 수다쟁이와 같은 부정적 성격을 가진 사람들의 행태를 묘사해서 기술했다. 『성격 유형들』에서 논의되고 있는 성격 유형들은 아리스토텔레스의 윤리학 작품과 신희극 작가 메난드로스의 작품에서 교차적으로 언급되고 있음을 볼 수 있다.[117] 다만 주의해서 주목할 사항은 『성격의 유형들』에는 신체 외형의 표지에 대한 언급은 없다는 점이다.

아리스토텔레스가 『니코마코스 윤리학』 제4권 및 『에우데모스 윤리

---

114 O. Navarre, *Caractères de Théophraste, Commentaire exégétique et critique,* Paris: Les Belles Lettres, 1924, XI.

115 D. J. Furley, The purpose of Theophrastus's Characters, *Symbolae Osloenses: Norwegian Journal of Greek and Latin Studies* 30, n. 4, 1953, p. 59.

116 디오게네스 라에르티오스, 『유명한 철학자들의 생애와 사상』 제5권 37. 그는 23만 2,808행에 이르는 수많은 저작을 썼다고 한다(제5권 50).

117 전해지는 보고에 따르면 테오프라스토스가 실제로 '희극작가 메난드로스의 선생'이었다고 한다(『유명한 철학자들의 생애와 사상』 제5권 36).

학』제3권에서 품성과 성격에 대한 이론적이고 철학적인 분석을 가하고 있는 것과는 달리『성격의 유형들』은 보다 더 흥미를 끌 수 있는 구체적인 성격의 행태를 제시하는 큰 틀에서의 성격 유형을 분석하고 있다. 그렇지만『니코마코스 윤리학』에서도 예외적으로 신체의 움직임 그리고 말투와 관련한 징표를 통해 원대한 마음을 가진 사람(megalopsuchos)과 소심한 사람(mikropsuchos)을 묘사하고 있음을 찾을 수 있는 점은 매우 흥미롭다. 원대한 마음을 가진 사람은 "완만한 움직임과 깊이 있는 목소리, 안정적인 말투"(1125a13~14)를 가지고 있다. 반면에 소심한 사람은 "음성이 날카로워지고 몸짓이 재빨라지는"(1125a15~16) 징표를 가진다. 어쨌든 간에 테오프라스토스가 순전히 흥밋거리 이상으로 행태에 따른 성격 분석을 기술하는 목적 이외의 학문적 의도와 목적을 가졌는지는 명료하지 않다. 그럼에도 이 작품이 성격 연구의 본격적인 출발점이 된 것은 의심할 여지가 없다.

그는 자신이 살던 신희극 시대의 무대에 등장하는 인물들의 도덕적 유형을 '성격(charaktēr)과 성품(ēthos)'으로 포착하고자 했다. 실제로 메난드로스가 희극의 제목으로 선택했던 정형화된 성격을 테오프라스토스 역시 그대로 사용하고 있다. '신뢰할 수 없는 사람'(apistos)은『성격의 유형들』18에서, '촌스러운 얼간이'(agroikos)는『성격의 유형들』4에서, '미신에 사로잡힌 사람'(deisidaimōn)은『성격의 유형들』14에서, 그리고 '아첨꾼'(kolax)은『성격의 유형들』2에서 논의되고 있다.

테오프라스토스의『성격의 유형들』은『관상학』이라는 작품과도 외형적인 연관성이 있어 보인다.『성격 유형론』에서 언급되는 성격 유형으로서 '아이러니를 행하는 사람(1)'은『관상학』808a27에서, '수다스러움(7)'은 806b18~21에서, '감각이 무딘 사람(14)'은 807b19~27 외에 여기저기에서, '인색한 사람(22)'은 811a4에서, '겁쟁이'는 807b5에서 다루어지고 있다.

　설령 아리스토텔레스의 진작이 아니라고 할지라도 『관상학』은 흥미로운 내용을 많이 담고 있다. 인간의 성격이 신체의 물리적 징표와 밀접한 관련을 갖는다는 점은 관상학을 넘어 오늘날의 심리 철학이나 동물의 행동주의 심리학과도 어떤 연관성을 가진다. 『관상학』에서 전개된 논의 가운데 사용된 많은 동물에 대한 관찰은 당대의 헬라스인들이 개별적 동물들을 어떻게 관찰하고, 이해하고 있었는지를 파악할 수 있게 해 준다. 나아가 이러한 개별적 사실들의 관찰로부터 일반적 결론을 이끌어 내는 방법을 통해 동물에게서 나타나는 징표가 인간의 경우에는 어떤 성격적 징표로 드러나는지를 보여 주고 있다. 이러한 관상학적 방법이 헬라스인들의 예술 세계와 인물의 조각, 문학과 드라마 속 인물의 캐락테르 묘사에 그대로 반영되고 있음을 찾아보는 것도 매우 흥미로운 일이라 할 수 있겠다.

칸트와 헤겔의 관상학에 대한 견해

앞서 살펴본 바와 같이 관상학은 외면적 생김새로부터 인간 내면이 지닌 본질을 읽어 내는 기술로 정의할 수 있다. 고중세를 거쳐 근대에 접어들어서도 관상학에 대해 과학적으로 접근하려는 시도가 여러 번 있었지만 모두 수포로 돌아가고 말았다. 19세기 중반 이후로 골상학(phrenology)과 관상학은 마침내 '사이비 과학'으로 전락하고 말았다. 관상학은 대중들 사이에서나 취미와 취향으로 살아남아 합리적 판단보다는 인간에 대한 이데올로기적 선입견과 편견을 심화시키는 데 기여했

프랑스 화가 샤를 르브룅이 그린 소와 인간의 얼굴 관상에 대한
스케치. 『무명씨의 라틴어판 관상학』 120에는 소상을 가진 사
람은 '가르치기 어렵고, 조언을 듣지 않고, 말과 행동에서 느리
고, 지배하기보다는 지배받는 것에 적합하다'라고 나와 있다.

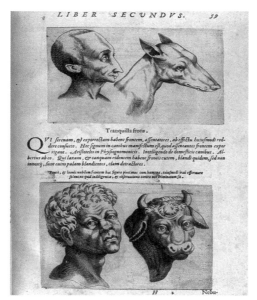

Giambattista Della Porta, *De humana physiognomonia* (Vico
Equense [Naples]: Apud Iosephum Cacchium, 1586)

을 뿐이다. 서양에서 내려온 관상학과 골상학의 학문적 전통이 인종 간에 뿌리 깊은 편견을 가져왔다는 것은 사실상 잘 알려진 사실이다.[118]

---

118 이에 대한 보다 자세한 논의는 설혜심이 『서양의 관상학 그 긴 그림자』(한길사, 2002) 제6장 「관상학의 긴 그림자」에서 펼친 비판적 논의를 보라. 19세기 후반 『영웅 숭배론』으로 잘 알려진 토마스 칼라일과 거의 동시대에 살았던 프랑스의 귀족 출신 인류학자 고비노는 『인종 불평등론』이라는 저서를 통해 '영웅 숭배'를 '인종 숭배'로 바꿔놓은 장본인이다. 그는 '역사는 오직 백인종들과의 접촉에서 생긴다'라고 하는 이론을 제일 원리로 받아들였다. 그래서 그는 중국 문화까지도 중국인이 만든 것이 아니고, 인도에서 이주해 와 중국을 침입하고 정복한 후 중화 제국의 기초를 닦은 크샤트리아족의 소산으로 몰아붙인다. 고비노에 의하면 아메리카 인디언은 독립된 인종이기보다는 흑인종과 황인종의 혼합종일 따름이다. 그는 이렇게 보잘것없는 잡종들이 그들 자신을 다스리고 조직할 수 있는 문화를 만들어 낼 수 있겠냐고 주장한다(에른스트 카시러, 『국가의 신화』, 최명관 옮김, 서광사, 1988, 제16장 「영웅 숭배에서 인종 숭배로」). 고비노의 '인종 불평등론'에 대한 보다 자세한 서술과 이 입장에 대한 카시러의 해석에 관해서는 신응철의 『관상의 문화학──사람은 생긴 대로 사는가』(책세상, 2006) 21~35쪽 참조.

영국 일간지 인디펜던트(Independent)의 보도에 따르면(2007년 10월 17일) 생명과학 분야에서 유전자(DNA)의 이중나선 구조를 밝혀낸 선구적 업적으로 1962년 노벨 생리의학상을 받은 제임스 왓슨(James Watson) 박사는 "인종별로 지능이 차이가 난다"라고 주장했다. 이 점에서 그는 철저한 고비노 추종자라 할 수 있다. 그는 사람들이 모든 인간이 평등하다는 믿음을 가지려는 성향이 있으나 흑인을 연구하는 연구자들은 이것이 사실이 아님을 알고 있으며, 또 아프리카에 대한 백인들의 사회적 정책은 흑인도 백인만큼 지혜롭다는 가정에 근거하고 있으나 실제적인 검사들은 이와 반대의 결과가 나온다는 것이다. 나아가 그는 인간 지능의 차이를 만드는 데 책임 있는 유전자가 10년 안에 발견될 수 있을 것이라고 주장했다. 마침내 그는 "지리적으로 격리돼 진화해 온 사람들의 지적 능력이 동일하게 진화했을 것이라고 여길 만한 확실한 근거가 없다. 동등한 이성의 능력을 보편적 인간성의 유산으로 보고자 하는 우리의 욕구를 뒷받침할 근거는 충분치 않다"라고까지 한다. 요컨대 그에 따르면 아프리카인(검둥이)들은 서구인(흰둥이)들보다 지능이 떨어진다(Africans are less intelligent than Westerners)는 것이고, '이성의 동등한 힘'을 모든 인종이 공통적으로 나눠 가지고 있다는 생각은 한낱 망상에 불과하다는 것이다. 아마도 그는 대단한 과학적 인종주의(scientific racism)를 주장하는 학자인 듯하다. 이미 그는 그 이전에도 피부색과 성적 충동 간에 연관이 있다는 주장을 펴기도 했으며 흑인들이 더 강한 성적 충동(libidos)을 갖고 있다고 주장한 바 있었다.

헬라스 종족이 합리적으로 사고하는 능력 때문에 다른 민족과 구별된다는 생각은 서양에서 19세기와 20세기 초반에도 통념적으로 받아들여졌던 모양이다. 이것은 인종적 편견에 뿌리박혀 있던 고정된 시각이다. 헬라스의 수학사가로 뛰어난 업적을 남긴 토마스 히스는 "헬라스인들은 수학에 대해 어떤 특별한 재능을 가졌을까?"라고 물으면서 주저 없이 "그 물음에 대한 답은 이렇다. 수학에 대한 그들의 천재성은 단적으로 철학에 대한 천재성의 한 측면이었다. … 고대의 다른 어떤 민족을 모두 넘어서는 헬라스인들은 지식 그 자체를 위한 지식을 사랑했다. … 더 본질적인 사실은 헬라스인들이 사상가들의 종족"이었다고 말하고 있다.[119]

칸트는 『실용적 관점에서 본 인간학』 제2부 '인간학적 성격 유형론'에서 "관상학은 사람의 눈에 보이는 형태(sichtbare Gestalt)에 의해 한 사람의 성향이나 사유 방식을 판단하는 기술로서 결과적으로 외면에 의해 내면을 판단하는 것"이라고 규정한다.[120] 그럼에도 칸트는 관상학에 대해 긍정적이니 입장을 취하지 않는다. 그는 관상에 기초한 인간의 성격 판단은 한낱 '취미판단'(Geschmacksurteil)에 불과하다고 주장한다.

그는 시계의 예를 든다. 시계가 좋은 케이스 안에 들어 있다고 해서 그 내부도 좋다고 **확실하게** 판정할 수 없다. 그러나 케이스가 나쁘다면 내부 또한 대단히 쓸모가 없다는 추정을 **상당히 확실하게** 할 수는 있다. 그 이유는 시계공이 자신이 최선을 다해 만든 작품의 외부 공정을 태만하게 해서 신용이 없도록 만드는 일은 하지 않을 것이기 때문이다. 칸트에 따르면 이러한 판단은 인간의 상식과 통념(endoxa)에 호소하면 그

---

119 Thomas Heath, *A History of Greek Mathematics,* Oxford, 1921, vol. 1, pp. 3~6.

120 I. Kant, *Anthropologie in pragmatischer Hinsicht,* 1798, 7: 295.

럴듯하지만, 자연의 창조주에게서 상식적 믿음에 근거한 이러한 추론을 이끌어 내는 것은 불합리하다는 것이다. 왜냐하면 다른 사람에 대한 적의(敵意)가 있고 없음에 따라서 그 사람의 아름다움과 추함에 따르는 "주관적인 근거만을 포함하고 있는 취미가 객관적으로 어떤 자연적인 성질을 가진 인간의 현실 존재를 목적으로 하는(우리는 그러한 목적을 절대적으로 통찰할 수는 없지만) 지혜의 규준으로 역할하지 못하며, 이 두 가지 이질적인 것이 인간 안에서 동일한 목적을 위해서 결합되어 있다고 가정하는 일은 잘못된 것"이기 때문이다. 요컨대 관상술은 다만 "취미 교양의 기술, 그것도 사물에 관해서가 아니라 풍속이나 예의, 습관에 관한 취미 교양의 기술에 불과하다"라는 것이 칸트의 논리적 귀결이다. 일상적인 생활 속에서 우리가 타인을 마주하는 경우에 상대방의 얼굴 또는 눈을 들여다보는 것은 자연스러운 본능일 수 있다. 상대방의 태도나 외면을 보면서 우리는 어떤 선택을 결정하기도 한다. 이러한 것으로부터 미루어 짐작해 보자.

"관상술적인 성격 유형론이 있다는 것은 논의의 여지가 없지만 이것이 **학문(Wissenschaft)**이 될 수는 없다. 왜냐하면 관찰된 주관의 특정한 경향성이나 능력을 암시하고 있는 사람의 형태적 특성은 개념에 의한 서술에 의해서가 아니라 직관 또는 그것의 모방에 의해 보여진 묘사나 표상에 의해서만 이해될 수 있기 때문이다."[121]

칸트의 주장은 관상학적 판단이 필연적으로 직관적 접촉에 의존한다

---

121 I. Kant, *Anthropology from a Pragmatic Point of View*, trans. R. Louden, Cambridge University Press, 2007, 7: 296.

는 것이다. 일반적 원리나 기술을 명확하게 드러내기 위하여 개념에서 벗어난 어떤 시도도 성공할 수 없다. 그래서 칸트는 관상술이라는 것은 단순히 '풍속이나 예의, 습관에 대한 취미 교양의 기술'에 불과할 뿐 학문으로 정립될 수는 없다고 주장한다. 또한 칸트는 동물과 인간의 얼굴 비유를 통해 자연 소질의 유사성을 추론했던 관상술이 망각되어 버렸다는 사실과 괴테의 친구로 스위스 출신 목사였던 라바터(Johann Kaspar Lavater; 1741~1801)의 실루엣을 사용한 관상술이 사라지게 된 배경을 지적하고 있다. 얼굴로부터는 인간의 자연적인 소질을 추론할 수 없다는 기본 바탕 위에서 칸트는 중국인의 얼굴 모양의 특성이 고집이 세다는 표지인지 어떤지 추론한다거나 인디언의 얼굴 모양이 태어날 때부터 저능한 특징을 보인다느니 어떻다느니 하는 추론은 불확실한 해석만을 허용할 뿐이라고 지적한다.[122]

이러한 관상에 기초한 인간의 성격 판단이 한낱 취미판단에 불과하다는 생각을 했음에도 불구하고, 칸트는 인종 간의 정신적 능력에 정도의 차이가 있음을 인정하는 주장을 남겼다는 것은 대단히 아이러니하다. 설령 칸트가 엄격한 의미의 **과학적 관상학**(scientific Physiognomy)이 성립될 수 없으며, 단지 도덕과 관습의 이해에 토대를 둔 **비판적 관상학**(critical physiognomy)적 입장만을 인정했다고 하더라도 그 역시 과학적 관상학을 통해 형성된 인종적 편견으로부터 자유로울 수는 없었던 모양이다.

이성론자로 대표되는 칸트는 『물리적 지리학』(*Physische Geographie*)을 비롯한 여러 강의록에서 서양인의 뿌리 깊은 인종적 편견을 보여 주고

---

122 칸트, 『실용적 관점에서 본 인간학』, 이남원 옮김, 울산대 출판부, 1999, 247~257쪽. 칸트의 관상학 논의를 정리하고 있는 신응철(2006), 59~64쪽 참조.

있다. '흑백의 두 인종 간의 정신적 능력(Gemüthsfähigkeiten) 차이는 피부색 차이보다도 더 큰 것처럼 보인다'라고 하거나 아메리카 원주민들에 대해 "대단히 일찍 분별 있게(klug) 되었지만 그들의 오성(Verstand)은 그 후에 같은 비율로 지속적으로 성장하지 못했다. … 그들의 정신의 권태(Die Erschlaffung ihrer Geister)는 술, 담배(타바코), 아편 그리고 다른 강한 것들에서 자극적인 것을 찾았다"라고 하거나 "인간성은 백인 종족에서 가장 큰 완성 상태에 있다. 황색의 인도인들은 보다 떨어지는 재능을 가졌으며, 흑인(니그로)들이 더 낮고, 가장 낮은 종족은 아메리칸 인종 중의 일부다. … 백인은 언제나 완전을 향해 나아갈 수 있는 유일한 종족"이라고 말하고 있다.[123]

헤겔 역시 『정신현상학』에서 당시 유행을 좇아 관상학과 골상학을 논하고 있다.[124] 여기서 자세히 논의할 것까지는 없겠지만, 헤겔 역시 관상학의 기본 전제가 되는 '인간의 내면과 외면의 상호 관련성'을 기본적으로 부정하지는 않지만 그는 **자의적으로** 선택된 인간 얼굴의 징표는 **자의적으로** 상정된 무언가의 성질로 연결되는 것에 불과하다고 말한다. 헤겔에 따르면 관찰은 정신이 임의적으로 생각한 현존재, 즉 인상이나 필적 또는 음성의 고저들과 관련해서 이러저러한 나름의 추측을 한다는 것이다. 이 관찰은 다시 현존재를 이러저러한 통념에 지나지 않는 내면(gemeintes Inneres)과 연결시킨다. 따라서 양자의 관계도 임의적이자 자의적인 것이 되고, 양자 간에 성립하는 법칙이라는 것도 공허한 것에 그치는 것이어서 소매상인이 "대목장이 서기만 하면 꼭 비가 내린다"라고 하거나 "내가 빨래를 널 때에는 반드시 비가 내린다"라는 가정주부의

---

123 R. B. Louden, *Kant's Impure Ethics; From Rational Beings to Human Beings,* Oxford, 2000, p. 99.
124 헤겔, 『정신현상학』 C. 「자기의식이 자신의 직접적인 현실에 대해서 지니는 관계의 관찰: 관상학과 골상학」, 임석진 옮김, 분도출판사, 1980.

푸념과 다르지 않다는 리히텐베르크(Lichtenberg)의 평가를 인용하고 있다. 요컨대 그 법칙이라는 것은 아무런 내용도 전달하지 않는 그저 빈 껍데기에 불과하다는 것이다.

한 개인으로서 인간은 자신의 '행위'를 통해서 나타난 대로 존재한다. 다른 사람이 어떻게 여겨진다는 것을 표현해 주는 개인의 용모가 그의 참다운 존재일 수 없다. 헤겔은 "인간의 참된 존재는 어디까지나 얼굴이 아닌 그의 행위를 통해서 나타난다"라고 주장한다. 고작 해 봤자 관상술이란 자의적인 통념이라는 부질없는 일거리에 집착하는 것에 지나지 않는다. 헤겔은 이렇게 말한다.

"그리하여 이와 같이 나태한 사유에 젖어 있는 사람은 그렇듯 아무런 행위도 따르지 않는 지혜만을 발동시키는 가운데 행동인이 간직하는 이성의 힘을 부정함으로써 오히려 행위가 아닌 용모나 특징을 바로 이 행동자의 존재인 양 내세우고자 한다. 결국 이와 같은 방법으로 그는 행동하는 자에게 걸맞지 않은 부당한 취급을 하는 것이 사실이거니와 모름지기 그와 같은 한가로움에 탐닉하는 자에게는 뺨을 후려치는 것으로 응수한다던 앞에서와 같은 예를 상기시킬 수밖에 없으니, 여기서 그에게 곧 용모라는 것은 결코 **즉자적인 본성**을 뜻하는 것이 아니고, 단지 지금 얘기한 바와 같은 취급을 받을 수밖에 없는 대상에 불과하다는 사실을 깨우쳐야만 하겠다."[125]

요컨대 헤겔에 따르면 관상학자에게 뺨을 후려치는 식으로 응수하는 것이 정당할 수밖에 없는 이유는 인간의 생생한 참모습은 그의 얼굴

---

[125] 헤겔, 『정신현상학』 391쪽.

에서 나타난다는 생각에 사로잡힌 관상학을 뒷받침하는 첫 번째 전제를 부정하는 일이 될 것이기 때문이라는 것이다.

현대에 들어 비트겐슈타인도 칸트와 비슷한 주장을 펴고 있다. 그는 『철학적 탐구』§568에서 "의미는 관상"이라고 말한다. 우리의 '삶의 형식'은 관상학적 지각과 이해를 통해 형성된다. 그러한 세계가 예술의 세계고, 행위의 세계고, 표현의 세계다. 의미에 대한 우리의 매일의 경험 속에서 '의미'는 우리 삶의 형식으로 섞여 짜인다. 이 밖에도 그는 몇 가지 관상의 사례들을 제시하면서 §580에 가서 "'내적 과정'(inner process)은 외적 기준들(outward criteria)을 필요로 한다"라고 말한다. 이는 칸트가 얘기한 "외면에 의해 내면을 판단하는 것"에 상응하는 말로 이해될 수 있다. 칸트와 비트겐슈타인의 관상에 대한 생각을 비교해서 따져 보는 것은 흥미로운 작업이 될 것이다.

아리스토텔레스 시대 이후로 17세기까지 관상학이 서양에서 학적 지위를 누린 이유를 다른 관점에서 생각해 볼 수도 있을 것이다. '큰 사지를 가진 동물은 용맹하다거나 용맹한 동물들은 큰 사지를 가지고 있다(사자의 경우)'라고 한 것이나 '가냘픈 사지를 가진 동물들은 겁이 많다거나 겁이 많은 동물들은 가냘프다(여성의 경우)'라고 하는 관상학적 통찰은 귀납적 추론에 의해 얻어진 결과일까? 아마도 아닐 것이다. 충분한 경험적 자료들을 관찰했다기보다는 인간이 세계를 향해 지향하는 이념적 가치에 의해서 평가되었다고 말하는 것이 더 정확할 것이다. 그래서 엄밀한 학문적 검토와 검증 없이도 지속적으로 관상학은 세상에 널리 퍼져 생명력을 가지게 되었을 것으로 생각된다.

아리스토텔레스 생물학 저작에 관련해서

벡커판 아리스토텔레스의 텍스트를 펴놓고 편집 순서대로 읽어 나가다 보면 아리스토텔레스의 철학을 전체적으로 조망하게 되고 아울러 그의 철학을 이해하게 되며 그의 세계관이 생생하게 눈앞에 펼쳐진다. 이런 재미는 아리스토텔레스 전문가들만이 느끼는 기쁨이 아니다. 설령 비전문가라고 하더라도 손쉽게 맛볼 수 있는 '철학함'의 즐거움이다.

　현존하는 아리스토텔레스의 저작은 위작(僞作)일지도 모르는 작품(15권)을 포함하여 45권 정도(벡커판 쪽수로는 1,462쪽)가 전해지고 있는데 이는 그가 썼다고 전해지는 전체 저작(44만 5,270행) 중에서 20~50%가량만을 차지한다. 디오게네스 라에르티오스는『유명한 철학자들의 생애와 사상』[126]에서 약 550권에 달하는 146개의 아리스토텔레스의 저서 목록을 전해 주고 있다. 이만한 숫자는 오늘날의 책 쪽수로 대략 만 쪽에 해당하는 엄청난 양이다. 디오게네스 라에르티오스의 저작 제5권 25에는 아리스토텔레스 저서 목록을 나열하는 가운데 그가『관상학』(Phusiognōmonikon) 1권을 저술했다는 기록이 전해진다. 과연 이 전문(傳聞)을 곧이곧대로 받아들일 수 있을까? 같은 책 같은 권 34에는 이런 말이 실려 있다.

　"그는 모든 면에서 매우 부지런한 사람이었고 또 발견의 능력을 갖춘 사람이었다. 그것은 앞서 주어진 저작 목록으로부터도 명확하게 확인할 수 있는 사실이다. 그 저작의 수는 거의 400개 가까이 되고, 적어도 **그것**

126　더 정확하게 제목을 달면『디오게네스 라에르티오스, 유명한 철학자들의 생애와 사상 그리고 각 학파에서 받아들여질 수 있는 이론들의 간결한 모음』쯤이 된다.

들 모두는 진작 여부가 의심되지 않는 작품들이다. 왜냐하면 그 밖에도 다른 많은 저작들이 그의 것으로 돌려지고 있고, 또 글로 쓰이지 않고 구두(口頭)로 말한 것으로 핵심을 찌르는 경구도 그의 것으로 돌려지고 있기 때문이다."

정작 문제는 디오게네스 라에르티오스가 전하는 수많은 정보와 일화들이 전적인 신뢰성을 담보하기에는 여러 면에서 역부족이라는 점이다.[127] 물론 그의 책은 고대 철학자에 대해 전해지는 생애와 사상을 집약적으로 보고해 주는 중요한 전거가 되는 책이기는 하다. 실상 우리가 알고 있는 고대 철학자들의 전기에 대한 전승은 기본적으로 이 책에 근거한다. 다만 그 보고의 진실성에 대해서는 간혹 의문이 들기도 한다.

우리에게 전승되는 아리스토텔레스의 저작들 중 주요 철학적 저술들을 주제 별로 정리하면 다음과 같다. 논리학적 저작으로는『범주론』,『명제론』,『분석론 전서』,『분석론 후서』,『토피카』,『소피스트적 논박에 대하여(토피카 9권)』이 전해진다. 이론 철학적 저작으로는『자연학』,『형이상학』,『혼에 대하여』,『생성과 소멸에 대하여』,『기상학』,『천체론』등이 전해진다. 실천 철학적 저술로는『니코마코스 윤리학』,『정치학』,『에우데모스 윤리학』(4~6권은『니코마코스 윤리학』5~7권과 동일하다),『대도덕학』이 전해진다. 그리고 언어학적－철학적 저작으로는『수사학』, 예술 이론 저작으로는『시학』이 전승된다. 생물학에 관련

---

127 디오게네스 라에르티오스의 생애와 연대도 불명료하다. 그의 이름조차 고대 세계에서는 희귀한 이름이었다. 대체로 기원후 1세기에서 4세기 사이에 활동한 것으로 추정된다. 그가 언급하는 맨 마지막 시기의 인물들, 가령 섹스투스 엠피리쿠스가 3세기에 활동했기 때문이다.

된 주요 작품으로는 『동물 탐구』(*Historia Animalium*),[128] 『동물의 부분들에 대하여』(*De Partribus Animalium*), 『동물의 운동에 대하여』(*De Motu Animailium*), 『동물 생성에 대하여』(*De Generatione Animalium*) 등이 전해지고 있다. 이 세 작품을 우리는 아리스토텔레스의 생물학 관련 3부작이라 부를 수 있다.

단편적으로 전해지는 저작 중에서 중요한 것으로는 플라톤의 핵심 이론인 이데아를 비판하는 『형상에 관하여』(*Peri Ideōn*)가 있으며, 대화 형식의 『철학에 관하여』, 『좋음에 관하여』 그리고 수사학을 철학의 본령이라 주장했던 이소크라테스(Isokratēs)에 반대하고 이론적 철학함을 옹호하는 『프로트렙티코스(철학의 권유)』 등이 있다. 그 밖에도 위작(僞作)으로 알려진 여러 작품이 전해진다.

우리에게 전해지는 아리스토텔레스 저작집의 25% 이상이 생물학 분야다. 아리스토텔레스 자신은 '생물학'이라는 말을 사용하지 않았고, 다만 '자연에 대한 일반적 연구'라고 말하고 있을 뿐이다. 여기에는 식물과 동물을 포함하여 혼의 능력에 대한 연구가 포함된다. 그렇기 때문에 어떤 작품을 생물학의 범주에 포섭시키느냐에 따라, 그리고 진작 여부가 의심스러운 작품을 어떻게 해석하느냐에 따라 '생물학'의 범주도 조금은 달라질 수 있다. 하지만 이 분야는 아리스토텔레스의 철학──형이상학을 위시한 여러 연구에서 사용되는 개념적 도구들──을 이해하기 위한 매우 중요한 작품들을 담고 있기에, 이 분야에 대한 관심이 헬레니

---

128 『동물 탐구』를 『동물지』로 번역하는 경우에 '지'(誌)에 해당하는 historia는 '탐구', '조사'를 뜻하며, 나아가 '그 결과들을 기록해 놓은 것'을 의미한다. 이 말에서 '역사'라는 말이 파생되었다. 풀어서 제목을 정확히 옮기자면, 『동물에 대한 탐구』(*tōn peri ta zōia historiōn*)쯤에 해당한다. 이 작품 속에는 동물의 삶에 대한 다양한 데이터와 개별 종들의 특성을 자세히 묘사하는 엄청난 자료가 축적되어 있다.

즘 시기에 접어들어 어떤 이유로 간과되고 포기되었는지 알기 위해 좀 더 많은 연구자들이 노력해 주기를 기다리는 분야이기도 하다.[129] 어쨌거나 이에 관한 관심과 연구가 본격적으로 시작된 것이 무려 2000여 년이 지난 1970년대라는 것은 좀 의아하기도 하고,[130] 그 분야에 대한 관심이 저조했던 이유는 여전히 미스터리에 속한다고 얘기할 수밖에 없다.

아리스토텔레스 자신이 독립적인 학문 분야로 분류하지 않았던 생물학에 연관된 저작들에 대해 좀 더 살펴보자. 철학을 공부하기 위한 예비학문으로서 도구적 기능을 수행하는 논리학 작품이 실린 『오르가논』에 이어 『자연학』이 뒤따르고, 벡커판 402쪽에 이르면 학문 분야의 성격 구분에 논란이 생길 수 있는 『혼에 대하여』를 비롯하여 혼(psuchē)의 기능을 주제로 논의하는 '심리학적 저작'을 포함하는 일련의 작은 작품들이 잇따른다.

벡커판 486쪽에 가서야 본격적으로 생물학 영역으로 넘어가 동물에 대해 탐구하는 그 첫 번째 위치에 『동물 탐구』(486a~638b)가 시작되고 『동물의 부분들에 대하여』(639a~697b), 『동물의 운동에 대하여』(698a~714b), 『동물의 생성에 대하여』(715a~789b) 등의 주요 작품이 연이어 등장한다. 이어서 진작 여부를 의심받는 작품들로 식물 및 이와 연관된 문제들과 관련한 다른 작품들이 계속되다가 980쪽에 이르면 '자연학 다음에 오는 것들'(ta meta ta phusika)인 『형이상학』으로 넘어간

---

129 J. G. Lennox, *Aristotle' Philosophy of Biology*, Cambridge, 2001. "The Disappearance of Aristotle's Biology: A Hellenistic Mystery", pp. 110~125; eds. A. Gotthelf & J. G. Lennox, *Philosophical Issues in Aristotle's Biology*, Cambridge, 1987, Part I 생물학과 철학: 개관 참조.

130 이에 대한 초창기 연구자로는 G. E. R. LIoyd, A. Preus, W. Kullmann, D. M. Balme 같은 학자를 지적할 수 있다. 80년대 들어서는 A. Gotthelf, J. G. Lennox, P. Pellegrin, R. Bolton, M. Nussbaum 같은 학자들이다.

다. 생물학 저작 중에서 가장 중요한 세 작품인『동물 탐구』,『동물의 부분들에 대하여』,『동물의 생성에 대하여』는 벡커판 쪽수로 각각 146쪽, 58쪽, 74쪽을 점유한다. 생물학 저작에 속할 수 있는『소(小)자연학 연구서』(Parva Naturalia)에는 심리학에 해당하는 혼의 기능을 논하는 작은 작품들이 실려 있다. 여기에 속하는 주요 작품들은 '감각과 감각할 수 있는 대상', '기억과 상기', '잠과 깸', '꿈', '수면 속에서의 예언', '삶의 길고 짧음'(De longitudine et brevitate vitae), '젊음과 노년', '호흡', '숨'과 같은 주제를 다루고 있다.

개략적으로 살펴볼 때 생물학적 저작들은 그 논의의 출발을 phusis(자연) 일반에서 관찰될 수 있는 현상 혹은 사실(phainomenon)들, 즉 데이터의 축적으로부터 시작한다. 데이터의 축적이야말로 아리스토텔레스의 학문 전개 방법상 학문 논의의 아르케(출발)가 되어야 한다. 이것은 엔독사(통념; endoxa)로부터 출발하는 아리스토텔레스의 개념 분석적이고 변증술적인 학문 방법에 해당하는 것이라 할 수 있다. 또한 그의 학문 방법론이 일반적인 것으로부터 개별적인 것으로 나아간다는 경향에 비추어 보아도 이러한 고찰 순서는 정당하다.

먼저『동물 탐구』에서는 (1) phusikē 일반에 대한 탐구를 통해서 생물 일반의 관찰에서 얻어진 경험적 정보들을 수집, 정리하고, 이어서 (2) 관찰에 토대를 둔 이론적 토대들을 구축해서 정리한다. 때때로 우리는 아리스토텔레스의 생물학에 대한 엄청난 자료 축적에 놀라지만 축적된 자료의 오류에도 또 한 번 '더 크게' 놀라지 않을 수 없다.

이어지는『동물의 부분들에 대하여』는 동물의 '생성' 과정을 설명하기 위한 '질료'로서의 동물들의 부분은 배제되어 있다. 여기서는 동물들의 여러 기관의 '질료들'과 그 목적을 설명한다.『혼에 대하여』가 동물의 '형상'에 해당하는 '혼'과 그 부분들, 즉 '기능'을 설명하는 것이라면, 이와 연관해서 읽어야 할 작품들은 나중에 나오는 생물학 일반에 관한 작은 작품들에서 다시 언급되고 있다.

(3) 질료적 관점과 형상적 관점이 논의되었다고 한다면 여전히 동물의 '발생' 부분에 대한 설명이 빠져 있는『소자연학 연구서』와『동물의 운동에 대하여』에서는 '혼과 몸'의 문제가 한데 엉겨 있어야 한다. 그래서 이 작품집에서는 혼과 몸에 공통되는 기능들에 대한 탐구가 주된 논의 대상이 되고 있다. 이렇게 점차적으로 논의의 순서를 좁혀 나가다 보면 **생명 과학의 기원 문제**(The Problem of the Origins of Life Science)라 할 수 있는 분야가 남게 된다.

(4) 여기에서는 몸과 혼에 공통되는 '생명 발생의 기능'을 설명하는 '생성'의 문제에 부딪치기 마련이다. 만일 이러한 작품 구성에 대한 분석과 배열이 아리스토텔레스의 철학적 관심을 그대로 반영하는 것이라고 한다면, 바로 이 문제야말로 아리스토텔레스의 생물학 저작이 가지는 철학적 문제의 정점이라 할 수 있다. 이 점이『동물의 생성에 대하여』라는 작품이 가지는 학문적 중요성이고, 어찌 보면 궁극적으로 생명 현상에 대한 아리스토텔레스의 철학함의 telos(궁극적 목표)가 이 지점에서 드러난다고 해석해도 큰 잘못은 없을 것이다.

『관상학』은 소작품으로 분류되어 벡커판 805쪽에서 814쪽에 걸쳐 실려 있는, 겨우 10여 쪽을 넘지 않는 짤막한 작품이다. '소작품집'(Opuscula)으로 분류되는 작품들에는 잡다한 주제로 '색깔', '청각', '식물', '기계적 문제들', '분할 불가능한 선분', '바람의 방향과 그 이름' 등을 비롯해서 '멜리소스, 크세노파네스, 소피스트인 고르기아스'에 관한 글들이 포함되어 전해진다. 자연학적 문제들을 취급하는 두툼한『자연학적 문제들』은 859쪽에서 967쪽 사이에 실려 있다.

아리스토텔레스 생물학 저작에서의 관상학에 대한 간략한 논의

플라톤 역시 그의 대화편 여러 곳에서 동물과 인간의 성격 유비를 내놓고 있다. 물론 그러한 그의 생각이 관상학적 관심을 표명한 것이라고 말할 수는 없겠지만 인간이 가질 수 있는 다양한 성격을 동물의 어떤 특징과 비교하고 있음은 분명해 보인다. 가령 『파이돈』의 한 대목을 보자. 거기에서는 인간 혼의 윤회 사상을 언급하는 대목에서 이렇게 말하고 있다. 생전에 "탐식과 방탕과 탐주(貪酒)를 일삼으며 삼가지 못한 사람들[의 혼]은 나귀 부류나 그런 짐승의 부류 속으로", "부정의와 독재와 강도질을 선호했던 사람들은 늑대나 매나 솔개 부류 속으로" 들어간다는 것이다. 대중적이고 시민적인 덕을 길러 온 이들은 다시 같은 종류의 시민적이고 유순한 부류로 다시 돌아가 "꿀벌이나 말벌이나 개미 부류"로 태어난다.[131]

아리스토텔레스의 생물학 저작에는 특별히 관상학에 관심을 보이는 여러 대목이 나타나고 있다. 구체적으로 관상학을 언급하고 있는 몇 대목을 찾아 간략히 살펴보기로 하자.

『동물 탐구』 제1권 486a14 아래에서는 먼저 동물들 간의 삶의 방식의 차이와 활동 방식의 차이를 설명한다. 그런 다음 488b12~25에 걸쳐서 각각의 동물이 가지는 성격을 구별해 주고 있다. 제1권 제8장에 이르러서는(491b12) 인간의 얼굴(metōpon)과 그 관상학적 의미를 언급하기 시작한다. 다른 동물과 달리 인간만이 얼굴을 갖는다고 지적하면서 "이마가 큰 사람은 나태하고, 이마가 작은 사람은 변덕스럽다. 둥근 이마를 가진 사람들은 쉽게 흥분을 잘하고, 이마가 튀어나온 사람들은 쉽

---

131 플라톤, 『파이돈』 81e~82b.

게 화를 낸다"라고 말한다. 이어서 이마 밑 눈썹에 관해 간략히 언급한 다음, 눈(眼)에 대하여 고찰하기 시작한다. 귀에 관해서는(492b2) "크고 튀어나온 귀를 가지고 있는 사람은 어리석게 말하고(mōrologia) 수다쟁이(adoleschia)"라고 그 성격을 파악한다. 494a16에서는 "발바닥이 두껍고 바닥 부분이 휘어져 있지 않아 발바닥 전체로 걷는 사람은 악한 행동을 하는 사람"이라고 말고 있다. 『동물 탐구』 8권 시작 부분에서 (588a16 아래)는 대부분의 동물들도 인간과 마찬가지로 혼에 관련해서 성격 유형의 흔적(ichnē)을 가지고 있음을 지적하고 있다. 그것들은 예를 들면 길듦, 난폭함, 온순함, 거칢, 용맹함, 겁 많음, 두려움, 대담함, 교활함 같은 것들이다. 인간의 성격과 동물의 성격 간 유비, 암컷과 수컷의 신체적 차이에 따른 성격의 차이에 대해서는 제9권 608a1에서 시작해서 608b19에 걸쳐서 논의하고 있다.

『동물의 부분들에 대하여』에는 피의 속성과 성격의 관계에 대한 논의가 나와 있다. 『동물 탐구』 제3권 19장에도 같은 주제가 논구되고 있다. 아리스토텔레스는 『동물의 부분들에 대하여』에서 피의 세 가지 속성을 열(to thermon), 농도의 연함(to lepton), 순수함(to katharon)으로 이해한다. 647b29~648a13에서는 피의 속성, 즉 온도의 뜨겁고 차가움, 농도의 엷고 진함으로 인해 피가 감각과 지성(noēsis), 사려(분별력, phronēsis)에 관계해서 일어나는 차이 그리고 용기와 같은 성격의 차이에 미치는 영향을 논하고 있다. 가령, 피의 농도가 짙고 뜨거우면 힘을 더 잘 발휘할 수 있으며, 엷고 차가우면 더 지각적이고 지성적이라는 것이다. 그러나 피는 '뜨겁고 엷고 순수한 것'이 가장 좋다고 말한다. "왜냐하면 이러한 동물들은 동시에 용기와 분별력에 관계해서 가장 좋은 상태에 있게 되기 때문"이라는 것이다. 각각의 동물들이 이 세 속성들의 조합이 이루어지면 피의 차이가 발생하게 됨으로써 더 낫고 더 못한 상태 그리고 실체적으로나 기능적인 면에서의 차이, 나아가 성격의 차이를 가지게 된다는 것이다. 이와 동일한 맥락에서 650b19~651a19에서는 피가 동물의 성격에 미치는 상관관계를 설명하고 있다. 또 667a 아래에서는 동물들에게 있어서 심장의 크기와 그것에 연관된 성격을 논하고 있다.

그 밖에도 『동물의 생성에 대하여』 750a12~13에서는 뻐꾸기가 본성적인 차가움 때문에 겁이 많다고 말한다. 769b18에서는 동물의 비유를 사용한 관상학자에 대한 보고가 언급되어 있고, 774a36 아래에서는 토끼의 신체적 모습과 자손을 잘 번식한다는 사실의 관찰을 통해 토끼의 강한 성적 충동을 언급한다. 그래서 토끼와 같이 털이 많은 인간도 강한 성애(aphrodisia)의 욕구를 갖고 있다고 추론해 낸다. 786b35에서는 깊은 목소리가 고귀한 본성의 징표임을 말하고 있다.[132]

『동물의 생성에 대하여』 768b27~37에서 아리스토텔레스는 남자의 음란증(saturiasis; 사튀로스의 뿔과 같이 관자놀이 부근의 뼈가 돌출되는 질병)이 얼굴의 변화를 일으킬 수 있다고 말한다. 즉 동물의 얼굴을 닮게 된다는 것이다. 그렇지만 동물(의 부분)이 실제로 다른 종의 동물(의 부분)로 바뀔 수 있다고 주장하지는 않는다. 그 밖에도 사자 얼굴증(leontiasis), 코끼리 얼굴증(elephantiasis)은 사자나 코끼리 같은 형태로 인간의 얼굴을 만든다고 한다.

이와 같이 관상학에 관련된 아리스토텔레스의 언급은 『분석론 전서』, 『혼에 대하여』, 『동물 탐구』, 『동물의 부분들에 대하여』, 『동물의 생성에 대하여』, 『수사학』[133] 등에서 간헐적으로 나타나고 있어서 아리스토텔

---

132 아리스토텔레스, 『니코마코스 윤리학』 1125a13~14 참조.
133 이 책을 번역하고 주석을 달면서 아리스토텔레스의 『시학』과 『수사학』에서 논의된 드라마 속의 인물과 성격의 관련성, 수사술적 태도와 성격의 문제, 나아가 '말(웅변)'을 통해서 드러나는 인간의 성격' 문제에 대해서는 자세히 언급하지 않았다. '관상과 수

레스의 관상학을 체계적으로 이해하기 위해서는 『관상학』과 이들 작품을 더불어 읽고 상호 교차하여 조회하고 언급해야 할 것이다.

사술의 관계'는 매우 흥미 있는 주제임이 틀림없지만 실제로 헬라스뿐만 아니라 로마 시대에도 빼어난 웅변가들은 관상을 웅변의 내용과 그 방법에 응용하였다. 폴레몬과 퀸틸리아누스 그리고 키케로는 『관상학』에서 다루어진 인간의 음성, 표정, 몸짓과 자세 그리고 태도(제스처)를 웅변에 응용했던 웅변가들이다. 이에 대해서는 자비네 폭크트(1999)의 '서론, 예술과 문학에서 관상학적 사고', '4. 성격 연구와 성격 유형학'과 설혜심의 pp. 87~94 참조(『서양의 관상학 그 긴 그림자』, 한길사, 2002). 서양 관상학의 문제를 다양한 관점에서 다루고 있는 Maria Michela Sassi, *The Science of Man in Ancient Greece*(trans. Paul Tucker, University of Chicago Press, 2001)에서도 많은 도움을 받을 수 있다.

논고 A

제1장

관상학 연구의 토대: 신체와 혼의 상호 의존성

정신적 특성들[1]은 신체적인 것에 수반하는 것으로,[2] 신체의 운동 변

---

1 정신적 특성들(hai dianoiai)은 '정신의 상태', '정신의 속성', '성격', '성향'(Hett), '기질'(Raina; temperamento) 등으로 옮길 수 있겠다. 정확히 말하자면 일반적으로 '생각'을 의미하는 dianoia가 여기서는 개별적 인간의 됨됨이와 성격을 대신하는 말('마음의 작용')로 쓰이고 있다. 이 말은 혼(psuchē)과 같은 의미로 신체(sōma)와 대비되는 개념이다. 자비네 폭크트(Sabine Vogt[1999])는 '정신'(Geist)으로 옮긴다. 러브데이와 포스터(T. Loveday & E. S. Forster)의 번역판을 수정 번역한 시몬 스웨인(Simon Swain, ed. S. Swain, 2007)도 'mind'로 번역한다. 러브데이와 포스터는 푀르스터(R. Foerster)의 *Scriptores Physiognomonici Graeci et Latini*(2Bde., Teubner, Leipzig, 1893)를 헬라스어 대본으로 삼고 번역했다. 복수로 표현된 hai dianoiai는 아리스토텔레스 저작에서 단 두 번 나타난다. dianoia는 sōma(신체), eidos(생김새)와 대립되는 개념이다(H. Bonitz 185b45~58 참조). 이 말은 이후에는 psuchē와 ēthos라는 말로 대체되어 사용되기도 한다. 그런데 "신체에 나이가 있는 것처럼 정신(dianoia)에도 나이가 있다"(『정치학』 제2권 제9장 1270b40)라는 구절을 미루어 보면, dianoia가 psuchē(혼)보다는 '생각', '지성'이라는 측면에서 더 강력한 의미를 가진다. 지적 탁월성(dianoētikē)과 구별되는 "성격적 탁월성(ēthikē)은 습관의 결과로 생겨나고 성격을 이르는 에토스(ēthos)라는 말도"(『니코마코스 윤리학』 제2권 제1장 1절)라는 대목에서 보이듯, dianoia는 '지성적'이라는 의미를 가진다. 『시학』의 경우에서(1450a5 아래)는 ēthos와 dianoia에 대해서 "성격은 우리가 행위자들을 어떤 사람이라고 말하는 기준이 되는 것이며, 생각은 말하는 사람들이 뭔가를 증명하거나 또는 의견을 분명하게 나타내는 수단이 되는 것"이라고 말한다.

2 hepontai(hepesthai, hepomai)는 '부수하다, 의존하다, 달려 있다' 등으로 옮겨질 수 있다. 이 동사는 805a11~14와 808b20에도 나타나는데, 「논고 B」에서 중요한 의미를 가진다.

화[3]에 영향을 받지 않고[4] 그 자체로 존속하는 것이 아니다.[5] 이것은 술에 취하거나[6] 질병을 앓는 경우에 아주 분명하다. 왜냐하면 정신적 특성들

「논고 B」에서 '수반한다'라는 말은 신체와 혼의 상태가 우연적으로 발생하는 것이 아니라, '필연적 수반 관계'를 가진다는 강한 의미로 사용되고 있다.

3 운동(kinēseis)은 구체적인 물리적 운동, 가령 피의 순환과 같은 것을 지시하거나 신체 상의 운동, 가령 빠르다, 굼뜨다와 같은 것을 지시한다. kinēseis는 pathēmata와 동일한 의미로 사용된다. 그러니까 신체적인 겪음들(ta tou sōmatos pathēmata)이라는 표현은 신체적인 운동들(hai tou sōmatos kinēseis)이라는 표현과 같은 의미다. ta tou sōmatos pathēmata는 ta tēs psuchēs pathēmata(혼에서 겪는 일들; 생각과 말)와 짝을 이루는 표현이다. "말로 나타내진 것들은 혼에서 겪은 것들(tōn en tē psuchē pathēmatōn)의 상징이며, 쓰인 것들은 말로 나타내진 것들의 상징이다"(아리스토텔레스, 『명제론』 16a3). 많은 경우 복수적 표현을 사용하는 것은 신체와 정신의 외적으로 드러난 개별적 현상으로서의 형식들을 다룸으로써 이를 통해 일반적 추론의 결론을 이끌어 내기 위한 방법적 절차 때문이라고 말할 수 있다.

4 apatheis(겪음을 당하지 않는). paschō('받아들이다', '당하다')라는 말의 변형이다. 이 말에서 pathos(겪음)가 나왔다.

5 접속사 hoti가 주 문장이 되고 이것을 다시 touto(이것은)로 받는 흔치 않은 헬라스어 문장 구조로 되어 있다. 내용적으로 간단하게 번역하면 '마음의 작용은 신체적인 것에 따르고, 그 자체로는 신체의 운동에 의해 영향받는다'라고 새겨질 수 있다. 푀르스터는 "… 술 취함과 질병의 경우에서 아주 분명하다"에서 문장을 끊어 읽는다. 푀르스터에 따라 스웨인은 "That minds follow their bodies and are not isolated and unaffected by the changes of the body is something that…"으로 옮기고 있다. 이 책이 시작하는 첫 문장은 성격과 신체적 외관 간의 상호 영향이 관상학의 출발이자 기본 전제라는 것을 밝혀 주고 있다. 이는 관상학의 토대요, 관상학의 성립에 대한 정당성을 부여해 준다. 현대 심리 철학에서의 논의되는 물리적 사태(physical state)와 심리적 사태(mental state)와는 조금 다르다. 관상학은 신체의 외관이 인간의 성격과 어떤 연관 관계를 가질 수 있는지를 경험적으로 따져 보는 것이고 말할 수 있다.

6 술에 취하는 다양한 이유와 그 증상에 대한 세세한 논의에 대해서는 아리스토텔레스의 '이름으로' 전해지는 『자연학적 문제들』(Phusika problēmata) 871a1~876a28 참조. 지나치게 많은 포도주를 마시는 것은 성격을 우울하게(melangcholikous) 만들고, 술을 마시는 것은 다양한 ēthē(성격)를 만들어 낸다. 화를 내게 하고, 사람에게 호감을 표하게 하고(philanthrōpous), 자비롭게 만들고, 무모하게도 만든다(『자연학적 문제들』 958a33~37).

이 신체적인 겪음들[7]에 의해 변화한다는 것은 전적으로 명백한 일이기 때문이다. 또 반대로 신체는 혼[8]의 겪음들에 의해 그에 따른 변화를 겪는다.[9] 이것은 사랑과 두려움 그리고 슬픔과 기쁨에서 분명하다.[10] 게다가

---

7 원어로는 sōmatos pathēmata이다.

8 앞 문장에서 사용된 dianoia 대신에 혼(psuchē)으로 바꾸어 표현하기 시작한다. 프시케는 우리말로 흔히 '영혼'으로 옮기나 맥락에 따라서는 '영혼'이 아니라 '혼'으로 옮겨야 더 정확할 수 있다. 프시케에는 죽은 자의 '영혼'뿐만 아니라, 우리의 살아 있는 인간의 '성격', '마음', '정신', '생명 기능'의 모든 영역을 포괄하는 말이기 때문이다. 아리스토텔레스의 사유하는 '혼', '생명'을 다루는 생물학 작품에서는 더욱 그렇다.

9 원어로는 sumpaschon(교감[交感]하면서). 이 말은 『분석론 전서』에서도 동일한 맥락에서 같은 의미로 사용되고 있다. "왜냐하면 신체와 혼이 서로 함께 변화를 겪는다(sumpaschein)고 가정되기 때문이다"(제2권 제27장 70b16). 이 말은 문자 그대로는 '함께 어떤 변화를 겪는다'라는 것을 의미하고, 동사로 sumpachein tini는 '누군가와 함께 어떤 일을 겪다'라는 것을 의미한다. 「논고 B」 시작에도(808b11) sumpathein allēlois(서로 간에 상호작용하는) 표현이 사용되고, 이 밖에도 이 동사의 변형태가 805a, 808b19 등에서 나타난다. 이는 『분석론 전서』와의 어떤 연관성을 보여 주는 것이고, 동시에 『관상학』의 〈A 논고〉와 〈B 논고〉의 논리적 긴밀성을 보여 주는 것으로 해석할 수 있다.

10 일반적 규정을 내려놓고 개별적 예들을 통해 주제에 접근하는 방식은 아리스토텔레스의 개별 작품에서 항시 사용하는 방법론을 상기시킨다. 『분석론 전서』에서는 "자연적인 겪음(pathemata)이 있는 한에서 우리가 신체와 혼이 함께(hama) 변화한다고 가정한다면 관상학적 통찰(phusiognōmonein)은 가능할 수 있다"고 말하고 있다(제2권 제27장 70b7~9). 그런데 이 관점은 『혼에 대하여』 제2권 제1장에서 논의되는 신체의 '형상'으로서의 혼에 대한 아리스토텔레스의 질료-형상 개념과는 거리가 먼 것으로 여겨진다. 그래서 아리스토텔레스는 '신체와 혼이 동시적으로 변화한다면'이라는 조건하에 관상학이 성립될 수 있다고 보는 것이다. 여기서 논의되는 관상학은 신체와 혼은 불가분적이고 변화될 수 없는 통일성을 가지고 있다는 전제 위에서 출발하고 있다. paschein(작용을 받다, 어떤 일을 겪다, 근본적인 상태의 변화를 겪다)에서 온 말인 pathos는 번역하기 까다로운 말이다. 파토스는 다음의 네 의미를 포함한다. (1) 성질의 변화, (2) 변화 그 자체, (3) 좁은 의미에서 해로운 변화, (4) 큰 불행(ta megethē tōn sumphrōn). 이에 대해서는 『형이상학』 1022b 15~22 참조. 조대호는 『형이상학』(2012, 나남) 번역의 각주 176에서 "자연물은 질적 변이를 받아들임(paschein)으로써 일정한 속성이나 성질을 갖게 되거나 일정한 양태에 놓이게 되는데, 그런 수동적 '변이' 자체뿐만 아니라, 변이의 결과로서 생겨나는 일정한 '속성'이나 '양태'를 일컬어 모두 'pathos'라고 한다"고 풀이하고 있다.

신체와 혼이 서로에 대해 어떤 방식으로 그렇게 긴밀하게 결합을 하게 되고,[11] 이 때문에 대부분의 것들에서 혼과 신체가 서로에게 받는 겪음의 원인이 되고 있음을 자연에 의해 생긴 것들[12]을 봄으로써 더 잘 알게 될 것이다. 왜냐하면 어떤 동물의 종이라도 그 자신의 외적 생김새[13]와 정신적 특성(마음의 작용)이 각기 다른 종류의 동물의 것인 동물은 아직까지 존재한 적이 없기 때문이다. 오히려 어떤 동물이든 그 몸과 혼은 항상 같은 종류의 동물의 것이며, 따라서 그러그러한 신체에는 그러그러한 정신적 특성이 필연적으로 수반되는 것이다.[14]

게다가 모든 동물의 경우 각각의 종류에 대해 정통한 앎이 있는 사람들이 있는데, 이들은 예를 들어 기수는 말, 사냥꾼은 개의 외적 생김새로부터[15] 그 정신적 특성(마음의 작용)을 알아볼 수 있다.[16] 만일 이러한 것

---

11 '긴밀하게 결합되는지'로 옮긴 sumphōs는 '함께 성장한다'라는 의미를 가진다. 다시 말해 혼과 신체가 서로 간에 병렬적으로 성장해 간다는 의미다.

12 자연에서 생성된 것들에서(en tois phusei ginomenois)는 '신체와 혼을 가진, 생명을 가진 동물 일반'을 가리킨다. "생겨나는 것들 중에서 어떤 것은 본성[자연]에 따라서 어떤 것들은 기술에 의해서 또 어떤 것들은 자생적으로 생겨나지만 생겨나는 것은 모두 어떤 것의 작용에 의해 어떤 것으로부터 어떤 것이 된다"(『형이상학』 제7권 1032a12~14; 조대호 옮김).

13 외적 생김새(eidos)는 아리스토텔레스 철학에서 일반적으로 '형상'을 의미하나 여기선 한 동물의 외형을 가리킨다. sōma가 dianoia(정신적 속성)에 대립되는 것처럼, eidos 또한 dianoia와 대립되는 말이다.

14 어떤 특정한 동물의 신체에는 어떤 특정한 혼이 병렬적으로 부수해야만 한다. 다시 말해 특정한 신체는 특정한 정신적 특성을 수반해야만 한다는 것이다. 이 책의 저자는 이 점을 당연한 것으로 전제하고 있다. 「논고 A」의 저자는 심신 관계에 대해 어떤 종류의 부수현상설(epiphenomenalism)을 주장하고 있는 것 같다.

15 실천적 행위에서 사실적 지식을 소유한 자가 유용하다는 예는 플라톤에게도 나타난다. "그렇다면 선생님께서는 기마술의 앎을 갖고서 기마전에 버티는 자 역시 그런 앎 없이 버티는 자보다 덜 용감하다고 말씀하시겠군요"(플라톤, 『라케스』 193b~c 참조. 한경자 옮김, 정암학당 플라톤 전집, 2014).

16 개별적 동물에 대한 전문가들은 그 동물의 개별적인 외형에서 정신적 특성을 알 수 있

이 참이라면——실제로 이것이 늘 참이지만——관상학적 연구[17]가 가능할 것이다.[18]

관상학 연구의 세 가지 전통적 방법: (1) 동물의 비유, (2) 인종적 비교, (3) 감정 상태와 얼굴 표정의 유비

그런데 지금까지 관상학자들은 각기 다른 세 가지 방법으로 관상학적 연구를 시도해 왔다.

(1) 어떤 사람들은 각각의 개별적인 동물의 종(種)[19]에 따른 외적 생김새와 하나의 특정한 정신적 특성을 확정함으로써[20] 동물의 종에 근거해서 관상학적 연구를 수행하고 있다. 이런 근거 위에서 그들은 어떤 종

는(theôrein) 능력을 갖고 있다는 말이다. 이것은 전문가들이 개별적 외형의 특징으로부터 일반적 결론을 이끌어 내는 귀납(epagôgê)의 능력을 갖추고 있어야 한다는 것을 말하는 것이다. '결론을 이끌어 내다'(theôrein)는 말은 문자 그대로는 '보다, 관찰하다'라는 의미다. 이로부터 '곰곰이 생각하다', '이런저런 추정을 하다'라는 의미로 전이되고, 여기에서 다시 '무엇으로부터 결론을 이끌어 내다'(theôrein ek tinos)라는 의미가 파생되었다.

17 '관상학적 통찰'(physiognômonein)이라고도 할 수 있다. 문자 그대로는 '신체적 외형으로부터 사람의 성격을 판단하는 것'을 말한다. phusiognômonikê technê(관상학)는 phusio-gnômoneô에서 파생된 말로 문자적 의미는 "본질을 인식한다, 판단한다"이다. 이는 기본적으로 원인으로부터 결과를 추론하는 것이 아니라 결과로부터 원인을 추론하는, 즉 기호 혹은 징표로부터(ek sêmeiôn) 추론하는 엔튀메마(설득추론, enthumêma)의 한 예다. 이에 대해서는『수사학』제1권 제2장 16~18 및『분석론 전서』제2권 제27장 70b7, 13~14, 25~26, 32,『동물의 발생에 대하여』제4권 제3장 769b21 참조.

18 이 책의 저자는 여기서 관상학이 성립할 수 있는 논리적 근거를 명확하게 대지 못하고, 그 가능성만을 회구법 표현(eiê)으로 사용하고 있다.

19 원어는 genos인데, 흔히는 유(類)로 사용하지만, 여기서는 맥락상 종(種)으로 옮겼다.

20 상정함으로써.

류의 동물의 특징을 확정한다. 그런 다음 이 신체 유형과 닮은 신체를 가진 사람은 그 동물과 닮은 혼을 가질 것이라고 추측했다.[21]

(2) 다른 사람들은 이와 동일한 방법으로 확정을 시도했는데 모든 동물을 조사 대상으로 하는 것이 아니라 오히려 외관이나 성격들[22]이 다른 인간 종족별로, 이를테면 아이귑토스인, 트라키아인, 스퀴티아인으로[23] 인종을 구분함으로써 인간의 유(類) 그 자체에 근거해서 징표[24]를 선택했다.[25]

---

21 가장 전통적인 관상학이 택하는 방법이라고 말할 수 있다. 그 대표적인 원형적인 모델은 세모니데스에게서 찾아진다. 세모니데스는 동물 관찰로부터 그 동물이 갖는 특징을 여인이 가질 수 있는 성격으로 환원시키고 있다. 그래서 그는 돼지, 여우, 암캐, 당나귀, 족제비, 암소, 원숭이, 꿀벌 등 여덟 여자 유형을 8개의 상이한 동물에 비유해서 여자의 특징적 성품을 설명하고 있다. 이에 대해서는 이 책의 '아리스토텔레스와 관상학의 역사적 연원──관상학과 의학'의 해당 부분을 참조하라.

22 tas opseis kai ta ēthē. ēthos의 복수 ēthē는 통일해서 번역하기 어려운 말이다. 이 말은 아리스토텔레스의 철학에서 대개 도덕적 '품성'을 의미하지만 여기서는 맥락에 따라 번역어를 달리하였다. 이 대목에서 이 두 말은 '외형적으로 표현되는' 얼굴의 표정, 감정적 태도, 풍습, 몸가짐, 행실, 도덕적 태도까지도 포함하는 말이다. 이 책에서 ēthos와 ēthē는 눈으로 볼 수 있는 물리적 현상으로서 외형적 '표현'뿐만 아니라, 눈에 보이지 않는 심리적 과정인 '성격'을 동시에 지시하는 말로 쓰인다(H. Bonitz, *Index Aristotelicus*, 316b31~40). 단모음의 ethos는 인종을 의미한다.

23 헬라스의 문학과 역사에서 남쪽, 북쪽 사람들을 대표하는 이국인들이다. 헬라스인들은 이들을 바르바로이(barbaroi), 즉 '헬라스어를 할 줄 모르는 사람들'이라 불렀다. 의성어로 '바르바르하기' 때문에 알아들을 수 없는 말을 하는 사람들이라는 것이다. 단수 표현인 barbaros는 부정적이고, 경멸적이고, 도덕적으로 폄하되는 뉘앙스를 가진 말로 사용된다.

24 '징표들의 선택'(tēn eklogēn tōn sēmeiōn)은 『관상학』에서 중심 개념 역할을 수행하는 표현이다. 이 표현은 805a33, 805b11, 29, 809a17, 19, 810a13, 14, 814b1 등에서 사용되고 있다. 징표를 통한 방법으로서의 관상학의 중심 과제는 신체와 혼 사이의 밀접한 상호 영향 관계에 기초하여 신체적 징표에 대한 선택과 그와 관련되는 정신의 특성을 이끌어 내는 것이다.

25 환경과 기후 조건에 따라 성격이 변할 수 있다는 논거와 경험적 증거를 다수 들고 있는 힙포크라테스의 『공기, 물, 장소에 관하여』는 두 번째 방법에 대한 대표적인 실증 사례

(3) 또 다른 어떤 사람들[26]은 얼굴에 나타난 표정,[27] 즉 사람이 화를 났을 때, 두려워할 때, 성적 흥분 상태에 있을 때 그리고 그 밖에 여러 각각의 겪음(감정)[28]에 사로잡혀 있을 때 그 사람의 마음 상태[29]에 수반해서 나타나는 표정을 바탕으로 관상학적 연구를 수행했다.

　어쨌든 위와 같은 어떤 방법에 따라 또는 다른 방법에 따라서도 관상학적 연구가 가능할 수 있다. 이를 위한 징표의 선택에도 다양한 방법[30]이 있을 수 있다.

　가 된다고 할 수 있을 것이다. 스퀴티아인에 대한 힙포크라테스의 사례는『공기, 물, 장소에 관하여』17~22 참조. 한편 플라톤과 아리스토텔레스는 북방 민족의 성격을 '분노' 혹은 '기개'(thumos)에 의해 규정한다. 트라케 지방과 스퀴티아 지방, 북부 지역 사람들의 감정 상태(pathos)를 규정하는 대목은 플라톤,『국가』제4권 435e3~436a3 참조. 크세노파네스는 신들에 대한 표상을 언급하는 가운데, "아이귑토스 사람들은 〈자신들의 신들이〉 코가 낮고 [피부가] 검다고 말하고, 트라키아인들은 〈자신들의 신들이〉 [눈이] 파랗고 머리카락이 붉다고 〈말한다〉"(알렉산드리아의 주교 클레멘스, DK 21B16,『문집』VII 22.1).

26　men … de … de로 된 구문은 각기 관상학의 세 방법을 구별하고 있다.

27　ek tōn ēthōn tōn epiphainomenōn. '밖으로 명백히 드러난 근본적 성격 특성', '성격을 드러내는 얼굴의 표정', '외적으로 드러나 얼굴의 인상' 등으로 새겨질 수 있다. ēthos는 '드러난 성격'이지만, 여기서 에토스(에토스)는 '(얼굴) 표정'이라는 외형적인 신체적 징표와 '성격'이라는 마음의 작용이라는 다른 두 지위를 나타낸다. 이 말은『관상학』에서만 이런 의미로 고유하게 사용되고 있다(H. Bonitz 316b31~40 참조).

28　달리 번역하면 '감정 상태'라 할 수 있다.

29　이 말(diathesis)은 원래 '상태'를 의미한다. 여기서는 개별적인 심적 상태에 따라 일시적으로 나타났다 사라지는 '감정의 상태'를 지시한다.

30　원어는 anomoiōs인데 '다른 방식으로도'로 부드럽게 옮길 수 있다. 이 책에서 논의되는 '다른 방식'이란 다음과 같은 것이다. (1) 양성(兩性) 간의 구별을 통한 방식. "수컷은 암컷보다 더 크고 힘이 더 세다. 수컷 신체의 사지는 힘이 더 세고, 더 매끄럽고, 더 건장하고, 모든 기능(pasas tas aretas)에 대해서 더 뛰어나다"(806a31~34). 그 밖에도 양성 간의 비교에 대해서는 809a26~810a13 참조. (2) 추론을 통한 철학적 방법에 대해서는 807a3~12 참조.

얼굴 표정으로부터의 방법 (3)에 대한 비판

그런데 이들 중 오로지 얼굴에 드러난 표정에 따라 관상학적 연구를 진행하려는 사람들[31]은 잘못을 저지르고 있다.

그 이유는 첫째로 정신적 특성이 같지 않은데도 얼굴에 나타난 표정이 같은 경우가 있기 때문이다. 예를 들어 용감한 사람과 부끄러움을 모르는 사람[32]의 정신적 특성은 전혀 상이하지만 동일한 표정을 지닐 수 있다.

5 두 번째로 사람들은 동일한 얼굴 표정(ēthos)이 아닌 다른 표정을 일시적으로 가질 수 있다. 왜냐하면 평소에는 기분 나쁜 사람이 때때로 유쾌한 날을 지내며 쾌활한 표정을 짓기도 하기 때문이다. 또 그 반대로 쾌활한 사람도 침통한 표정을 짓기도 한다. 따라서 얼굴에 나타난 표정은 수시로 변할 수 있는 것이다. 게다가 이것들에 더해서[33] 우리는 소수의

10 경우에서만 겉으로 드러난 얼굴 표정으로부터 결론을[34] 끄집어낼 수 있다는 점이다.

---

31 앞선 언급된 세 번째 방법을 취해 관상학 연구를 수행하는 사람.

32 뻔뻔한 사람(ho anaidēs). 용감한 사람(ho andreios)과 부끄러움을 모르는 사람은 성격 목록에서 즐겨 사용되는 예들이다.

33 여기서 eti pros toutois는 러브데이와 포스터가 번역하듯이 '세 번째로'가 아니라 위의 논의로부터 이끌어 낸 일반적 결론, 즉 적은 경우에만 얼굴 모습으로부터 성격을 이끌어 낼 수 있다는 주장을 말하기 위한 것으로 이해해야만 한다.

34 혹은 증거를. '겉으로 드러난 얼굴 모습으로부터'(tois epiphainomenois)에서의 'ta epiphainomena', 'ta epi tōn prosōpōn'(얼굴 표정들), 'to ēthos to epi tou prosōpou'(얼굴의 모습) 등은 같은 의미로 사용되고 있다.

동물 비유 방법 (1)에 대한 비판

한편 개별적인 동물들로부터 관상학적 연구를 수행하는 사람들의 경우에도 징표들의 선택이 올바르게 행해지지 않는다. 왜냐하면 동물들 각각의 외관(idea)을 아무리 정밀하게 조사한다고 해도 어떤 동물과 신체적으로 닮은 사람이 그 혼 또한 그 동물과 닮았다고 말할 수는 없을 것이기 때문이다.

(1) 왜냐하면 우선 그렇게 무조건적으로 동물과 **이러한 방식으로** 닮았다고 말할 수 있는 인간은 한 사람도 없을 것이고, 설령 있다고 해도 **어떤 점에서만** 닮았을 뿐이기 때문이다.

(2) 게다가 이것에 덧붙여[35] 어떤 종류의 동물이든 각각 고유한 징표는 미미하지만 공통의 징표는 많이 있다. 따라서 누군가가 고유한 징표에서가 아니라 공통의 징표에 의해 동물과 닮았을 때, 만일 그렇다면 도대체 어떻게 그 사람이 사슴보다 사자와 닮았다고 하는 일이 있을 수 있을까? 왜냐하면 고유한 징표는 '무언가' 고유성을 의미하고, 공통의 징표가 '무언가' 공통성을 의미한다고 하는 것은 매우 그럴듯해 보이기[36] 때문이다. 그러므로 관상학적 연구를 수행하는 자는 동물 일반의 공통적인 징표를 가지고는 아무것도 명료하게 밝힐 수 없을 것이다. 그러나 어떤 종류의 동물에게 고유한 징표가 선택된다고 해도 그것이 어떤 정신적 특성의 징표인지도 특정할 수는 없을 것이다. 왜냐하면 그것이 어떤 종류의 동물에게 고유한 징표임이 확실하다고 하더라도 관상학 연구

---

35 '게다가 그것을 넘어서'로 좀 더 강하게 옮길 수도 있다. 이렇게 되면 첫 번째 비판보다 더 중요하다는 의미를 내포한다.

36 '매우 그럴듯하다'는 eikos는 사실을 확증하는 강한 긍정의 의미가 내포되어 있다. '자명하다', '당연하다'라는 뜻이다.

자가 대상으로 삼고 있는 그 동물들의 마음속에 그만큼 고유한 성격이 있다고 생각할 수 없기 때문이다. 왜냐하면 용맹한 것은 사자뿐 아니라 다른 많은 동물들도 용맹하고, 겁은 토끼뿐 아니라 다른 수많은 동물들도 많기 때문이다.

새로운 원칙을 통한 동물 비유 방법의 개선

그렇기에 만일 공통적인 징표를 선택하는 사람에게도, 또 고유한 징표를 선택하는 사람에게도 그것으로 해서 아무것도 밝혀지지 않는다면, 도대체 동물들 하나하나를 고찰해 나가는 것으로 [관상학의 연구가] 가능하지 않을 것이다. 오히려 동일한 성격 특성[37]을 가진 모든 동물들의[38]

---

37 '겪다'(paschō)로부터 유래하는 pathos(겪음, 당함, 받음, 수동의 상태)가 좁은 의미로는 감정(a31)을 의미하지만 여기서는 '성격적 특성(정신적 특성)'이라는 의미로 사용되었다(b30과 32). 여기서 '동일한 성격적 특징'이란 '공통의 정신적 특성'을 의미한다. 아리스토텔레스는 『니코마코스 윤리학』에서(제2권 5장, 1~2절) 혼 속에서 생겨나는 pathos, dunamis(능력), hexis(성향, 성격)를 이렇게 규정하고 있다. "감정(pathos)이란 욕망, 분노, 두려움, 대담함, 시기, 기쁨, 친애, 미움, 갈망, 시샘, 연민, 일반적으로 즐거움이나 고통이 뒤따르는 것들이다. 또 능력이란 그것에 따라 우리가 이러한 감정들을 경험할 수 있게 된다고 말하는 것들로 가령 화를 내거나 슬퍼하거나 연민을 느끼게 하는 능력들이다. 성향(성격)이란 그것에 따라 우리가 감정들에 대해 제대로 태도를 취하거나 나쁘게 태도를 취하게 되는 것이다. 예를 들어 화를 내는 것과 관련해서 너무 지나치거나 너무 느슨하다면 우리는 나쁜 태도를 취하는 것이며 중간적이라면 제대로 태도를 취하는 것이다." 『동물 탐구』에서 아리스토텔레스는 동물의 성격(ta ēthē tō zōon)에 대해서 이렇게 말한다. "동물들은 각각의 **혼의 겪음**(pathēmata)에 관련된 어떤 자연적 능력(dunamis)을 가지고 있는 것처럼 보인다. 즉 지성과 어리석음, 용기와 비겁, 온화함과 사나움, 그 밖의 다른 이와 같은 성향들(hexeis)에 관련해서"(제8권[제9권] 제1장 608a11~16).

38 내용 전개상 전승하는 텍스트를 수정해 읽는 편이 좋을 것이다. 벡커, 프란틀, 헤트, 슈나이드빈(Schneidewin), 라이나(Raina) 등은 전승하는 텍스트로 그대로 읽는

징표만이 선택되어야 한다. 예를 들어 누군가가 용기 있는 사람의 징표를 탐구하고 있다면, 동물들 중에서 용맹한 동물들을 하나로 모으고 어떤 성격 특성(pathēmata)이 그 모든 것에 속하며, 다른 동물들에게는 전혀 속하지 않는지를[39] 잘 음미해야 한다.

예컨대, 앞서 선택된 동물들에게 만일 용맹함뿐만 아니라 다른 성격의 특성까지도 그 정신적 특성에 공통적인 성격 특성으로 속한다면, 그것들에서 용맹함의 징표가 이것으로 선택되었다고 하더라도, 그것이 용맹함의 징표인지 다른 성격의 특성의 징표인지는 특정될 수 없을 것이다. 오히려 우리는 가능한 한 많은 동물로부터, 게다가 그 징표가 고찰되고 있는 것[용맹함]과는 다른(hē) 공통의 성격 특성이 마음속에 아무것도 있지 않은 동물들로부터 징표는 선택되어야 하는 것이다.

다른 개선책들: 영속적인 특성들만이 징표로서 사용될 수 있다

그런데 신체적 징표들이 영속적인 한에서, 그 징표들은 어떤 영속적인

다. 그러나 푀르스터, 러브데이와 포스터, 골케(Gohlke), 데그비츠(Degkwitz) 등은 산체스(Sanchez)와 헤이덕(Hayduck)의 수정을 받아들여 ex anthrōpōn(인간의)을 ex hapantōn(모든 동물의)으로 읽고 있다. 전승하는 라틴어 문헌도 omnibus(모든 것으로부터)와 hominibus(인간으로부터)로 나뉜다. 수정한 대로 읽으면 "모든 동물로부터의 [징표의] 선택"으로라고 옮겨질 수 있다. 그렇게 되면 '모든 동물로부터 공통되는 정신적 겪음을 갖는 징표를 선택해야 한다'라는 것이다. 나는 푀르스터, 자비네 폭크트를 좇아 맥락상 전승하는 텍스트를 수정할 필요에 한 표를 던지며 적극 동의한다. 자비네 폭크트는 내용적으로도 그렇고 806b7에서의 "이 징표(sēmeion)는 전체 동물의 관찰로부터 파악해 낸 것이다"라는 구절을 들어 수정을 받아들인다.

39 oudeni sumbebēken. 참고로 여기에서 sumbebēken은 앞선 문장에서 사용된 '…에 속하다'(huparchein)와 같은 의미로 사용되었다.

정신적 성격을 나타낼 수 있다. 그러나 징표들이 한 번 생겼다가 사라지는 것들[40]인 한에서는, 어떻게 그것들이 마음의 작용에서 영속적인 것에 대한 참된 징표일 수 있겠는가?[41] 왜냐하면 생겼다가 사라지는 징표들을 영속적이라는 것으로 가정된다면, 확실히 때로는 그것이 참일 수 있는 징표일 수도 있을 테지만, 그러나 그 징표가 [마음의 작용에서의] 어떤 특정 사안[42]에 수반되지 않는 한, 그것은 아무런 쓸모가 없을 것이기 때문이다.[43] 더욱이 **혼에서 생겨난 겪음**(pathēmata)이 관상학 연구자들이 사용하는 신체상의 징표들에 아무런 변화를 가져오지 않는 한, 그러한 겪음들은 관상학자의 기술[44]에 의해 인식 가능한 그러한 기표(記標)들[45]일 수 없는 것이다. 예를 들면 한 의사나 음악가를 그들의 견해나 학적인 앎에 관한[46] 것[징표]들에 따라 인지할 수는 없다. 왜냐하면 어떤 특정 분야의 앎을 공부한 사람은 관상학을 연구하는 사람이 사용하는 징표들에 아무런 변화를 가져오지 못하기 때문이다.[47]

---

40 '한 번은 나타났다가 한 번은 사라지는 것들'(epiginomena te kai apoleiponta)은 '곧 나타났다가 사라지는 일시적인 징표들'을 가리킨다.

41 mē를 삭제하고 읽는다.

42 여기서 pragmata는 '혼의 지속적 상태'를 가리킨다. pragmati(사안; 벡커, 프란틀, 골케, 헤트, 폭크트)를 pathēmati(성격적 특성)로 고쳐 읽기도 한다(Foerster, Loveday/Forster).

43 epieikes가 '적합한, 적절한, 믿을 만한'이라는 의미이니, 일시적인 징표들이 혼의 실제의 사태를 반영하지 못한다면 '신뢰할 수 없는 것이고, 아무런 것도 확증해 줄 수 없다'라는 말이다.

44 기술(technē)이라는 표현은 관상학이 실천적으로 적용되는 전문지식, 연습, 경험에 근거하는 실용학문임을 나타낸다. 관상학을 '기술'로 규정하는 유일한 대목이다.

45 "인식 가능한 그러한 기표(記標)들"이라는 표현의 헬라스어는 복수형인 gnōrismata이다. gnōrisma는 아리스토텔레스 저작집에서 이곳에서만 유일하게 나타나고 있다.

46 원문은 복수 표현으로 "견해들과 앎(epistēmē)들에 관련된"으로 되어 있다.

47 이 대목에서는 신체적 변화를 가져오지 않는 혼의 상태들은 관상학자에게 전혀 도움이 되지 않는다고 말하고 있다. 다시 말해 혼의 특정한 상태(겪음)인 음악적 지식이나 물리학의 지식은 신체적 변화와 무관한 것이기 때문에 관상학자들은 이것을 징표로서 사

용할 수 없다. 음악적 지식을 겪는 혼의 상태가 누구를 보면서, '저 사람은 음악가다'라고 식별하게 만들지는 못한다는 것이다. 이런 점에서 관상학은 '신체의 특징이 혼의 겪음을 수반하는 경우'를 그 연구 대상으로 삼는 것이라고 말할 수 있다. 806a23에서는 관상학이 "마음 안에서의 자연적인 겪음들(ta phusika pathēmata)에 관한 것"이라는 점을 다시 강조하고 있다. 『분석론 전서』 또한 여기와 마찬가지로 '음악을 배움'이라는 동일한 예를 들면서 이 점을 명확히 하고 있다. "음악을 배운 사람은 아마도 자신의 혼을 이미 변화시켰을 것이지만 그러한 겪음은 우리의 자연 본성에 있는 것이 아니라 예를 들면 오히려 분노나 욕망 같은 것이 자연 본성에 의한 움직임(정동)에 속하기 때문이다"(『분석론 전서』 제2권 제27장, 70b9~11).

제2장

관상학의 정의: 대상의 정의, 징표의 원천, 징표들의 더 분명한 의미

20 그러므로 관상학¹이 모든 것을 다 다루는 것이 아닌 이상 여기서는 (1) 관상학이 무엇을 다루고 (2) 또 각각의 징표가 무엇으로부터 획득되는지에 대해 규정해야 한다.² 그런 다음 (3) 그것들 중에서 다른 것에 비해 명확한 것에 대해 하나하나 순서에 따라서 상세하게 설명할 필요가 있다.³

1　'관상의 앎과 기술'을 phusiognōmonia 또는 phusiognōmonikē technē라고 부른다.

2　이 물음에 대해선 806a23에서 "마음 안에서의 자연적인 겪음들에 관한 것"(peri ta phusika pathēmata tōn en tē dianoia)이라고 답하고 있다.

3　'개별적인 각각의 것들에 대해서'(kath hen hekaston)는 806b3~807a3에서 논의되고 있다. 이 대목은 관상학을 연구하는 방법과 절차에 대한 규정이다. 아리스토텔레스는 상투적으로 어떤 주제를 철학적으로 논하기에 앞서 일반적인 탐구 절차를 규정한 다음 논의를 시작한다. 가령 『시학』의 첫머리는 "시 짓는 기술 그 자체와 그것의 종류들에 관하여 각 종류가 어떤 힘을 갖고 있는지 시 짓기가 훌륭하게 되려면 이야기들은 어떻게 구성되어야만 하는지 게다가 그것이 얼마나 많은 어떤 부분들로 이루어져 있는지를 마찬가지로 동일한 연구에 속하는 다른 모든 사항들에 관하여 논의하도록 하자. 본성에 따라 가장 먼저 꼽을 수 있는 것들로부터 시작해 보겠다"(1447a8 아래)라는 말로 시작한다. 『토피카』의 첫머리는 "이 논고의 목적은 제기된 온갖 문제에 대해 일반적으로 그렇다고 생각되는 것(통념)으로부터 추론할 수 있는, 또 우리 자신이 하나의 논의를 지지하려는 경우에 모순되는 그 어떤 것도 말하지 않는 탐구의 길을 발견하는 것이다. 그래서 먼저 추론이란 무엇인지 그리고 그 종차에는 어떤 것이 있는지를 말해야만 한다"(100a1 8 아래)라는 것으로부터 시작하고 있다. 이런 점에 비추어 보자면 비록 이 작

(1) 관상학의 대상에 대한 정의

관상학은 그 이름에서 알 수 있듯이, **마음에 자연적으로 생긴 성격 특성(겪음들)**[4]을 다루는 것이다. 획득된[5] 성격 특성이라도 그것이 생기면서 관상의 대상이 된 징표가 변화한다면 그것 또한 관상학과 관련된다. 그것들이 어떤 것인지는 나중에 밝혀질 것이다.

(2) 징표의 원천

나는 여기서 관상학적 징표들이 어떤 종류의 것으로부터[6] 얻어지는지

품이 아리스토텔레스의 진작이 아닌 것으로 간주되긴 하지만 아리스토텔레스의 철학적 방법론을 공부하고 그것에 숙달된 학생에 의하여 쓰인 것으로 추정해 볼 수 있을 것이다.

4 peri ta phusika pathēmata tōn en tē dianoia. 여기서는 dianoia를 '마음'으로 번역했다. ta phusika pathēmata(자연적으로 생긴 성격 특성들)는 용기, 소심함과 같은 관상학에서 유용한 '정신적 속성 내지는 특성'을 가지는 것들을 일컫는다. 즉 '마음 안에서 자연적으로 생겨나는 정신적 속성이다. 이 말은 『동물 탐구』에서 말해지는 '동물들은 각각의 **혼의 겪음**(pathēmata)에 관련된 어떤 자연적 능력'이라는 말과 동일한 의미를 가진다. 이 정신적 특성에 대해서는 나중에 자세히 논의될 것이다. phusika pathēmata라는 말은 관상학의 가능성을 따지는 『분석론 전서』 제2권 제27장 70b8~9에만 나온다. 이 대목은 관상학(phusiognōmonika)이라는 이름 자체에서 앞부분인 phusio(자연적, 본성적)에 대해서 설명하는 것으로 이해된다. 즉 관상학은 '마음에서 일어나는 자연적인 겪음'을 다룬다. 관상학에 필수적인 성격 특성은 자연에 의해 인간에게서 생겨난 phusika pathēmata라는 것이다. 이 점은 관상학의 대상이 음악의 습득에 의해 얻어진 것과 같은 성격 특성이 아니라는 아리스토텔레스의 『분석론 전서』에서의 견해를 「논고 A」의 저자도 그대로 이어받고 있음을 보여 준다. 앞서 제1장 끝부분에서 의사와 음악 연주자들이 그 앎이나 그 기술에 의해 익힌 성격 특성이 여기서는 '자연적으로 생긴 성격 특성'과 대비되어 '획득된 성격 특성'(epiktēta, 806a24)으로 불린다. 즉 이것들은 관상학을 연구하는 사람에게 유의미한 징표의 변화를 가져오는 것이 아니라는 것이다. 이 점에 대해서는 아리스토텔레스의 『분석론 전서』의 입장을 충실히 따르는 것으로 말할 수 있다.

5 '획득된'(epiktētos)은 자연적인(본성적인; phusikos)에 대립되는 말이다. 즉 '의술의 배움', '음악을 통한 배움'과 같은 것을 말한다. 앞의 각주 참조.

6 즉 관상학적 징표의 원천이 되는 표지 혹은 특징의 목록을 가리킨다. '어떤 종류의 것으로부터'(ex hōn genōn)는 806a20의 '어떤 것들로부터'(ek tinōn)라는 말에 조응하는 표

그 모든 것을 당장 열거해 보기로 한다. 관상이 이루어지는 것은 다음과 같은 것들 즉 움직임, 자세[7]와 색깔로부터, 얼굴에 나타난 표정(인상)으로부터, 머리카락, 피부의 윤기, 목소리, 살집, 몸의 여러 부분[8] 그리고 전체적인 신체의 모습으로부터 이끌어 내는 것이다. 그러니까 일반적으로 말하자면 징표를 찾을 수 있는 여러 가지 종류의 전체에 관해 관상학자들이 이야기할 수 있는 그러한 것들이 전부인 셈이다. 만일 여기서 이러한 설명(목록 제시)[9]이 기껏해야 명료하지도 않고 또 불분명한 것이라면 앞서 내가 말한 것으로 충분할 것이다.[10] 그러나 지금 여기에서는 관상의 대상에서 밝혀진 모든 것에 대해 더 큰 정확성으로 하나하나씩 낱낱이 설명해 나가고, 나아가 징표에 대해서도 지금까지의 진술에서는 밝혀지지 않는 한[11] 각각의 징표들이 어떠한 것(본질)이며 무엇이 증거로서 참조되는지를 말하는 것이 아마도 더 나은 설명 방식일 것이다.

30

35

806b

현이다. genos(유)는 상위개념으로서 일반적 개념으로 기여하고 있다.

7 schēma는 몸가짐, 태도, 자세, 제스처를 포함한다.

8 신체 부분(merē)은 신체 전체의 모습을 가리킬 수 있다.

9 문자 그대로는 '상세한 설명'을 의미한다.

10 앞서 열거한 목록으로 분명할 수 있다면 충분할 것이라는 의미다.

11 어떤 학자들은 이 부분을 806a26에서 "나중에 밝혀질 것이다"에서 말한 바와 같이 어떤 이유로 텍스트로부터 누락되었다고 상정되는 '획득된 성격 특성'에 대한 논의 부분을 가리키는 것으로 해석하기도 한다(Foerster나 Degkwitz). 그러나 나는 제1장에서 언급된 구체적인 예들을 말하는 것을 '지금까지의 진술'로 부르고 있다고 해석한다. 용감한 사람과 부끄러움을 모르는 사람이 동일한 얼굴 인상을 가지는 것에 대해서는 805b2~5에서, 사자와 다른 동물이 용맹성을 가지는 것과 토끼와 다른 동물이 겁이 많을 수 있는 것에 대해서는 805b25~27에서, 용맹한 동물들의 징표에 대한 검사에 대해서는 805b30~33에서 논의되었다. 또한 침울한 사람이 쾌활한 사람의 얼굴 표정을 가질 수 있다는 것과 그 역의 경우에 대해서는 805b6~9에서 논의되었다.

(3) 징표들에 대한 구체적인 사례들

그런데 [개별 사례들로 화제를 바꾼다면] 선명한[12] **피부색**은 성질이 급하고 열혈적인[13] 기질을 나타내지만 희끗희끗한 분홍색 피부는 매끄러운 피부에서는 좋은 기질[14]을 나타낸다.

　부드러운 **머리카락**은 소심함을 나타내지만 뻣뻣한 머리카락은 용맹함을 나타낸다.[15] 이 징표는 모든 동물을 관찰함으로써 선택된 것이다.[16] 왜냐하면 가장 겁이 많은 동물은 사슴, 토끼, 양이며[17] 또 그 털들은 가장

5

12　oxus는 '날카로운', '뾰족한', '재빠른'이라는 형용사의 의미로 흔히 쓰인다. b25에는 '재빠른 움직임'(kinēseis oxeiai)이라는 표현이 나온다. 색이 '밝은', '빛나는', '선명한'을 의미하기도 하고(호메로스, 『일리아스』 제14권 345행, 제17권 371행) '건강한', '힘 있는'으로도 새겨질 수 있다. 소리에 대해서는 '날카로운'으로도 사용된다.

13　문자 그대로는 '온혈의 피', 즉 다혈질의 기질이나 흥분하기 쉬운 기질.

14　좋은 소질(euphuia)은 '좋은 자질 혹은 잘 길러짐, 좋은 재능이 있는' 등을 의미한다.

15　용맹함과 비겁함은 807a31~807b4 아래에서 징표의 목록 맨 처음에 등장한다. 인간 머리카락의 차이점과 다른 동물 털의 차이점에 대한 관찰 보고에 대해서는 『동물의 생성』(781b30~786b6)과 『동물 연구』(517b1~519b2)를 참조하라. 여기에서는 머리카락에 따른 성격의 보고보다는 그 형태나 색깔과 같은 자연 물리학적 관찰 보고가 대부분이다. 예를 들면 머리카락의 성질에는 이러저러한 종류(뻣뻣하거나 부드럽거나 곧거나 곱슬곱슬하거나 등등)가 있고, 인간의 머리카락 색깔이 변화하는 것은 세월의 흐름이 그 원인이라는 것과 같은.

16　저자는 책 속에서 이러한 방법을 매우 여러 번 강조하고 있다. "모든 동물들로부터(ex hapantōn)"(805b28~29), "가능한 한 많은 동물로부터 징표들을 선택할 수 있어야만 하고"(806a5).

17　호메로스 시대부터 사슴과 토끼, 양은 약하고 용기가 부족하고 겁이 많은 것을 비유하는 경우에 등장하는 동물이다. 호메로스는 아킬레우스가 헥토르를 향해 덤벼들 때 "그 모습은 연약한 새끼 양이나 겁 많은 토끼를 잡으려고 … 높이 나는 독수리와 같았다"라고 묘사하고 있다(『일리아스』 제22권 308~310행). "개 눈에 사슴의 심장을 가진"(『일리아스』 제1권 225행). 플라톤의 『라케스』(196e)에는 사자와 사슴이 반대되는 특성을 가진 것으로 대립되며, 아리스토텔레스의 『동물 탐구』(488b15)에는 사슴과 토끼로부터 관찰된 특성을 "영리하고 겁 많은"(phronima kai deila)으로 규정하고 있다. 토끼의 헬라스 명칭으로 lagōos, lagōs, dasupous(문자적 의미는 '털이 있는 발') 등이 있다. 헬라스 문학 작품에는 주로 lagōs가 사용되고, 드물게 dasupous가 나타나지만 아리스토텔레스의

부드럽다. 반면 가장 용맹한 것은 사자와 멧돼지[18]인데 그 털이 가장 뻣뻣하기 때문이다. 또한 새들의 경우에서도 이와 동일한 것을 볼 수 있다. 일반적으로 말해서 깃털이 뻣뻣한 새들은 용맹하고, 깃털이 부드러운 새들은 겁이 많으며, 개별적으로는 수탉과 메추라기[19]가 이와 동일한 것

을 볼 수 있다. 마찬가지로 또한 인간의 종족에서도 동일한 것이 관찰된다. 사실 북쪽에 사는 종족은 용감하고 머리카락이 뻣뻣하지만 남쪽에 사는 종족은 겁이 많고 머리카락이 부드러우니까.[20]

생물학 작품에는 주로 dasupous가 사용되고, 그 밖의 작품에는 lagōs도 여러 번 나타난다. 그러나 『관상학』에는 전적으로 문학의 전통에 따라서 lagōs만이 사용되고 있다. 이 점에 대해선 자비네 폭크트(1999) 316쪽의 해당 각주 참조.

18 이 책에서 멧돼지의 성격은 긍정적 판단과 부정적 판단이 다 나타난다. 811a24와 911a30에는 각각 '혈통(태생)이 좋다'와 '감각적이지 못함'으로 평가하고 있다. 811b29에서는 '교양이 없다'라고 돼 있고, 812b28에서는 '어리석다 혹은 단순하다'라고 평가한다. 호메로스의 『일리아스』에는 멧돼지가 투지 있게 혹은 무모하게 싸우는 모습으로 묘사되고 있다(제12권 143~150행, 제13권 471~475행, 제17권 281~283행). 플라톤은 돼지를 '어리석음과 무지함'의 징표로 그려 내고 있다(『국가』 535e4).

19 이 경우처럼 수탉은 뻣뻣한 깃털 때문에 용맹하고, 낮은 톤의 목소리 때문에 용맹하다(807a19). 그런데 811a38~b2와 812b11에서는 그 생김새와 '반짝이는 눈' 때문에 호색하다고 특징화하고 있다. 헬라스의 도자기에 그려진 그림에도 토끼와 수탉은 호색함을 상징한다. 토끼의 강한 성적 충동에 관한 언급은 『동물의 생성에 대하여』 744a35~b3에서 언급되고 있다. 헬라스인들은 수탉과 메추라기를 싸움용(플라톤, 『법률』 789b)이나 애완용으로 길렀던 것 같다(플라톤, 『뤼시스』 211e). 헬라스인들에게 새를 기르는 것이나 투조(鬪鳥)하는 것은 일종의 '성적'인 함축을 뜻한다. 『무명씨의 라틴어판 관상학』 131에도 수탉의 성적 함축을 말하고 있다.

20 아리스토텔레스의 『동물의 생성에 대하여』(제5권 3장, 782a16~20)에서는 인간의 머리카락에 대응하는 것으로서 새들에게는 깃털이고, 물고기에게는 비늘이라고 말하고 있다. 앞서 이미 언급되었지만 특정한 동물에게만 나타나는 징표가 아니라 동물 전체에서 나타나는 징표가 관상학 연구의 토대가 되어야 한다. 이 대목에서는 털의 뻣뻣함과 부드러움이 용맹함과 비겁함의 성격의 표지가 되고 있다. 이 징표는 "전체 동물에 대한 관찰로부터 파악해" 낸 것이다. 토끼와 양의 경우나 새들의 경우에서뿐만 아니라 일반적으로 인간의 경우에도 그런 사실이 관찰된다는 것이다. 이는 일반적으로 관상학에서 추구되는 방법이라 할 수 있다. '일반적으로 말해서'(katholou)와 '개별적으로'(kata

배 주위에 털이 무성하다는 것은 수다쟁이(多辯)[21]라는 것을 보여 준다. 이에 대해서는 조류가 그 증거로 참조된다. 왜냐하면 배 주위에 털이 수북함은 새의 신체적 고유 특성이고, 수다쟁이는 새의 정신적 특성과 관련된 고유 특성이기 때문이다.[22]

단단하고 건장한 **살집**은 타고난 둔감함을 나타내지만 부드러운 살집이 힘찬 사지를 갖춘 강인한 몸에서 발견되지 않는다면 좋은 기질을 가지고 있어도 안정적이지 않은 성격[23]이라는 것을 나타낸다.[24]

굼뜬 **움직임**은 유약한 정신적 특성을 나타내지만 재빠른 움직임은 열정적인[25] 정신적 특성을 나타낸다.[26]

20

25

---

mere)는 개별적인 것들의 관찰으로부터 일반적인 결론을 이끌어 내는 귀납의 절차임을 보여 준다.

21 이 단어는 808b8에도 나온다. 테오프라스토스는 『성격의 유형들』에서 수다스러움(lalia)을 "말의 자제력 없음"(akrasia tou logou)으로 정의한다. 이미 위-플라톤의 저서로 알려진 『정의들』(416a23)에서는 수다스러움을 'akrasia logou alogos'(무의미한 말의 자제력 없음)으로 규정하고 있다. 이후 동사 lalein은 legein(말하다)과 같은 의미로 사용된다. 아리스토텔레스의 저작으로 전해지는 『자연학적 문제들』 899a1에는 "인간을 제외하고는 다른 어떤 동물도 말하지(lalei) 못한다"라고 나온다.

22 테오프라스토스의 『성격의 유형들』(7.7)에는 "제비들보다 더 수다스러운"(lalisteros tōn chlidonōn)이라는 표현이 나온다.

23 812b14~17에는 "가슴과 배 주위에 지나치게 털이 수북한 사람들은 결코 주어진 일을 끝까지 수행해 내지 못한다"라고 '안정적이지 않은'('마음이 변하기 쉽다는 것', abebaion) 성격의 예를 들고 있다.

24 "단단한 살집을 가진 사람들은 본성적으로 나쁘게 사고하고, 부드러운 살집을 가진 사람들은 본성적으로 좋게 사고한다"(『혼에 대하여』 421a25~26). 이 생각은 플라톤의 『티마이오스』(74e~75c)에도 나타나고 있다. "사려분별을 하는 부분은 살이 적고", "두꺼운 뼈와 많은 살, 이것들과 함께는 예민한 감각을 결코 용인하지" 않는다는 것이다. 요컨대 많고 두꺼운(pleistais kai puknotatais) 살들은 그 단단함으로 인하여 무감각을 초래하거나 기억을 잘못하게 하며, 사고와 관련된 부분을 더 무디게 만든다는 것이다. 살집에 의한 성격의 징표로서 무감각(둔감함)에 대해서는 807b20~28 참조.

25 말 그대로는 뜨겁다(enthermon)는 뜻이다.

26 재빠름은 '몰염치'의 특성도 가진다(807b32).

목소리에 관련하여 낮고 굵은 저음에 성량(聲量)이 풍부한 목소리는 용감함을 나타내지만 높고 날카로운 고음에[27] 밋밋한[28] 목소리는 소심함을 나타낸다.

자세[29]와 얼굴 표정[30]은 감정 상태와의 유사성에 따라서 파악된다.[31] 다시 말해 만일 누군가가 어떤 감정을 겪을 때, 예를 들어 화가 났을 경우에 그러그러한 표정이 된다면[32] 그 화를 잘 내는 표정[33]이 분노의 감정과 종류가 같은 [성격 특성의] 징표가 되기 때문이다.[34]

수컷은 암컷보다 더 크고 힘이 더 세다.[35] 수컷 신체의 사지는 힘이 더

---

27 음성의 비교에 대해선 『토피카』 106a13~15 참조. "높은(날카로운; oxu) 것에 대해 음성의 경우에는 낮은(baru) 것이 반대이고, 물체의 경우에는 무딘(둔한; amblu) 것이 반대이다."

28 낮고, 부드러우며, 어조가 없는 목소리.

29 몸가짐, 태도, 제스처를 포함하는 일반적 의미다.

30 인상, 표정. '얼굴에 나타나는 겪음'(pathēmata)이 관상학의 이론적 연구 방법에서 가장 중요한 역할을 담당한다.

31 제1장에서는 종래의 관상학의 하나로 '표정으로부터의 방법'이 이야기되었는데 표정은 일시적이기 때문에 보편성, 항상성이 부족하므로 관상학의 징표로서 타당하지 않다고 판단되었다(805b1~10). 따라서 그 점을 감안할 때 여기의 주장은 해당 표정이 자주 반복되는 경우에 변하기 쉬운 감정의 변화가 오히려 '안정된 성격'으로 파악될 수 있다는 것이다. 즉 일시적인 표정인 '분노의 표정'은 같은 종류의 성격 특성이 드러나는 어떤 표정, 즉 '화를 잘 내는 성격을 가진 사람의 표정'과의 닮음을 근거로 그렇게 판단할 수 있다는 것이다. 자세나 표정을 관상을 위한 징표는 「논고 A」에만 나타나며 811b11~13을 제외하고는 「논고 B」에는 나오지 않는다.

32 화를 내는 경우 화를 낸 사람의 얼굴 표정은 화내는 사람을 특징 짓는 태도와 모습을 띠게 되는데, 다시 말해서 '그러그러한 표정(toiouton)을 가진 것'으로 번역한 것은 앞에서의 to schēma와 to pathos를 가리키는 것으로 이해될 수 있다. 이것은 다시 뒤에 나오는 '이와 같은 종류의 [성격 특성의] 징표'를 가리키는 것이고, 이는 곧 '분노'이다.

33 바로 앞의 '그러그러한 표정'(toiouton)에 조응해서 이렇게 옮겼다. 학자에 따라(푀르스터, 러브데이와 포스터) orgilon을 소유격 orgilou로 읽기도 한다.

34 화냄(분노; orgē)과 연관하여 신체상에 일어나는 여러 징표에 대한 예들은 807a15, 812a27, 812a35, 807a15, 812a28, 812a37 등에서 논의된다.

35 인간의 성(sex)을 포함한 동물 일반에 대한 양성(兩性)을 나타낸다. 성의 구분과 그 역

세고, 더 윤기 있고, 더 건장한 데다 모든 일의 측면에서[36] 뛰어나다.

신체의 여러 부분에서 읽히는 징표보다 (얼굴에서)[37] 표정(ēthos)으 35
로부터 혹은 움직임과 자세에서 읽히는 징표[38]가 더 확실하다.

일반적으로 말해서, 여러 징표들 중 단 하나의 것에 의지하는 것은 어
리석은 일이다.[39] 그러나 하나의 것[즉 하나의 성격 특성][40]을 나타내는 807a
점에서 일치하는 더 많은 징표를 얻을 수 있다면, 한층 더 확신을 가지고
있는 사람들은 그 징표들이 참이라고 판단할 것이다.

관상학의 새로운 방법: 논리적 징표 추론의 새로운 철학적 방법의 도입

그런데 그것으로 인해 관상학을 이끌어 갈 수 있는 또 다른 방법이 있

할이 중점적으로 논의되는 곳은 「논고 B」이다.

36 kata pasas tas aretas. 여기서 aretē는 도덕적, 윤리적 의미의 '훌륭함'(德)이라는 의미로
쓰이지 않았다. 오히려 단순하게 '기능에서 더 적합하게 잘 해낼 수 있게끔 되어 있다'
라는 의미다. 인간을 포함한 모든 동물에서 수컷이 암컷보다 주어진 '일'(과제)을 더 잘
성취해 낼 수 있는 고유한 속성을 가지고 있다는 일반적 주장으로 이해하면 될 것이다.
러브데이와 포스터는 "모든 기능에서 보다 완벽한 실행을 할 수 있는"으로 번역한다.
『형이상학』 제5권 16장에서의 완벽함(teleiōsis)의 정의에 따르면 "탁월성이나 잘함(to
eu)의 측면에서 볼 때 그 종(genos; 種) 안에서 능가하는 것을 갖지 않는 것을 일컬어 '완
벽하다(teleios)'"고 하는데, 이를테면 '완벽한 의사, 완벽한 피아니스트'라고 부를 수 있
고, 나쁜 것들에 적용해서도 '완벽한 도둑'이나 '완벽한 고소꾼'이라고 부를 수 있다. 이
는 우리가 좋은 도둑이나 좋은 고소꾼이라는 말을 사용하는 경우에 그렇듯이 "우리는
그들이 '좋다'(agathos)라고 말하기 때문이다. 그리고 탁월성은 일종의 완성(teleiōsis)이
다"(1021b15~22).

37 푀르스터는 prosōpois(얼굴에서)를 덧붙인다.

38 원어는 '이끌려 나온 추론들'(lambanomena)이지만 내용상으로는 '징표'를 가리킨다.

39 euēthes는 '어리석다'는 의미이지만 평이하게 새기자면 '단순한 노릇이다'라는 뜻이다.

40 한 점에서.

다.[41] 그럼에도 지금껏 그 방법을 시도한 사람은 아무도 없었다. [그 방법은 이런 것이다.] 예를 들어 만일 쉽게 화를 잘 내거나 소심한 사람[42]이 항상 질투심이 많은 성격이라면 설령 그들에게서 질투심의 징표를 찾을 수 없더라도 미리 인정받은 징표들로부터 질투심을 찾아내는 것이 관상학자들에게는 가능할 수 있다. 특히 이와 같은 방법은 철학적 훈련을 거친 사람들에게 고유한 것이라고 할 수 있는데 이는 일정하게 주어진 전제로부터 필연적인 결론을 이끌어 내는 능력을 철학의 고유한 특징으로 생각하기 때문이다. 그러나 이 방법은 때로 감정이나 동물의 고찰에 따라서 진행되는 관상학적 연구와 반대되는 결론에 도달하기도 한다.[43]

징표 표지의 세밀한 선택에 대한 예증들

목소리를 그 감정 상태에 따라 고찰하자면 우리는 높고 날카로운 목소리가 신경질적인 기질을 가진 사람[44]의 징표로 특정되어야 한다고[45] 생

---

41 지금까지 행해지지 않았던 새로운 관상학 방법을 제시하겠다는 말이다. 이 방법은 철학적 방법이라고 부를 수 있는데 809a19("징표의 선택은 추론|sullogismos|을 통해 이루어져야만 한다") 아래에서 논의되는 '논리적 추론의 방법'이다.

42 mikron to ēthos. 즉 mikropsuchos(소심한 사람)를 가리킨다.

43 여기서 논의된 요점은 이런 것이다. '만일 X라는 성격이 필연적으로 Y라는 성격에 수반한다면 X의 물리적 징표는 또한 Y의 징표일 수 있다. 설령 X의 물리적 징표와 Y의 심리적 성격 사이에 그 어떤 인과적(causal) 연결이 없다고 할지라도 말이다.' George Boys-Stones는 이 경우에 해당하는 구체적인 예를 『동물의 부분들에 대하여』 제3권 제4장 667a19~21에서 찾아내고 있다(ed. S. Swain, 2007, pp. 68~69, 각주 109). 즉 '겁 많음이 외견적으로 분명하게(phanerōs) 드러나거나 두려움 때문에 악한 행위(kakourga)를 하는 동물들이 큰 심장을 갖는 예'.

44 화를 잘 내는 사람(thumoeidous).

45 사본에 따라 duein heneken tithenai(K)와 dein tithenai(F. H. D. L. T)로 전해지는데 역자

각할 수 있다. 왜냐하면 짜증 내고 화내는 사람은 평소에 소리를 지르고
쇳소리를 내지만 무관심한 성격의 사람은 목소리의 긴장을 늦추고 낮
은[46] 목소리를 내기 때문이다.

이와 반대로[47] 동물의 모습을 고찰하자면 용맹한 동물의 목소리는 저
음이지만 겁 많은 동물의 목소리는 톤이 높다. 왜냐하면[48] 사자와 황소,
자주 짖는 개, 싸움용 수탉은 모두 낮은 톤의 목소리를 내지만 사슴이나
토끼는 높은 톤의 목소리를 내기 때문이다.[49] 하지만 이러한 경우에조차
낮은 목소리인지 높은 목소리인지에 따라 용맹한 동물인지 겁쟁이인 동
물인지를 특정해 나갈 것이 아니라 오히려 (그 세기의 정도에서 확인되
는 징표로서)[50] 용맹한 것은 목소리가 힘차고, 겁쟁이는 (그 징표로서)
목소리에 탄력이 없고 소리가 약하다고 보아야 하며 아마도 그렇게 판
단하는 편이 더 나은 방법일 것이다.[51]

징표가 서로 일치하지 않고 모순되는 때에 그중 어느 것이 다른 것보
다 신뢰할 만한 가치가 있는지를 분간할 수 없다면 그러한 것을 확정하

는 후자로 읽었다. 전자로 읽으면 '두 가지 이유로' 정도로 새겨지나 이 맥락에서는 그
의미가 통하지 않는다.

46 혹은 깊은.

47 807a13의 kata men to pathos(그 감정 상태에 따라)에 대구(對句)되는 '이와 반대로'(de).

48 벡커판과 달리 F, H 사본과 푀르스터를 좇아 이유를 나타내는 불변화사 gar(leōn men
gar kai…)를 첨가해서 읽었다.

49 일반적으로 암컷이 수컷보다 소리가 높다고 하면서도 여기와 달리 '암소가 황소
보다 더 낮은 톤의 목소리'를 가지고 있다고 말하고 있다(『동물의 생성에 대하여』
786b17~25;『동물 탐구』538b12~15) 참조).

50 푀르스터는 'all' en tō …(탈문)(hōste phōnēn) tēn men …'으로 읽고 있다. 탈문에
'intensity' 의미를 첨가해서 이렇게 읽게 되면 "오히려 그 세기의 정도를 가지고, 따라서
용맹함을 표시하는 것은 힘센 소리고, 느슨하고 약한 소리는 비겁함을 표시하는 것이
다"라고 번역된다. ed. S. Swain, 2007, p. 642 참조.

51 동물 비유에 대한 비판에 대해서는 805b10~806a6 참조.

지 않고 두는 것, 특히 유의 전체가 아닌 종을 증거로 참조해 나가는(되돌리는) 것이 최선의 방법이다.[52] 왜냐하면 종의 쪽이 관상학에 의해 고찰하고 있는 대상에 더 비슷하기 때문이다. 사실상 우리가 관상학적 연구를 행하는 것은 인간 전체 부류가 아니라 그 유 속의 어떤 특정한 사람들이니까.[53]

30

---

52 여기서 '유와 종'은 상위개념과 하위개념으로 이해된다. 이것들 각각은 바로 이어지는 807a29, a30에서의 '인간 전체 부류'(holon to genos tōn anthrōpōn)와 '유 속의 어떤 특정한 대상들'(tis tōn tō genei)에 대응한다. 아리스토텔레스의 유와 종개념에 관해서는 『토피카』111a14~b11 참조.

53 즉 관상학의 연구는 신체적 징표로부터 전체 인간의 특징을 연구하는 것이 아니라 특정 사람들의 이러저러한 성격을 추론해 내는 것을 목표로 한다는 것이다.

제3장

그 밖의 다른 여러 징표들: 22가지의 성격 유형

용감한[1] **사람**의 징표: 머리카락이 굵고 뻣뻣하다.[2] 자세가 올곧다. 강인하고 몸집이 큰 골격이나 흉곽, 사지. 단단하고 튀어나오지 않은[3] 복부. 너무 밀착되지도 그렇다고 너무 멀지도 않는 폭으로 여유롭게 펼쳐진 어깨뼈(견갑골; 肩胛骨). 튼튼하면서도 지나치게 살찌지 않은 목. 살집

35

---

1 시몬 스웨인(Simon Swain; ed. S. Swain, 2007)은 andreios를 anandros(남성적인 않은), gunaikeios(여성적인)에 대립되는 것으로 보아 '용기 있는'이라고 번역하지 않고 '남성다움'으로 번역할 것을 제안한다. 아리스토텔레스에 따르면 동물의 성격(ta ēthē tōn zōōn)은 겁 많음, 온화함, 용맹함(andreia), 유순함, 앎(nous), 무지 등에 따라서 차이가 난다(『동물 탐구』610b20~22; 629b5~8 참조). 『동물 탐구』에서의 '앎'(nous)은 『혼에 대하여』에서 인간에게만 적용되는 그러한 nous(정신)가 아니라 배우고, 경험할 수 있는 기능적인 면에서의 앎이다. nous는 단지 이곳에만 쓰이고 있다. 다른 곳에서는 동물에 대해서는 phronimos, mathētikos, dianoia, sunesis 등이 사용되고 있다. 동물들의 용맹함과 비겁함 그리고 올곧은지 올곧지 않은지에 대한 징표에 대한 논의는 809a26~28에서 언급되고 있다. 용기와 비겁함은 『니코마코스 윤리학』 등에서 중요한 성격 유형의 목록으로 언급된다(제2권 7장 2절; 제3권 9~12장). 아리스토텔레스는 두려움과 대담함에 관련하여 용기가 중용이며, 두려움에서 지나치고 대담함에서 모자라는 사람은 비겁한 사람이라고 정의한다. 『수사학』 1366b11~13에는 "용기는 법과 법의 명령에 복종하여 위험한데도 고귀한 행동을 행하는 것"이라고 정의하고 있다.

2 머리카락에 따른 용맹함과 비겁함의 징표에 대해서는 806b6~18 참조.

3 넓고 평평한 배. 문자 그대로 옮기면 '튀어나오지 않은, 돌출되지 않은'이다.

이 잘 잡혀 있고 탄탄한 가슴. 튀어나오지 않은 허리 관절(엉덩이 관절).[4] 부풀어 오른 부분이 내려가는 듯한 종아리. 지나치게 열려 있지도 완전히 닫혀 있지도[5] 않은 검푸른[6] 눈. 전체적으로 피부에 거의 윤기가 없다.[7] 반들반들하거나 주름투성이가 아닌, 팽팽하고 곧으며 그다지 넓지 않은 앞이마.

겁쟁이의 징표: 머리카락이 부드럽다. 몸이 구부정하다. 동작이 재빠르지 못하다. 볼록한 부분이 위로 당겨진 것 같은 종아리. 형색이 나쁜 얼굴. 힘없이 깜박이는 눈.[8] 약한 신체의 사지. 가느다란 허벅지. 마르고 긴 손. 가냘프고 연약한 허리.[9] 움직이기 거북할 정도로 긴장된 자세를 취하고 있다. 저돌적으로 나가지 못하고[10] 무기력하며 두려움에 떤다.

---

4 호메로스, 『일리아스』 제5권, 305~306행 참조: "아이네이아스의 허리 관절을 향해 내던졌다. 그곳은 허리에서 넓적다리가 이어지는 곳으로 사람들이 흔히 절구라 부른다." 헬라스인들은 골반 아래의 뼈를 ischia라고 부른다.

5 '눈이 반쯤은 열려 있는 상태.' 즉 일자로 째진 눈이 아님. 헬라스 조각의 인물상에 볼 수 있다.

6 검푸른(charopos)은 '빛나는 혹은 회색빛'으로도 새겨진다.

7 피부가 빛나지 않는. 광택이 나지 않는다는 것을 말하는 것인가? auchmēros는 원래 '마른, 건조한'을 의미한다. 텍스트를 달리 읽어 '거칢'(더러움, 불결함, auchmēros)을 앞쪽의 째진 눈을 수식하는 것으로 읽을 수도 있다. 그러면 '째진 눈을 가져서 거칠고', 즉 째지고 '빛나지 않는' 눈이 앞엣것을 수식하게 된다. oxu를 뒤의 앞이마가 아니라 피부색에 붙여 읽게 되면 '밝은 색조의 피부'로 이해된다(푀르스터). 이마와 그 특징은 811b28~812a5에서 논의된다.

8 아리스토텔레스의 『동물의 부분들에 대하여』에서는 눈이 깜빡이는 이유를 눈을 보호(sōtēria)하기 위해서라고 말한다. 또한 눈의 깜빡임은 선택(prohairesis)에 의한 것이 아니라, 자연 본성(phusis)에 의해 일어나는 것임을 지적하고 있다(657a34~657b2). 그렇다면 눈의 깜박임이 성격에 영향을 준다는 생각은 아리스토텔레스적인 것이 아니라고 추정해 볼 수 있다.

9 등 뒤 낮은 부분의 요부(腰部).

10 '앞뒤 가리지 않고 무모하게 어떤 일을 시도하려고 하지도 않고.'

얼굴 표정이 금방 변하고 눈을 금방 내리까는 시선을 한다.[11]

기질이 좋은 사람(성향)[12]의 징표: 꽤 촉촉하게 습기가 있고 한결 부드러운 살집으로 아주 단단하지도 심하게 살찌지도 않았다. 어깨뼈와 목덜미 주위며 얼굴이 다소 말랐는데 얼굴 주변부도 그렇다. 어깨뼈 주변은 단단하나 그 밑부분은 느슨하다. 늑골 주변부는 물렁물렁하다. 등쪽 살은 여위었다. 흰빛을 띤 분홍색. 얼룩 하나 없는 몸. 얇은 피부. 지나치게 뻣뻣하지도 새까맣지도 않은 머리카락. 촉촉하게 물을 머금은 회갈색의 눈.

감각이 무딘 사람의 징표: 살집이 좋고 [근육이] 경직되어 목둘레와 양다리가 땅딸막하다. 엉덩이는 둥글다. 견갑골이 위쪽으로 솟아 있다. 크고 둥글고 살이 찐 이마. 핼쑥하고 빛이 없는 눈.[13] 복사뼈[14] 주위의 종아리가 두껍고 살이 쪄서 둥글다. 크고 살집이 좋은 살찐 턱. 살찐 엉덩이. 긴 다리. 두툼하게 살찐 목의 살집이 좋고 얼굴이 꽤 길다. 감각이 무

15

20

25

---

11 '눈을 내리까는 것'(katēphēs)은 쉽게 의기소침해하고 금방 풀이 죽는 것을 말한다.
12 euphuous는 신체적인 것이라기보다는 도덕적인 성질(moral quality)을 말한다. '재능이 많은'(Simon Swain, ed. S. Swain, 2007)으로 새길 수도 있을 것이다. "만일 각자가 어떤 방식으로든 자신의 품성의 원인이라면, 그 목적이 [자신에게 그렇게 보이는] 인상에 대해서까지도 어떤 방식으로의 원인일 것이다. 만일 그렇지 않다면, 그 누구도 자신의 악행에 대한 원인이 아닐 것이며, 도리어 이런 일들을 통해 자신에게 최선의 것이 생겨난다고 생각하면서 목적에 대한 무지로 인해 이것을 행하게 될 것이다. 이 경우 목적에 대한 그의 추구는 스스로 선택한 것이 아니게 될 것이며, 그는 훌륭하게 분간하고 참으로 좋은 것을 선택할 수 있게 해 주는 일종의 [정신적] 눈처럼 그 목적을 본성상 가지고 태어나야 할 것이다. 애초에 이런 눈을 훌륭하게 갖춘 사람은 본성적으로 좋은 사람일 것이다. 이것은 가장 중대하고 고귀한 것이며 다른 사람에게서 취하거나 배울 수 있는 것이 아니라 본성이 그렇게 생긴 대로의 성품을 가질 것이며 이 점에 있어서 잘, 그리고 훌륭하게 본성을 갖추고 태어났다는 것은 완전하고도 진정한 의미에서 '잘 타고났다는 것(euphuia)'이기 때문이다"(『니코마코스 윤리학』 제3권 제5장 1114b3∼12).
13 멍청한 눈(속된 표현으로, '동태 눈깔같이 흐리멍덩한 눈'이라는 표현이 있다).
14 발목.

던 사람은 이와 유사한 것에 상응하는 움직임과 자세, 얼굴 표정을 가지고 있다.

몰염치한(anaidēs; anaideia)[15] **사람**의 징표: 휘둥그레지고 빛나는 눈을 가졌다. 눈에 핏발이 서고 눈꺼풀이 두껍다. 다소 굽어 있음.[16] 어깨뼈가 높이 솟아 있다. 몸가짐 면에서 보자면 똑바로 서지 못하고 다소 앞으로 구부정하다. 움직임은 날렵하다. 붉은색을 띤 몸. 불그스름한 안면 혈색. 둥근 얼굴. 봉긋이 솟은 가슴.

예의 바른 사람(kosmios)[17]의 징표: 움직임에서 느리다.[18] 말을 할 때
는 천천히 말하고, 속삭이는 듯한 연약한 목소리[19]를 가졌다. 빛이 없는

---

15 부끄러움을 모름.

16 몰염치한 사람의 형태는 '등이 굽은 것'으로 이해될 수 있겠다. 한편 러브데이와 포스터는 mikron egkurta(다소 부푼)로 읽고, 앞의 '핏발이 서고 두꺼운 눈꺼풀'에 연결시켜 '다소 부풀어 핏발이 선 두꺼운 눈꺼풀'로 읽는다.

17 문자 그대로는 '질서 있는 사람'이고, 의미상으로는 '예의 바른 사람'을 뜻한다. 『니코마코스 윤리학』에는 질서정연함(kosmiotēs)이 무절제(akolasia)의 반대 개념으로 나온다. 알렉산드로스의 원정에 참여한 헬라스인들의 후손이 세운 박테리아(지금의 아프가니스탄 북부 지역) 왕국의 한 지역에 있던 도시국가에서 발견된 명판에는 다음과 같이 쓰여 있다(영국 대영박물관 소장).

PAISON **KOSMIOS** GINOU
아이일 때는 질서 있게 살아라.
HEBON ENGKRATES
청소년 때는 자제력을 배워라.
MESOS DIKAIOS
중년에는 정의롭게 살아라.
PRESBUTES EUBOULOS
노년에는 사려분별을 해라.
TELEUTON ALYPOS
죽을 때가 되면 고통에서 벗어나라.

18 느릿느릿한 걸음걸이.

19 F. H, D, L 사본에는 'asthenēs'(힘없이) 대신에 '기쁜 듯이'(asmenēs, 푀르스터)라고 되

검은 눈은 지나치게 열려 있지도 완전히 닫혀 있지도[20] 않다. 눈꺼풀을 808a
천천히 깜박인다. 왜냐하면 눈을 빠르게 깜박이는 것은 한편으로는 소
심함을 표시하고, 다른 한편으로는 몹시 급한 성질을 나타내는 것이기
때문이다.

활력이 넘치는 사람(euthumos)[21]의 징표: 적절한 정도로 크고 살집이
좋다. 매끄러운 이마를 가지고 있고, 눈 부분이 움푹 들어간 곳에 위치하
고 있다. 얼굴은 다소 졸린 듯한 표정으로 보이나 활발하지도[22] 사려 깊
지도 않다. 동작이 완만하고 〈목소리가〉 가라앉아 있고)[23] 께느른하다. 5
몸가짐과 얼굴 표정은 경솔하지[24] 않으며 오히려 좋은 사람(덕이 있는;
agathos)[25]의 모습으로 보인다.

의기소침한 사람(athumos)[26]의 징표: 얼굴에 주름이 잡혀 있고 수척
하다. 내리깐 눈을 가졌다. 내리깐 눈은 동시에 두 가지 것을 의미한다.
즉 한편으로는 유약함과 여성스러움을, 다른 한편으로는 낙담(실의)과 10
의기소침함을 나타낸다. 자세가 구부정하고 지친 듯한 동작을 한다.

톳쟁이(kinaidos)[27]의 징표: 내리깐 눈. 안으로 모인 무릎(X자 모양의

어 있다.

20 일자로 '째진 눈'을 말한다.

21 기백(thumos; 氣魄)이 넘치는 '쾌활한 사람'.

22 dedorkos는 derkomai에서 온 말로 '생생하지도'나 '날카롭지도'로 새길 수도 있다.

23 S. Vogt(1999)는 움직임과 관련해서 분사형인 'aneimenos'(느슨한, 헐거운, 시든)가 사
   용되지 않기에 소리와 관련한 말로 보고 〈en tē phōnē〉를 보충한다. 그러면 "그의 걸음
   의 움직임은 완만하고 〈목소리는〉 낮다"로 옮겨진다(p. 366).

24 혹은 '기민하지', '재빠르지'.

25 혹은 유능한 사람. 다만 여기서 agathos가 정확히 어떤 의미로 사용됐는지 불명료하다.

26 기백 없는 사람. 나약한 사람. 우울한 사람. 반대는 euthumos(활력 있는 사람)이다.

27 이와 관련한 헬라스의 풍습은 설명하기 까다롭다. 남색(男色)의 상대인 톳쟁이(美
   童; cinaedus; catamite)는 헬라스에서는 남성의 헤타이라(hetaira), 즉 여성적 남성
   (androgunos)을 의미한다. 헬라스인들의 동성애는 섹스 그 자체보다는 상대방을 더 나

다리).[28] 오른편으로 기울어진 머리.[29] 손바닥을 뒤집고 칠칠치 못한 손놀림을 한다. 이 사람은 두 가지 방식으로 걸음을 걷는데 그중 하나는 엉덩이를 흔들며 걷는 것이고, 다른 하나는 엉덩이를 애써 뻣뻣하게 세운 채로 걷는 것이다. 소피스트 디오뉘시오스[30]가 늘 그랬을 것처럼 사방을 흘깃흘깃 훑어본다.

신랄한 사람[31]의 징표: 이를 윽물면서 히죽거리며 웃는 얼굴을 하고 있다.[32] 까맣고 푸석하며 골 깊은 주름이 잡혀 있는 앙상한 얼굴이다. 직모(直毛)에 검은 머리카락.

은 삶의 방식으로 이끄는 사회 교육적 기능을 수행하기도 한다(미셸 푸코, 『성의 역사』 3권, '자아의 돌봄', 1988 참조). 이 말의 정확한 어원은 분석되지 않는다. 일반적으로 전의(轉義)해서 말하자면 호색적이고, 음탕하고, '남성적이지 못한 여성적인 사람'을 이르는 말로 '정상에서 벗어났다'는 의미를 가진다. 플라톤의 『고르기아스』 494e2~8에도 이들의 삶이 언급되고 있다. "칼리클레스, 만일 누가 자네에게 이와 관련 있는 것들을 모두 차례로 묻는다면 무엇이라고 대답할지 생각해 보게. 그리고 이와 같은 것들의 절정인 비역질하는 자들의 삶, 그것은 부끄럽고 비참하지 않은가? 아니면 자네는 이들이 필요한 것을 마음껏 갖는 한에서는 행복하다고 주장할 텐가?"

28 810a34에도 같은 징표가 언급된다.

29 떨굼.

30 어떤 인물인지가 정확하게 알려져 있지 않으나 이 책에 등장하는 유일한 고유명사다. 어찌 되었든 매우 특이한 인물 표상을 위해 끌어들인 것으로 보인다. 이 인물에 대한 '확정된' 정보가 밝혀진다면 이 책이 쓰인 연대도 대략 고정될 수 있을 것 같으나 한편으로는 꼭 그런 것만도 아니다. 원래는 푀르스터의 제안이었는데, 기원후 1~2세기 초반에 활동했던 정치가이자 소피스트인 밀레토스의 디오뉘시오스에 대한 언급은 나중에 덧붙여진 것으로 추정된다(자비네 폭크트[1999], p. 375). 이 인물은 폴레몬과도 어떤 관계가 있었던 것 같다(Campanile, M. D[1999], pp. 294~297). '소피스트'라는 말에 관심이 끌릴 수 있으나 실제로는 그 어떤 것도 밝혀 주지 못한다. 디오뉘시오스에 대한 상세한 출처는 필로스트라토스(Philostratos)의 『소피스트들의 생애』(1.22, 521~526=35~38) 참조.

31 pikros는 '몹시 쓰라림'을 의미한다.

32 찡그리며 웃는 얼굴, 히죽거리며 웃는 얼굴, 으드득거리며 이를 악묾.

혈기 왕성한 사람의 징표: 신체가 올곧고 체형적으로는 흉곽이 넓고[33] 20
균일하며[34] (얼굴색이[35]) 불그스름하고 좋은 신체를 지녔다.[36] 어깨뼈는
쩍 벌어져 있고 견갑골이 서로 떨어져 있다. 사지는 크고 힘이 넘친다.[37]
흉부와 불두덩(샅) 주변에 털이 나 있지 않다. 잘 자란 수염.[38] 어깨까지
늘어뜨린 머리카락.

    온화한 사람의 징표: 강건하게 살찐 모습이다. 피부에 물기가 촉촉하 25
고 살집이 풍성하다. 적절한 크기에 균형을 유지하고 있다. 몸매가 뒤쪽
으로 굽어 있다. 머리를 둘러싼 머리카락은 위쪽으로 자란다.[39]

---

33 「논고 B」810b14에서 넓은 흉곽은 혼이 강건하다고 말하고 있다. 그에 반해 흉곽이 왜
    소한 여자는 유약하다.

34 '걸음걸이가 활력에 넘친다'라고도 할 수 있다. 전해지는 사본은 공통적으로(consensus
    codicum) euthumos(활력이 넘치는)라고 하지만 이를 euruthmos(균일한)로도 읽을 수
    있다(푀르스터; S. Vogt|1999|, p. 379). euthumos한 성격은 808a2~7에서 이미 언급된
    바 있다.

35 신체(sōma; 푀르스터의 삽입)도 불그스름할 수 있다. 피부가 불그스름함은 몰염치
    (807b32)와 헐뜯기 좋아하는 성격(808a33)의 징표다. 뜨거움이나 차가움과 유사함 성
    질이 피부색의 변화를 일으킨다(『동물의 운동에 대하여』701b28~32). 「논고 B」에는 피
    부가 붉은 사람은 재빠르다고 되어 있다.

36 푀르스터가 수정한 텍스트(orthos tō schēmati, eupleuros, euruthmos, epopurros to sōma)
    에 따라 읽는다.

37 여러 대목에서 이러한 징표('강하고 큰 신체의 뼈와 크고 힘이 넘치는 사지')는 용맹함의
    징표다(807a31~37).

38 eupōgōn(잘 자란 수염)을 ho pōgōn(수염)으로 읽는다(S. Vogt). 다음 말 euauxēs('잘 자
    랐다')을 그 뒤의 ho peridromos('머리 주위의 [머리카락]')가 아닌 이 말과 연결함으로
    써 '잘 자란 수염'으로 해석한다.

39 "온화한 사람은 동요가 없는 사람이며 감정에 의해 휘둘리지 않고 이성이 명하는 것
    처럼 그렇게 화를 낼 만한 대상에 대해 화를 낼 시간 동안 화를 내는 사람이기 때문이
    다"(『니코마코스 윤리학』제4권 5장 3절).

빈정대는 사람[40]의 징표: 뚱뚱한 얼굴.[41] 주름진 눈매. 얼굴 표정은 졸린 듯이 보인다.

속 좁은 사람[42]의 징표: 작은 사지(四肢). 작고 섬세하다.[43] 수척하다. 작은 눈에 작은 얼굴. 예를 들면 코린토스 사람과 레우카스[44] 사람들이 그렇듯이.

노름꾼[45]**과 무용가의 징표**: (족제비 같이)[46] 짧은 팔을 가지고 있다.

더러운 욕설을 좋아하는 사람의 징표: 부어오른 윗입술. 구부정한 외모. 혈색이 좋음.

---

40 eirōnos는 교활한 사람, 익살맞은 사람, 음흉한 사람이라는 뜻. 부정적인 특징을 지칭. 테오프라스토스의『성격의 유형들』에도 eirōnos를 '가식을 통해 꾸미는 행위를 하는 사람'으로 묘사하고 있다. 소크라테스의 '시치미 떼는 술법'(박종현; eirōneia)에 대해서는 플라톤의『국가』337a 참조.『고르기아스』489e1에는 "비꼬는 말을 길게 하면서"라는 표현이 나온다.『니코마코스 윤리학』에서는 eirōneia가 '더 작은 쪽으로 가장하는', '자기 비하'(自己卑下)의 의미로도 사용한다(1108a22, 1127a23).

41 볼이 불룩 튀어나옴.

42 소심한 사람.『니코마코스 윤리학』제4권 제3장 7절: "자신이 실제 할 수 있는 것보다 작은 것에 적합하다고 여기는 사람은 소심한 사람(mikropsuchos)이다."『니코마코스 윤리학』제4권 제3장 34~35절; "또 완만한 움직임, 깊은 목소리와 안정적인 말투는 원대한 마음을 가진 사람(megalopsuchos)에게 속하는 것 같다. 중요하게 여길 것이 별로 없는 사람은 [매사] 서두르는 사람이 아니며 대단한 일이 아무것도 없다고 생각하는 사람은 긴장하는 일도 없기 때문이다. 이런 일들 때문에 음성이 날카로워지고 몸짓이 재빨라지니까. 그러니 이러한 사람이 원대한 마음을 가진 사람이다. 반면에 모자라는 사람은 소심한 사람이며, 지나친 사람은 '허명을 좇는 사람'이다. 그렇지만 이들은 나쁜 사람으로 보이지는 않는다(이들이 나쁜 일을 하는 사람은 아니니까). 다만 그들은 과녁을 빗맞추고 있을(hamartanein) 뿐이다. 소심한 사람은 본인이 좋은 일을 할 만한 사람임에도 불구하고 자신이 할 만한 것을 스스로 박탈한다. 또한 그는 자신이 좋은 일을 할 만하지 않다고 평가함으로써 어떤 나쁨을 가진 사람, 자기 자신을 모르는 사람으로 보인다."

43 귀여움, 우아함, 멋짐(glaphuros).

44 레우카스('흰 섬')는 중부 헬라스의 서쪽 해안 지역인 아카르나니아 해안에 있는 섬으로 코린토스의 식민지였다. 코린토스의 해상 통로가 되던 곳.

45 도박에 빠지는 사람(주사위 놀이를 좋아하는 사람).

46 러브데이와 포스터가 "족제비처럼"을 덧붙이고 있다.

연민이 많은 사람은 섬세하고[47] 안색은 창백하며 눈이 반짝이고 콧방울(鼻翼)에 주름이 잡혀 있으며 늘 눈물이 흐르고 있다.[48] 이러한 사람들은 여성을 좋아하고 여자아이를 낳지만 성격적으로는 호색적이며(다정하고) 기억력이 뛰어나고 좋은 성향을 가지며 열정적이다. 연민이 많은 사람의 징표로 꼽는 것은 이와 같은 것이다. [그것들에 따르면] 지혜로운 사람, 겁쟁이, 예의 바른 사람은 연민이 많은 사람이고, 무교양적인 사람[49]과 몰염치한 사람[50]은 연민이 없는 사람이다.[51]

대식가는 배꼽에서 가슴까지가 가슴에서 목까지보다 훨씬 길다.[52]

호색적인 사람의 징표: 창백한 안색. 굵고 검은 직모로 수북하게 덮인 머리. 관자놀이도 곧은 털로 수북하게 덮여 있다.[53] 반짝반짝 빛나는 탐

35

808b

5

---

47 암컷이 수컷보다 '더 섬세하다(glaphurōtera)'(『동물의 발생에 대하여』 727a16).

48 동정심(연민)은 눈물과 연결된다. "여자가 남자보다 동정심이 더 많고 눈물이 더 많다. 게다가 더 악하고 비난과 욕을 더 잘하고 오래 기억한다"(『동물 탐구』 608b8~11). 아리스토텔레스는 『시학』 제6장 첫머리에서 "비극은 진지하고 일정한 크기를 가진 완결된 행동의 모방(mimesis)으로서 그 부분에 따라 각각 종류의 맛깔스러운 말을 사용한다. 비극은 극적 형식을 취하고 서술적 형식을 취하지 않으며 연민과 공포를 통해(dia eleou kai phobou) 그러한 감정들(toiouton pathematon)의 카타르시스(katharsis)를 행한다"고 정의한다. 그런데 『수사학』 제2권 제8장(1385b13~23)에서는 '연민(동정심)'을 다음과 같이 규정한다. "연민(eleos)은 파괴적인 일이나 고통스러운 악이 어떤 사람에게 부당하게 발생하는 것을 볼 때, 또한 그런 일이 우리와 우리의 친구들에게도 일어날 수 있으며 또 곧 일어날지도 모른다고 느낄 때 생기는 일종의 고통이라고 할 수 있다. 연민을 느끼기 위해서 우리는 분명히 어떤 악이 우리와 우리 친구들에게 일어날 수도 있음을 생각할 수 있어야 한다. … 그러므로 완전히 망하여 이미 더할 나위 없는 악이 그들에게 이미 발생했으므로 더 이상의 악이 생길 수 없다고 여기는 사람은 연민을 느낄 수 없으며 최고로 행복하다(hupereudaimonein)고 생각하는 사람도 연민을 느낄 수 없다."

49 정관사 〈ho〉를 첨가해 ho amathēs로 읽었다(푀르스터의 보충).

50 부끄러움이 없는 사람.

51 즉 무정한 사람이다.

52 "대식가들은 긴 혀가 아니라 황새의 목을 가지길 기원한다"(『에우데모스 윤리학』 1231a 16~17).

53 새들은 흔히 '짝짓기'(aphrodisia)를 좋아하는 경향이 있다(『동물 탐구』 488b4~7).

욕스러운 눈을 가지고 있다.[54]

잠을 잘 자는 사람은 상반신이 비교적 크고 매부리코이며[55] 성질이 조급하고[56] 건장한 살집을 가졌다. 〈**수다스러운 사람**은 상반신이 크다〉[57] 외형은 섬세하고(우아하고) 배 주위에 수북한 털이 있다.

10　　**기억력이 좋은 사람**은 상반신이 비교적 작고 섬세하고 살이 꽤 부풀어 있다.

---

54 호색함과 과음, 포식, 미식 등은 방종(akolasia)의 부분이다(『에우데모스 윤리학』 1231a 19~20).

55 생략된 필사판도 있다. 독수리를 닮았다는 것은 '탐욕스럽다'는 것을 의미한다.

56 thermos를 직역하면 '뜨겁다'이다.

57 생략된 사본도 있다.

논고 B

제4장

전제: 신체와 혼의 상호적 영향과 동시적 영향

나에게는 혼[1]과 신체가 서로 간에 공통된 변화를 겪는[2] 것처럼 생각된 808b 11

다.[3] 혼의 상태가 변화를 겪으면 동시에 신체의 형태에도 어떠한 변화

가 생길 것이고, 그와 반대로 신체의 형태에 생긴 변화로 인해 혼의 상태

가 변화를 겪을 수도 있을 것이다. 왜냐하면 슬픔과 기쁨이 혼의 상태[4]라 15

면 슬퍼하는 사람은 매우 어두운 표정을 짓고 기뻐하는 사람은 밝은 표

정을 지을 것이라는 것은 너무도 명백하기 때문이다. 그런데 만일 [어떤

특정한 겪음의 상태에 대해] 혼이 이전에 겪었던 특정한 형태로부터 벗

어난 후에도 여전히 [그에 수반하는] 신체의 형태가 그대로 유지될 수

있다면 그 경우에도 분명히 혼과 신체는 이러한 방식으로 여전히 공통

의 변화를 겪고 있겠지만 그 변화는 서로 끝까지 동시적으로 지속되는

것은 아닐 것이다.[5] 그렇지만 당장은 어느 한쪽이 다른 쪽에 수반하고 있 20

---

1 「논고 A」의 시작은 psuchē 대신에 dianoia였다.

2 sumpathein allēlois. sumpathein라는 동사에 대해서는 「논고 A」 제1장 각주 9 참조.

3 dokei de moi(나에게 생각된다)와 같은 1인칭 표현이 다섯 번 등장한다(806a27, 809a26, 809a38, 811a1). 자신의 주장을 뒷받침하거나 강조하기 위한 상투적인 말투이다.

4 혹은 사건이나 사태.

5 『범주론』(9b11~10a10)에서 아리스토텔레스는 부끄러울 때는 얼굴이 붉어지고 두려울 때는 얼굴이 창백해진다는 점을 인정한다. 따라서 누군가가 동일한 정신적 겪음을 통

다는 것은 명백하다.

　물론 이 점을 가장 확실하게 알 수 있는 것은 다음의 경우임은 두말할 필요가 없을 것이다.[6] 예를 들어 혼이 광기에 빠져 있는 것처럼 보이는데도 의사들은 약을 통해 [혼이 아닌] 신체를 깨끗이 하고, 나아가 처방한 어떤 섭생 방식[7]으로써 혼을 광기로부터 벗어나게 하는 것이다. 즉 신체에 대한 치료를 통해 [병으로 어떤 변화를 겪은] 신체의 형태가 회복되는 것과 동시에 혼 또한 광기에서 벗어나게 되는 것이다.[8] 이처럼 신체와 혼이 동시에 풀려나기에 그 변화가 서로 간에 동시에 끝에 이르는 것임은 분명하다.[9] 마찬가지로 신체의 형태는 혼의 기능(작용)과 유사하게 된다. 따라서 동물들 사이에 발견되는 [신체적인 형태의] 모든 유사성[10]

해 동일한 신체적 변화가 일어날 것이라는 점을 받아들이고 있다. 또한 정신이 겪는 성질에 대해 그 신체적 자극이 있다는 것도 받아들인다. 괴롭힘을 당할 때는 쉽게 화를 내기 마련이다. 다만 그러한 성질 변화는 지속적이지 않은 일시적 변화에 불과하다고 지적한다.

6　푀르스터에 따라 〈an〉 genoito로 양상 불변화사를 첨가해서 potentialis(가능)를 넣어 읽었다.

7　다이어트를 포함한다.

8　이 예는 앞서 심리적 현상으로 간주되는 슬퍼함과 기뻐함, 화냄 같은 것이 신체적 변화를 가져오는 것과 반대로 신체적 변화를 통해 생긴 '미침'과 같은 심리적 현상을 약물(물리적인 것)로 치료할 수 있다는 말이다. 즉 물리적인 것을 통해 정신적인 변화를 생기게 하는 것이다.

9　맥락을 따라잡기가 고약한 부분인데 벡커판을 따르면 표면적 논증 구조는 이렇다: (1) 만일 어떤 특정한 겪음의 상태에 대해 혼이 사라진 다음에도 여전히 그에 대응하는 신체의 형태가 남아 있는 것이 가능하다고 한다면(ei men oun) (2) 혼과 신체는 이러한 방식으로 여전히 상호작용해야 할 것이다(ēn men an; Irrealis/ 반사실적 조건문/ 접속법). 그렇지만(mentoi) 서로 간의 상호작용은 끝까지 동시적으로 지속되지 않는다(ou). 그러나 현재[nun de/ 지금 당장] 양자에서 그때마다 하나가 다른 것을 수반한다는 (hepetai) 것은 명백하다. 그래서 현재로서 긍정되는 것은 '서로 간의 상호작용이 끝까지 지속된다는 것은 분명하다'라는 것이다.

10　apanta 대신에 apanta homoia로 읽는다.

이 어떤 특정한 동일한 것을 보여 준다는 것은 아주 명백하다.[11]

고유한 특징과 공통적 특징 간의 구별

동물이 하는 많은 행동 중 어떤 것은 동물의 각 종류에 고유한 특징[12]이
고 다른 것들은 그것들에게 공통되는 것이다. 그러므로 혼의 고유한 활
동에는 신체의 고유한 것이 따르고 혼의 공통된 활동에는 신체의 공통
적인 것이 따른다. 예를 들면 오만함[13]과 성애(性愛)의 도취[14]가 그것이
다. 오만함은 갈기와 털 많은 꼬리를 가진 동물 종[15]에게 공통하며 당나
귀와 돼지에게는 성애의 황홀 상태가 공통적이다. 욕지거리를 해대는
것은 개의 고유한 특징이다.[16] 고통에 대한 무감각[17]은 당나귀에게 고유

30

35

---

11 좀 더 강하게 옮기면 '신체에 수반하는(epiginontai) 모습이 혼의 기능과 유사하다는 것
도 분명하다'가 된다. 신체의 모습이 혼에 영향을 준다는 강한 해석은 「논고 A」의 부수
현상설과는 반대 입장으로 보인다. 대체로 모든 번역자가 '동물의 외적인 유사성이 내
적으로도 동일한 것을 지시한다'는 쪽으로 이해하고 번역한다. '동물에서의 모든 유사
성은 어떤 특정한 자신과 관계를 맺고 있다'(자비네 폭크트). 헤트(러브데이와 포스터
참조)는 "동물에서의 모든 유사성은 어떤 특정한 동일성의 증거다"로 옮기고 있다.

12 즉 혼의 겪음 내지는 조건.

13 hubris. 공격성.

14 성적 흥분의 황홀감.

15 lophos('목덜미')에서 파생된 형용사 lophourōn를 폭크트와 마찬가지로 '갈기와 털 많
은 꼬리를 가진 동물'로 옮겼다. 『동물 탐구』 제1권 제6장 490b34~491a4 참조. 말, 당나
귀, 노새 등이 그 예로 거론되고 있다.

16 『무명씨의 라틴어판 관상학』 123에는 개는 게걸스럽게 먹어 대며(lichnos) '허물을 찾
아내는 것을 좋아함(philegklēmōn)'이라고 특징짓고 있다. 또 개와 같은 사람은 쉽게 화
를 내고 충동적이고 변덕스럽기도 하다고 말하고 있다. 호메로스의 『일리아스』에는
'kuon!'(개자식!)이라는 말 자체가 욕이 되고 있다(제20권 449행, 제22권 345행).

17 문자 그대로는 '고통이 없는 것', 즉 둔감함.

한 것이다. 이렇게 해서 우리는 공통적인 특징과 고유한 특징을 어떻게 구별해야 하는지에 대해 말한 셈이다.

관상학자의 능력: 실천적 훈련, '전체 인상'으로부터의 추론적 방법

그렇지만 공통적인 것과 고유한 것에 대해 각각을 충분하게 설명할 수 있으려면[18] 모든 동물에 관한 최대한도의 숙달[19]이 필요하다. 그 이유는

이렇다. 즉 신체에서 찾아지는 징표들[20]의 경우 동물의 관찰에서 획득된 유사성이나 동물의 행위에서 생긴 유사성이 증거로 되돌려질[21] 수 있다는 것이다. 또 외형상의 차이는 뜨거움과 차가움에서 생긴다.[22] 이렇게 해서 신체에 나타나는 뚜렷한 현상(외형상의 징표)들[23] 중 어떤 것은 작은 차이에 의해서만 나타나는 것도 있고[24] 동일한 이름으로 불리는 것

도 있다. 예를 들어 두려움에서 비롯된 창백함과 노고에서 온 창백함(이것들은 동일한 이름을 갖고 서로 간에 작은 차이밖에 없다)은 실제로 사소한 차이밖에 없기 때문에 그것들을 식별하기가 쉽지 않다. 따라서 그것들을 식별하고자 한다면, 그 형태에 관한 숙달(친숙성)에 따라 그때그

---

18 즉 이 문제들에 관해 상세한 전문적인 논의를 성취하려 한다면.

19 원어로는 pollēs sunētheia(많은 친숙성). 좀 더 의역하면 '넓고 혹은 오래된 많은 신뢰할 만한 경험'(러브데이와 포스터 참조). 아리스토텔레스적 전문 용어로는 엔독사(통념)에 해당할 수 있다.

20 유형적으로 뚜렷하게 구별되는 가시적인 특징들.

21 환원되다 혹은 조회하다.

22 신체에서 발생하는 뜨거움과 차가움의 다양한 비율로 생긴 외형(外形)의 차이가 있다.

23 epiphainomenon은 바로 앞의 '외형상의 징표'를 가리킨다.

24 즉 어떤 경우에 동물과 인간 간에 '외형상의 차이가 전혀 없다("작은 차이")'는 말은 아주 닮았다는 것을 의미한다.

때 해당하는 전체 인상(혹은 '일치', '적합함', '판별 유형')[25]을 획득하는 것

---

[25] 여기서 처음으로 등장하는 '전체 인상'(epiprepeia)은 이해하기 어렵지만 매우 중요한 개념이다. 「논고 A」에서 한 번도 나타나지 않았던 이 개념은 「논고 B」에서는 가장 중심적인 방법론적 역할을 수행한다. 이 말은 동사 epiprepein(눈에 확 띄다, 겉으로 드러나다)에서 나왔다. "그대에게는 외모와 크기(eidos kai megathos)에 있어 노예다움(douleion)이 **눈에 확 들어오지**(epiprepei) 않는구료"(호메로스, 『오뒷세이아』24권 252행). 접두사를 제외한 prepein('적당하다', '적합하다')과도 의미상으로 연결되어 있다. 그래서 명사형 epiprepeia는 '적합성', '합치' 및 '외관', '겉보기'라는 의미를 가진다. 아마 이 말은 **「논고 B」 저자**의 조어(造語)일 가능성이 농후하다. 「논고 B」에서 개별적 동물의 종, 남성 그리고 여성과 마찬가지로 하나의 유비로서 epiprepeia(전체 인상)는 그 대상의 성격을 파악하고, 그 성격을 '환원해서' 판별하고 확인하는 주요 근거가 되고 있다. 나는 이 말을 맥락에 따라 '겉으로 드러난 인상'으로 번역하기도 할 것이다. 여기서 좀 더 발전하면 이 말은 '한 개별자의 본질을 규정하는 것'이라는 의미에 접근해 간다. 이 개념에 대한 보다 상세한 논의는 S. Vogt(1999), pp. 402~405 참조. 자비네 폭크트가 Gesamteindruck(전체 인상)로 번역하는 것과 달리 러브데이와 포스터 그리고 스웨인(ed. S. Swain, 2007, '부록'의『아리스토텔레스에게로 돌려진 관상학』번역 참조)은 '합치'(congruity)로 번역한다. 이렇게 번역하는 이유는 809a13~18에서 '특정한 징표와 특정하게 지시된 것' 간의 안성맞춤의 '합치'(일치)를 말하고 있기 때문이고, 게다가 809a18에는 이 양자가 'prepein dei(… 합치해야만 한다)'고 말하고 있기 때문이다. 이 책에서는 주로 관상을 하는 경우, 규준(規準)으로 자주 사용되는 동물, 암수, 감정들과 마찬가지로 어떤 특정 신체적 징표와 성격 특성의 결합을 직관적이고 보편적으로 가져오는 것을 의미한다. 즉 일종의 '판별 유형'이라고 말할 수 있다. 그래서 「논고 B」에서는 '그 증거로 수컷/암컷/사자 등을 참조하라(되돌려서 확인하라, 조회하라)', '그 증거로는 해당하는 전체 인상을 참조하라'라는 정형적 표현으로 사용한다. anapheretai epi(…에로 돌려서 조회하다)라는 표현은 「논고 B」에서 무려 114번이나 사용되고 있다. 809a12~14에서는 보편적 전체 인상을 개별 사례에 적용할 경우에 개별적인 것들 간의 차이가 미세하기에 다른 신체적 '형태에 관한 친숙성(숙련)'(sunētheia tēs morphēs)을 동반하는 전체 인상의 획득이 요구된다. 이 일을 통해 어떤 신체적 징표가 개개인의 성격 특성과 일치하는지를 바르게 인식할 수 있게 된다. 811a1~5에서는 전체 인상을 **'참조해야'(조회하는)** 하는 이유를 들고 있다. 전체 인상에서 관상 대상의 신체적 징표와 그 사람의 성격을 드러내 보이는 외관이 '합치하기' 때문이다. 이쯤에서 epiprepeia에서 '적합성'과 '외관'의 의미가 한데 결부되고 있다고 보인다. 또 스웨인은 epiprepeia가『관상학』에서 '전체적인 생김새'가 개입되는 대목이 없음을 지적한다. George Boys-Stones는 이 말이 개별적인 징표와 그것들이 지시하는 성격적 특징 간의 '적합함' 내지는 '일치'를 의미하는 것처럼 보인다고 주장한다(p. 70). 나는 이 두 입장 어느 쪽에도 치우치

외에는 달리 도리가 없다.²⁶ 그렇기 때문에 [외형의 식별에 관해서는] 전체 인상으로부터 시작하는 것이 가장 빠르고 또 최선의 방법이며,²⁷ 나아가 그러한 방법을 이용함으로써 많은 것을 정확하게 식별할 수 있다.²⁸ 또한 그 방법은 일반적으로 볼 때도 유용할 뿐만 아니라 [관상학적] 징표의 선택을 위해서도 유용하다. 왜냐하면 개별적인 각각의 선택된 징표들은 선택된 징표가 표시하고 하는 것²⁹과도 합치해야만 하기(prepein dei) 때문이다.

징표의 선택에 대한 추론의 방법

게다가 징표의 선택과 관련해서는 어떠한 경우에도 적용될 수 있는 추

지 않고 양쪽으로의 가능성을 다 열어 두고 결정을 유보하면서 일단 '전체 인상'으로 옮겼다. 한 가지 더 지적할 수 있는 사항은 이 말이 앞서(809a14) 사용된 '숙달, 숙련'(친숙함, sunētheia)이라는 개념과 긴밀한 연결을 맺고 있는 것처럼 보인다는 점이다. 나중 시대의 관상학자에 속하는 소피스트 아다만티우스의 『관상학』 B1에는 "모든 이러한 징표에 부수하는 인간 전체의 전반적인 인상(epiprepeia)이 판단하는 데(eis epikrisin)에 가장 중요하다"라는 구절이 나온다. 아다만티우스의 『관상학』을 번역하면서 Ian Repath는 epiprepeia를 'overall appearance'로 옮긴다. 이 밖에도 이 말이 '전반적인 인상'을 의미하는 『무명씨의 라틴어판 관상학』 45("전체 상황과 신체의 성질[qualitate corporis]로부터 나온 전체 인상[omnis aspectus]. 이것을 헬라스인들은 epiprepeia라고 부르고 모든 관상학 작가들은 이것에 최고의 강조점을 둔다"), pp. 116~117 참조.

26 즉 정신이 다른 상태(이를테면 언급된 고통과 두려움으로부터의 '창백함'이라는 예의 경우)에 처해 있을 때에도 인상의 서로 다른 형태적 차이를 식별할 경험 능력을 갖고 있을 때에야 비로소 그 차이라는 것을 포착해 낼 수 있다.

27 '전체 인상'으로부터 가장 빠르고 건전한 추론을 이끌어 낼 수 있는 방법을 말한다.

28 인상에 나타나는 작은 차이를 정확하게 식별하는 것.

29 선택된 징표가 표상하는 것. 즉 그 내용.

론(sullogismos)을 통해 이루어져야만 한다.[30] 추론은 가능한 경우가 있
을 때마다[31] 사용해야 하는데, [추론 절차에서] 현재의 징표가 나타내
는 것들[32]에 별도로 속하는 당면한 것[33]을 덧붙임으로써 그렇게 해야 한
다.[34] 예를 들어 만일 부끄러움을 모르고 편협한 사람이 있다면[35] 그 사람
은 도둑이자 자유인답지 못한(비열한) 사람[36]일 것이다. 즉 부끄러움이
없기 때문에 도둑이며,[37] 편협하기 때문에 자유인답지 못한(비열한) 사
람이다.[38] 어쨌든 이와 같은 모든 경우들 각각에 우리는 이러한 방법을
적절히 이용함으로써 그 탐구를 진행해 나가야 한다.[39]

---

30 이곳이 『관상학』에서 사용되는 추론 개념을 포착해 낼 수 있는 유일한 대목이다. 『분석
   론 전서』 제2권 제27장(70b32∼38)의 추론과도 어떤 관련성을 가지고 있다. 또한 「논고
   A」의 '동물의 비유'에서 사용된 추론 방법인 '사자가 용맹하다. X는 사자를 닮았다. 그
   러므로 X는 용맹하다'라는 식의 추론 방식과도 유사한 관계를 가진다.

31 필요한 경우마다.

32 ta prosēkonta는 경험적으로 알려진 사실들을 추론을 통해 우리에게 알려진 고유한
   특성.

33 경험적으로 우리에게 알려진 사실들의 특성.

34 징표들로부터 추론을 이끌어 내는 과정에 경험적 징표들의 특성을 부과함으로써 종합
   적으로 어떤 결론을 이끌어 내는 것으로 이해할 수 있겠다.

35 혹은 인색하다면(mikrologos).

36 자유인답지 못한 사람(aneleutheros)은 '비열하고, 야비하고, 노예근성을 가진 사람'을
   말한다. 『니코마코스 윤리학』(제4권 제1장 24절)의 설명에 따르면, 자유인다운 사람은
   주고받는 일에 관련해서 칭찬받는 사람이다. "마땅히 써야 할 일에 마땅한 양만큼 주거
   나 쓸 것이며, 그것도 마땅히 그럴 것"이고 역으로 마땅히 받아야 할 것에 대해서도 또
   한 그렇다.

37 도둑은 '부끄러움 없음'의 결과이다.

38 이 추론의 예를 형식화하면 다음과 같다.

1) 대전제: 부끄러움이 없는 사람은 도둑이다.	1) 대전제: 편협한 사람은 자유인답지 않다.
2) 소전제: 이 사람은 부끄러움이 없다.	2) 소전제: 이 사람은 편협하다.
3) 결론: 이 사람은 도둑이다.	3) 결론: 이 사람은 자유인답지 못하다.

39 『수사학』에서 '필연적이지 않은' 징표로부터 추리(엔튀메마)하는 것의 예는 이런 것
   이다. 이 추리는 개별적인 것으로부터 보편적인 것을 추론한다. "소크라테스는 지혜
   롭고 정의롭기 때문에, 지혜로운 자들은 정의롭다." 이것이 징표(sēmeion)다. 이 경우

에는 결론이 참이라고 할지라도 논박될 수 있고(lutos), 실제로 '타당한 추론'이 아니다(asullogiston gar). 아리스토텔레스는 징표들 중에서 필연성을 가지는 징표를 증거(tekmērion)라고 부른다. 이것들로부터 '논리적으로 타당한 sullogismos'가 성립된다(제1권 제2장 17).

제5장

일반적인 종적 차이: 남성적 원형과 여성적 원형

우선 나는 용감함과 소심함, 혹은 정의나 부정의라는[1] 점에 관해 도대체 어떤 방식으로 동물들이 적절히 차이가 나는지 그 차이를 규정하고 동물들을 구분해 보기로 하겠다.[2] 그런데 동물의 부류는 두 가지 유형으로 구분되어, 그 각각의 유형에 적합한 특징[3]이 돌아가야 한다. (그 두 유형의 각각과 각각 돌려지는 특징은 서로 유사하다.)[4] 우리가 사육하는 동물

---

1   dikaia와 adika는 정의와 부정의로 새길 수 있으며, '정직한지 정직하지 않은지'나 '성실한지 성실하지 않은지'로도 옮길 수 있다.

2   여기서 일인칭 표현은 자신의 뜻대로 논의의 방향을 이끌어 가겠다는 자신감의 표현일 것이다. 이후에 논의되는 모든 동물의 종들에서 암컷과 수컷의 성격 차이와 관련해서는 아리스토텔레스의 『동물 탐구』 제9권 608a21~b18에서의 논의와 비교해 보라. 그 대목은 정신적 특징과 성격을 상세하게 논의하고 있다. "암컷의 성격은 더 부드럽고, 더 빨리 길들여지고, 더 손대기 쉽고, 더 쉽게 배울 수 있다. 이를테면 사냥개가 그렇다"(a25~27). "모든 암컷이 수컷보다 덜 용맹스럽다(a33)" 등등. "인간의 본성이 가장 완전하다. 따라서 이러한 성격들이 인간에게서 가장 분명하다"(608b7~8). 『동물 탐구』 491b9 아래에서의 관상학적 논의와 제9권의 논의는 상당한 밀접한 관련성을 가진다. 이런 것으로 미루어 짐작해 보면 『관상학』의 저자는 『동물 탐구』에서의 해당되는 논의를 충분히 숙지하면서 이 대목을 쓴 것으로 추정된다.

3   즉 '정신적 속성'.

4   hopoia an epicheiroumen 대신에, B 필사본은 esti de homoia. epicheiroumen으로 나와 있다.

들 중 암컷이 수컷에 비해 혼⁵이 더 부드럽고 더 유약하다. 게다가 신체

적으로는 암컷이 신체적으로 수컷보다 힘이 덜 세지만 양육하기와 길들

이기에는 훨씬 더 쉽다. 따라서 암컷은 이러한 [성향을] 지님으로 말미

암아 수컷에 비해 분개를 덜 느낄 수 있다.⁶ 이것은 우리 자신의 사례에

들 중 암컷이 수컷에 비해 혼[5]이 더 부드럽고 더 유약하다. 게다가 신체적으로는 암컷이 신체적으로 수컷보다 힘이 덜 세지만 양육하기와 길들이기에는 훨씬 더 쉽다. 따라서 암컷은 이러한 [성향을] 지님으로 말미암아 수컷에 비해 분개를 덜 느낄 수 있다.[6] 이것은 우리 자신의 사례에서도 아주[7] 분명하다. 즉 우리가 아무리 해도 분통을 금치 못할 때, 우리[남성][8]는 더 이상 설득의 말을 들어 주려고 하지 않으며,[9] 무슨 일이 있어도 누구에게도 굴복하지 않겠다는 각오로 분노에 짓눌린 채 스스로에게 억지를 부려 가며 행동을 하게 되는 것이다.[10] 그런데 내 생각으로는 암컷이 수컷보다 더 심술궂고, 분별이 없으며, 비열해 보인다. 실제로 여성과 우리에게 길러지는 암컷 동물들이 그렇다는 것은 전적으로 명백한데, 숲에 서식하는 동물들에 대해서도 앞서 이야기한 바와 같다는 것을 양치기와 사냥꾼들은 모두 일치되게 인정하고 있다.

게다가 다음과 같은 사실도 분명하다. 어떤 종류의 동물이든 각각의 암컷이 수컷보다 머리가 작고, 얼굴이 호리호리하며 목이 가늘다. 뿐만 아니라 더 약한 가슴을 가지고 있으며, 흉곽 부분도 더 빈약하지만, 엉덩이와 허벅지는 수컷의 것보다 더 살집으로 둘러싸여 있다. 안으로 모이

35

809b

5

---

5 성향에서.

6 활력적인 기질을 가지지 못한다.

7 일반적으로 원어 pou는 '아마도'로 새겨질 수 있으나 여기서는 명백하다(kataphanes)는 것을 강조하는 것으로 쓰였다.

8 여기에서의 1인칭 복수 '우리'는 남성 쪽의 발언임을 암시한다. 이러한 주관적 관점에서의 서술은 암수의 구별을 논하는 『동물 탐구』 제8권(9권) 제1장 608a21~b18에서의 관찰에 기초한 동물학적 관점에서의 서술과 대조가 된다. 「논고 B」 저자의 특징이라고 할 수 있다.

9 '더 저항하면서 완고해진다'는 의미.

10 분노는 행동을 거칠게 하고 더욱 폭력적으로 만들어서 몹시 화낸 상태로 억지를 부려 가며 행동하게 된다는 것이다.

는 무릎[11]과 굵지 않은 종아리, 더 아담한[12] 다리를 가지고 있다. 몸 전체 의 모양은 당당하기보다는 유난히 편안하며[13] [수컷처럼] 근육질이 아 니라 더욱 섬세하고 부드러운 살집을 가지고 있다. 반면에 수컷은 이상 과 같은 모든 것과 정반대로 그것들의 자연 본성이 수컷인 한 암컷보다 용감하고 올곧고, 암컷은 수컷보다 겁이 많고 올곧지 못하다.[14]

10

남성적 원형으로서의 사자

암수의 구별이 그런 것이라면, 모든 동물 중 가장 완벽하게 수컷답게 보

15

---

11 X자로 모인 안짱다리 모양.

12 사랑스럽고 예쁜.

13 호감이 가도록, 성적 매력이 이끌리도록.

14 이와 유사한 주장은 생물학 저작 여기저기에서 발견된다. 남성에 비해 열등한 여성의 신체 능력에 대한 비교에 관해서는『동물의 발생에 대하여』727a16~26 참조. 여기서는 여성이 남성보다 '더 섬세하고 부드러운 것'은 월경 피를 통해 남성적 모습을 갖출 수 있는 잔여물을 배출하기 때문이라는 것이다. 이와 같은 맥락에서 동일한 논의를 하고 있는『동물 탐구』608a22~608b18 참조. "… 모든 암컷은 수컷보다 덜 활력적이다. 단 곰과 표범은 예외다. 이들은 암컷이 더 용맹하다. 다른 종들의 경우에는 암컷이 더 부드 럽고, 더 악하고, 덜 단순하고, 더 성급하고, 어린것을 양육하는 일에 더 관심을 기울인 다. 이에 반해서 수컷들은 더 활력적이고, 더 야생적이고, 더 단순하고, 덜 교활하다. …" 또『동물 탐구』538b2~25 참조. 탈레스가 신에게 감사했다는 세 가지 이유, 즉 짐승이 아니라 인간으로 태어난 것, 여자가 아니라 남자로 태어난 것, 이민족이 아니라 헬라스 인으로 태어난 것으로 미루어 짐작해 보면(디오게네스 라에르티오스,『유명한 철학자들 의 생애와 사상』제1권 33), 당시 헬라스인들에게는 '동물과 이민족, 여성'을 열등한 부 류로 공통적으로 묶어 보려는 풍습과 경향이 강했던 것 같다. 이 책의 '인종의 비유'에 대해서는 805a25~28 참조. 인종적 편견에 의한 추론에 대해서는 "지나치게 거무스레 한 사람들은 겁이 많다. 이 점은 아이귑토스인들과 아이티오피아인들에게로 되돌려 확 인할 수 있다"(812a12)라고 말하는 대목을 상기하라.

이는 것은 **사자**[15]다. 확실히 사자는 아주 큰 입을 가지고 있는데, 그 얼굴은 각이 져 있지만 지나치게 골격만 앙상하지 않으며, 위턱이 앞으로 돌출하지 않고 아래턱과 균형을 유지하며, 가늘기보다는 묵직한 굵은 코와 회갈색으로 움푹 파여 있고 그리 둥글지도 길지도 않은 적절한 크기의 눈, 더 큰 크기의 눈썹을 갖고 있으며, 각진 이마는 그 중심부가 다소 움푹 파여 있어 거기서부터 눈썹과 코 쪽으로 마치 구름이 솟아오르는 것처럼 불룩하게 튀어나와 있다. 또한 정수리 털은 이마 위쪽에서 코끝을 향해 마치 도가머리[冠毛]처럼[16] 되어 있고, 머리 크기는 적절하며, 굵고 균일한 긴 목, 직모(直毛)도 곱슬곱슬하지도 않은 황갈색의 갈기로 덮여 있다.

쇄골 주위는 빈틈없이 조여 있다기보다는 다소 느긋하고 완만하다. 어깨는 튼튼하고, 가슴은 힘이 넘친다. 상지대(上肢帶)[17]는 큰 흉곽과 큰 등에 충분하게 상응할 수 있을 만큼 우람하고 튼튼하다. 이런 종류의 동물치고는 허리와 허벅지 살집이 별로 좋지 않다. 다리는 힘이 넘치고 근

---

15 동물의 왕인 사자는 헬라스 문학 일반, 조형 예술, 민속, 신화에서 영웅의 상징이다. 미케네 궁전의 성문에도 사자가 우뚝 솟은 사자문이 서 있다. 『관상학』에서는 남성의 원형으로, '관대한 마음을 가진 사람'이 가지는 온갖 품성을 다 가지고 있는 모습으로 기술되고 있다. 즉 용맹하고(andreios, 807a31), 대담하며(empsuchos, 807a20), 고매하고(megalophrones, 813a13), 사냥을 잘하고(philothēros, 810 b4), "후하며(dotikos), 고상하고(eleutheros), 마음이 관대하고(megalopsuchos), 승리만을 사랑하고(philonikos), 온화하고(praus) 정의롭고(dikaios), 친하게 어울리는 동료들에 대해서는 애정(philostorgos)"을 가진다. 『동물 탐구』 제1권 제8장 488b16~17에는 사자는 "자유롭고, 용맹하고, 고결하다(eugenē)"는 성격을 가진다고 나온다. 『무명씨의 라틴어판 관상학』 122에는 사자는 짐짓 꾸미는 태도를 취하지 않으며, 충실한 친구가 없으며, 종교가 없다고 성격을 규정하고 있다.

16 벡커판과 달리(an asillon) 다른 사본과 푀르스터에 따라서 hoion anasillon으로 읽었다.

17 상체를 버티는 뼈대로 견갑골과 쇄골(鎖骨) 등으로 이루어짐. metaphrenon(meta tas phrenas)은 '횡격막 뒤로', 즉 등 뒤 몸통을 가리킨다.

육질이다. 걸음걸이는 활력이 넘치고, 몸 전체는 단단하고 근육질이며, 너무 뻣뻣하지도 너무 나긋나긋하지도 않다. 긴 보폭으로 천천히 성큼성큼 걷는데, 양어깨를 크게 흔들며 걷는다.

이와 같은 것이 사자의 신체적 특징이다. 다음으로 혼에 관해 말한다면 사자는 후하고, 고상하고,[18] 마음이 관대하고,[19] 승리만을 사랑하며,[20] 친하게 어울리는 동료들에게는 온후하고, 공정하며, 애정을 나타낸다.

여성적 원형으로서의 표범

한편 용감하다고 여겨지는 동물 중에서 다른 동물에 비해 상당히 암컷다운 것은, 힘든 일을 어렵지 않게 해내는 그 다리 부분을 제외한다면 **표범**[21]이라고 할 수 있다. 사실상 표범은 작은 얼굴에 큰 입, 작고 흰 데다가[22] 움푹 파였으며 거기에[23] 약간 납작한 눈을 가지고 있으며, 이마는 비교적 좁고 긴 편이며, 이마에서 귀 쪽은 납작하기보다는 오히려 다소 둥글게 굽어 있다. 목은 지나치게 길고 가늘며, 가슴은 넓지 않고, 등은 길

---

18 eleutheron(자유롭다) 대신에 eleutherion으로 읽는다. 사실상 「논고 B」에서 같은 의미로 사용되고 있다. 아래의 811a2~3 참조.

19 megalopsuchos.

20 philonikos(야망적이고).

21 이 책에서 표범은 이곳에서만 단 한 번 나타난다. "모든 암컷이 수컷보다 덜 용맹스럽다. 단 곰과 표범을 제외하고는. 이것들에서는 암컷이 더 용맹한 것으로 보인다"(『동물탐구』608b33~35).『일리아스』에서는 아킬레우스의 용맹함을 표범에 비유하기도 한다(제21권 571행 아래). 아리스토파네스의 『뤼시스트라테』에도 여성을 표범과 연관시키는 대목이 나온다. "어떤 짐승도, 심지어 불조차도 여자보다 더 싸우기 어려운 것은 없어요. 표범도 그렇게 뻔뻔스럽지는(anaidēs) 않아요"(1,014~1,015행).

22 혹은 빛나는.

23 문자 그대로는 '그 자체로'(autous).

다. 허리와 허벅지 살집은 좋으나 늑골 복부 주위 부분은 훨씬 완만하며 기복이 없다. 얼룩덜룩한 피부색을 가졌다. 온 신체는 늠름하나 균형이 잡혀 있지는 못하다.

이와 같은 것이 표범의 신체적 모습이지만 혼에 대해서 말하자면 표범은 도량이 좁고,[24] 교활하고, 일반적으로 말해서[25] 음흉스럽다.[26]

이렇게 해서 용감하다고 여겨지는 동물 중에서 수컷의 외모(이데아)와 암컷의 외모를 두드러지게 갖춘 대표적 동물들에 대해서는 이미 설명되었다. 외견상의 어떤 징표들이 다른 징표들인지를 찾는 것은 이제 무엇 하나 어려운 일이 아닐 것이다. 관상학적 연구를 실제로 수행해 나가기 위해 동물들의 모습에서 나온 것[27]들을 고찰하는 것이 얼마나 적절한 방법인지는 징표의 선택과 관련하여 [언급하게 될 대목에서] 말하게 될 것이다.

---

24 '하찮다', '하잘것없다', '비열하다'라는 의미다.

25 일반적으로 말해서는 holōs는 haplōs eipein(단적으로 말해서)과 같은 의미로 '한마디로 말하자면'을 의미한다.

26 원어로는 doleron(기만적이다). 소피스트 아다만티우스의 『관상학』 B2에는 사자의 용맹함(thumikos)과 대비하면서 표범에 대해 "우아하고(haros), 화를 잘 내고(orgilos), 간교하고(lochētikos), 믿을 수 없고(epiboulos), 대담하면서도 겁이 많은데, 그 생김새(morphē)가 이러한 특성을 보여 준다"라고 기술하고 있다.

27 즉 어떠한 동물들의 특징들.

제6장

인간과 관련한 징표 목록들

인간과 관련한 징표의 선택은 다음과 같이 이루어진다. 다리가 반듯하 15
게 잘 자라고[1] 크고 게다가 잘 분절된[2] 튼튼한 사람은 혼에서도 강건하
다. 이 점은 수컷의 부류에 [그 증거로] 되돌려 보아서(참조해서)[3] 확인
할 수 있다. 반면 다리가 작고 폭이 좁고 분절되지 못한 발을 가진 사람
들은 힘이 있기보다는 편안해 보이지만[4] 그 혼에서는 유약한데, 이 점은
여성의 부류에 되돌려 보아서 확인할 수 있다. 발가락이 휘어져 있는 사 20
람은 부끄러움이 없고, 휘어진 발톱을 가진 사람들도 그렇다. 이 증거로
는 휘어진 갈고리 발톱을 가진 맹금류에게로 되돌려 확인할 수 있다. 발

---

1 잘 자란. 태생적으로 잘 성장했다는 의미일 것이다.

2 튼튼하고, 볼품 있고, 균형 잡히고, 모양의 아름다움.

3 anapheretai epi(⋯에로 돌려서 조회하다, ⋯참조하다)는 「논고 B」에서 114번이나 사용
된다. anapherein ti epi ti 혹은 eis ti는 '어떤 것을 어떤 것으로 되돌려 본다'는 의미다. 반
복되는 이 표현은 문자 그대로는 '⋯에게로 되돌리다'이다. 새겨서 말하자면 '⋯을(를)
보라'라는 의미인데 그 증거로서 어떤 특정한 예를 보면 어떤 특정한 점을 직접 확인할
수 있다는 의미로 썼다.

4 혹은 귀엽고 사랑스럽게 보이지만.

가락이 서로 밀착되어 있는 사람[5]은 겁이 많은데,[6] 이 점은 늪지대에 사는 물갈퀴를 가진 새들[7]에게로 되돌려 확인할 수 있다.[8]

25 **복사뼈**가 굵고 잘 분절된(튼튼한) 사람들은 그 혼도 강건한데, 수컷의 부류에로 되돌려서 확인할 수 있다. 복사뼈 부위에 살집이 많고 잘 분절되지 않은 사람들은 영혼도 유약한데, 이 점은 암컷의 부류에게로 되돌려서 확인할 수 있다.

30 잘 분절되어 근육이 강하고 힘센 **정강이**를 가진 사람들은 그 혼도 강건한데, 이 점은 수컷에게로 되돌려 확인할 수 있다. 정강이가 마른 사람들은 호색적인데,[9] 이 점은 새들에게로 되돌려 확인할 수 있다. 정강이가 마치 터질 듯 탱탱하게 부풀어 있는 사람들은 뻔뻔스럽고[10] 부끄러움이 없다. 이 점은 그에 해당하는 '겉으로 드러난 인상'(전체 인상)으로 되돌려 확인할 수 있다.

35 **안으로 모이는 무릎**(안짱다리)은 톳쟁이스럽다.[11] 이 점은 겉으로 드러난 전체 인상으로 되돌려 확인할 수 있다.

허벅지 뼈가 굵고 힘줄이 뻗은 사람들은 [그 혼도] 강건하다. 이 점은

---

5 sumpephragmena는 문자 그대로는 "꽉 조여졌거나 막혀 있는 발가락을 가진 사람". 발가락이 나누어지지 않고 한데 뭉쳐 있는 것을 말한다. 예를 들면 물갈퀴 모양의 발가락을 말한다.

6 소심하다.

7 ortugas 대신에 ornithas(물에 사는)로 읽기도 하는데(푀르스터) 의미상의 차이는 없다. 섭금류(조류 분류상의 한 가지로 다리, 목, 부리가 모두 길고 얕은 물에서 걸어 다니며 물고기와 곤충을 잡아먹는 새의 총칭으로 두루미, 백로, 황새 따위)로 해석하기도 한다. 헤로도토스의『역사』(제7권 119,2)에는 'ornithes chersaioi kai limnaioi(뭍과 물에 사는 새)'라는 표현이 나온다.

8 즉 늪지대에 사는 물갈퀴를 가진 새가 [그 증거로] 참조된다.

9 호색적(好色的)이다.

10 짐승 같은 자로 육욕적이고, 혐오스럽고, 음험하고, 비열함.

11 즉 남색을 좋아한다.

수컷에게로 되돌려 확인할 수 있다. 하지만 허벅지 뼈가 굵고[12] 게다가 탱탱하게 부풀어 있는 사람은 성격이 유약하며, 이 점은 암컷에게로 되돌려 확인할 수 있다.

뼛속이 뾰족하고[13] 뾰족한 **엉덩이**를 가진 그런 사람들은 [그 혼도] 굳세고 튼튼하며, 살집이 좋고 통통한 엉덩이 가진 사람은 [그 혼도] 유약하다.[14] 닳아서 납작하게 달라붙은 것처럼 보이는 옹색한 엉덩이를 가진 사람들은 성정(性情)이 악하다. 이 점은 원숭이[15]에게로 되돌려 확인할 수 있다.

다부진 허리를 가진 사람은 사냥을 좋아하는데, 이 점은 사자와 개에게로 되돌려 확인할 수 있다. 그것은 가장 사냥을 좋아하는 개가 꽉 조이는 허리를 하고 있는 것에서 알 수 있다.

배 주위 부분[16]이 홀쭉한 사람은 [그 혼도] 강건하다. 이 점은 수컷에게로 되돌려 확인할 수 있다. 그러나 배 주위 부분이 홀쭉하지 않은 사람들은 유약하다. 이 점은 겉으로 드러난 전제 인상으로 되돌려 확인할 수 있다.

---

12 810a37에 전승하는 사본의 ostōdeis(뼈만 앙상한)를 sarkōdeis(살이 찌고)로 추정해 읽을 수도 있겠다(S. Vogt[1999], P. 421). 내용상 '살이 찌고'라는 형용사가 이 맥락에서 더 잘 어울린다.

13 oxeia는 '여원' 혹은 '빈약한'으로도 새겨진다.

14 혹은 부드럽다.

15 「논고 B」에는 원숭이가 여섯 번 나온다. 대체로 성정이 나쁜 것으로 나오는데 그 이유는 빈약한 엉덩이, 깊게 파인 눈(811b23), 윗입술이 아랫입술보다 튀어나온 두툼한 입술(811a26)과 작은 얼굴을 가졌기에 소심하고(811b8), 작은 눈(811b18~20), 작은 귀(812a9) 때문이라는 것이다. 『무명씨의 라틴어판 관상학』에서도(124) 원숭이는 성정이 나쁜 것으로 나온다.

16 갈빗대가 있는 부분과 엉덩이 사이.

등이 충분하게[17] 크고 다부진[18] 사람들은 혼도 강건하다. 이 점은 수컷에게로 되돌려 확인할 수 있다. 그러나 등의 폭이 좁고 허약한 사람은 유약하다. 이 점은 암컷에게로 되돌려 확인할 수 있다.

흉곽이 떡 벌어진[19] 사람들은 혼도 강건하다. 이 점은 수컷에게로 되돌려 확인할 수 있다. 하지만 흉곽이 빈약한 사람들은 혼도 유약하다. 이

점은 암컷에게로 되돌려 확인할 수 있다. 그러나 흉곽이 숨결에 부풀려진 것처럼 넓은 사람들은 수다쟁이이고 허튼소리를 해댄다. 이 점은 소나 개구리들에게로[20] 되돌려 확인할 수 있다.

배꼽에서 흉골(胸骨) 아래까지의 간격이 흉골 아래에서 목까지의 간격보다 더 긴 사람들은 게걸스럽게 먹어 치우고 둔감하다. 왜냐하면 게

걸스럽게 먹어 치우는 것은 음식물을 받아들일 만한 큰 장기[21]를 가지고 있기 때문이다. 둔감한 것은 감각이 작용하는 장소가 음식물을 받아들이는 장기에 의해 점유되어 그것과 일체화된 결과, 장기가 식량으로 가득 차 있는지 결여되어 있는지에 따라서 감각[작용]이 좌우되기 때문이다.[22]

가슴이 크고 잘 분절된 이런 사람들은 혼도 강건하다. [그 증거로는] 수컷을 참조하라.

---

17 적절하게.

18 힘이 센.

19 잘 발달된.

20 B 사본에 따라 bous hē epi tous batrachous로 읽었다.

21 to teuchos mega. 위. 물질적인 음식물을 받아들이는 것은 teuchos(도구, 장기)로 표현하고, 비물리적인 감각을 받아들이는 곳을 topos(공간, 장소)로 표현하고 있다.

22 즉 음식을 받아들이는 장기와 감각을 받아들이는 공간이 비례해서 조화되도록 생겨 먹었다는 것이다. 음식을 포식하게 되면 위가 포만하게 되고 이 때문에 지각이 둔감하게 된다는 것이다.

　　상지대(肩胛帶)²³가 크고 살집이 좋으며 [뼈마디가] 잘 짜여 있는 그런 사람들은 혼도 강건하다. 이 점은 수컷에게로 되돌려 확인할 수 있다. 그러나 상지대가 여리고 살집이 없고, 더구나 잘 분절되지 않은 그런 사람들은 혼도 유약하다.²⁴ 이 점은 수컷에게로 되돌려 확인할 수 있다. 상지대가 가슴 쪽으로 끌려들어 가고, 등이 심하게 치켜 올라 새우등이 되어 있는 사람들은 성격이 나쁘다. 그 이유는 정면으로 보이도록 해야 할 것이 숨겨져 있기 때문이며, 그에 해당하는 전체 인상으로 되돌려 확인할 수 있다. 한편 상지대가 뒤쪽으로 휘어진 그런 사람들은 경박하고 지성적이지 못하다. 이 점은 말(馬)들에게로 되돌려 확인할 수 있다.²⁵ 요컨대 상지대는 심하게 치켜 올라가서도²⁶ 안 되고, 반대로 [뒤로 젖혀져서] 너무 움푹 꺼져서도 안 되므로, 그 자연 본성에²⁷ 충분한 중용(중간임, to meson)이 요구되어야 할 **어깨 관절과 어깨**가 도드라진²⁸ 사람들은 혼도 강건하다. 이 점은 [그 증거로서] 수컷에게로 되돌려 확인할 수 있다. 그러나 어깨가 여리고 분절되지 않은 사람은 혼도 유약하다. [그 증거로는] 암컷에게로 되돌려 확인할 수 있다. 이것은 다리와 허벅지에 대해 내가 말하는 것과 같은 것이다. 어깨가 넉넉한(헐거워진) 사람들은 혼도 고상하다.²⁹ [그 증거로는] 고상함에 걸맞은 외관을 참조하라. 혼의

---

23 등(횡격막) 뒤의 윗부분.

24 문자적 의미로는 malakos(부드럽다)이다. 성격이 '유약하다'라는 의미를 가진다.

25 『관상학』작품에서 특이한 것은 말(馬)이 부정적 가치를 갖는 것으로 설명되고 있다는 점이다. 대체로 헬라스인들에게 말은 호메로스 이래로 '귀족의 고귀함과 고상함'을 상징했다.

26 kurtos(구부러진)은 '불룩하게 혹은 둥글게 솟아오른(hump)'으로도 새길 수 있다.

27 '좋은 자연적 본성을 구비한 것(tou eu pephukotos)'.

28 마디마디가 분절되어 어깨 윤곽이 도드라지게 드러난 사람.

29 아량이 있다, 인색하지 않다, 자유인답다 등으로 옮겨질 수 있다. 『니코마코스 윤리학』 제4권 제1장에서 '자유인다움'이 길게 논의되고 있다. 자유인다운 사람은 재물을 주고

관대함은 신체 외형의 겉모습에 적합하게[30] 드러나기 마련이기 때문이다.[31] 한편 어깨가 뻣뻣하고[32] 움츠러든 사람들은 [혼도] 비굴한데, 5 그에 해당하는 겉으로 드러난 전체 인상으로 되돌려 확인할 수 있다.

쇄골(鎖骨) 주위가 넉넉한(헐거운) 사람들은 감각적이다.[33] 왜냐하면 쇄골 주위가 넉넉하기 때문에 감각의 작용을 쉽게 받을 수 있기 때문이다. 그런 반면 쇄골 주위가 꽉 조여[34] 있는 사람은 감각이 무디다. 왜냐하면 쇄골 주위가 뻣뻣하기 때문에 감각의 작용을 잘 받아들이지 못하기 때문이다.

굵은 목을 가진 사람들은 혼도 강건하다. 이 점은 수컷에게로 되돌려 확인할 수 있다. 하지만 목이 가느다란 사람들은 혼도 유약하다. 이 점은 암컷에게로 되돌려 확인할 수 있다. 목이 굵고 우람한 사람들은 짜증을 많이 낸다. 이 점은 짜증이 강한 황소에게로 되돌려 확인할 수 있다. 한편 목이 적절한 크기이고, 지나치게 굵지 않지만 눈에 띄게 큰 사람들은 마음이 너그러우니[35] 이 점은 사자에게로 되돌려 확인할 수 있다. 또한

받는 일에 관련해서, 특히 주는 일에 관련해서 칭찬받는 사람이다. 이런 의미에서 '인색하지 않은 사람'이다. "마땅히 주어야 할 사람에게 주는 것이 자유인다운 사람에게 더욱 어울리는 일"(1119a11~12)이라는 것이다. 왜냐하면 잘 받아들이는 것보다 잘 행하는 것이 더 탁월성(aretē)에 속하는 일이기 때문이다.

30 일치해서.

31 즉 혼의 관대함은 신체의 외형의 모습(morphē)과 '알맞게 혹은 적합하게' 일치한다(prepō)는 것이다. '고상한'(eleutheriotēs)은 '자유로운'(eleutheron)에서 파생되어, 자유인에게 적합한 '고상한'이라는 의미를 갖게 된다. 따라서 '어깨가 넉넉하다'라는 신체적 징표와 혼이 '자유롭게 밖으로 열린 관대한 성격'에 걸맞은 외관은 밖으로 열린 자세와 적합하다고 할 수 있다. 즉, 어깨가 넉넉한 그런 사람들은 그 혼도 고상하다.

32 문자 그대로는 '헐겁지 않고'.

33 민감하다. 세심하다.

34 원어로는 sumpephragmena로, 쇄골 근처에 '여유가 없음'을 말한다.

35 아래에서 사자에게서 megalopsuchia의 품성을 찾는 것을 보면 이 책의 저자는 사자의 모습에서 '기품 있고, 근엄하고, 장엄한' 특징을 찾아내고 있는 듯하다. megalopsuchos

목이 가늘고 긴 그런 사람들은 겁이 많은데, [그 증거로는] 사슴을 참조
하라. 목이 지나치게 짧은 사람은 엉큼하다.[36] 이 점은 늑대에게로 되돌
려 확인할 수 있다.

입술이 얇고 그 양쪽 끝에 조임새가 없어 입꼬리 부근의 윗입술이 아
랫입술에 덮여 있는 사람들은 마음이 너그러운데, 이 점은 사자들에게 20
로 되돌려 확인할 수 있다. 우리는 이 사실을 크고 힘이 센 개들에게서도
찾을 수 있다. 입술이 얇고 딱딱하며 여기에다 송곳니 부근이 도드라진
모습을 가진 사람들은 혈통이 좋다.[37] 이 점은 멧돼지에게로 되돌려 확
인할 수 있다. 그러나 두툼한 입술을 가지며 윗입술이 아랫입술보다 앞 25
으로 튀어나온 사람은 우둔한데, [그 증거는] 당나귀와 원숭이에게로 되
돌려 확인할 수 있다. 윗입술과 잇몸이 앞으로 튀어나온 사람들은 남을

는 '관대한 사람', '포부가 큰 사람', '자부심이 대단한 사람', '고상한 사람', '원대한 마
음을 가진 사람' 등으로도 옮길 수 있다. '원대한 마음'을 설명하고 있는 『니코마코스 윤
리학』 제4권 제3장 참조. '원대한 마음을 가진 사람'은 인격적으로나 도덕적으로 완전
무결하고, 정치적으로도 큰 꿈을 가진 사람이라고 할 수 있다. 『니코마코스 윤리학』에
서는 '포부가 큰 사람' 혹은 '원대한 마음을 가진 사람'은 "자신이 큰일을 할 만한 사람
이라고 생각하며 실제로 그럴 만한 사람"으로 규정하고 있다. 그 외형적 특징을 제4권
제3장 34~35절에서 "완만한 움직임, 깊은(가라앉은) 목소리(bareia), 안정적인 말투
(lexis stasimos)는 원대한 마음을 가진 사람(megalopsuchos)에게 속하는 것 같다. 왜냐하
면 중요하게 여길 것이 별로 없는 사람은 [매사에] 서두르는 사람이 아니며, 대단한 일
은 아무것도 없다고 생각하는 사람은 긴장하는 일이 없기 때문이다"라고 말하고 있다.
이와 반대되는 소심한 사람(mikropsuchos)은 별로 중요하지 않은 일들 때문에 "음성이
날카로워지고 몸짓이 재빨라지는" 사람이다. 여기서 '완만한 움직임, 깊은(가라앉은)
목소리, 안정적인 말투' 그리고 '음성이 날카로워지고 몸짓이 재빨라지는'과 같은 표현
들은 관상학적 징표가 되는 것들이다.

36 신뢰할 수 없다는 의미. 앞서 810a8에서 표범의 성격과 관련해 말해졌던 epiklopos(교활
하다)와 유사한 의미를 가진다.

37 러브데이와 포스터는 어� 일인지 푀르스터가 "여기에다 송곳니(kunodous) 부근이 도
드라진"을 빠뜨렸음(lacuna)을 지적하면서 'a sign of base breeding'(태생이 천한 징표)
로 옮기고 있다.

헐뜯기를 좋아하는데, 이 점은 개에게로 되돌려 확인할 수 있다.

콧대가 두툼한 사람들은 경솔하다.[38] 이 점은 소[畜牛][39]에게로 되돌려 확인할 수 있다. 콧머리부터 턱 밑까지가 두툼한 사람들은 감각적이지 못하다.[40] 이 점은 멧돼지에게로 되돌려 확인할 수 있다. 콧대가 뾰족한 사람들은 쉽게 화를 낸다. 이 점은 개에게로 되돌려 확인할 수 있다. 콧머리가 둥글고 무딘[41] 사람들은 마음이 너그럽다. 이 점은 사자에게로 되돌려 확인할 수 있다. 콧머리가 가느다란 사람들은 [그 혼도] 새와 같다.[42] 이마에서부터 곧게 뻗은 코를 가진 사람들은 부끄러움이 없다. 이 점은 까마귀에게로 되돌려 확인할 수 있다. 그러나 미간에 뚜렷한 갈고리 코[43]를 가진 사람은 마음이 너그럽다. 이 점은 독수리에게로 되돌려 확인할 수 있다. 미간 주위가 둥글게 움푹 파이고[44] 위로 솟은 둥근 코[45]를 가진 사람들은 호색적이다. 이 점은 수탉에게로 되돌려 확인할 수 있다. 납작한 코를 가진 사람들도 호색적이다. 이 점은 사슴에게로 되돌려 확인할 수 있다. 콧구멍이 벌어져 있는 사람들은 짜증을 잘 낸다. 이 점은 크게 분노하는 사람의 모습에게로 되돌려 확인할 수 있다.[46]

살찐 얼굴을 가진 자들은 경솔하다.[47] 이 점은 소에게로 되돌려 확인

---

38 rhathumos라는 말은 '게으르다'라는 의미로도 사용된다.

39 암소와 수소를 포함한다.

40 감각이 둔하다.

41 혹은 '평평한'. 조각에서 나타나는 퉁방울눈에 납작코를 가진 철학자 소크라테스의 모습일까?

42 새와 같은 성격을 가진다.

43 매부리코.

44 들창코.

45 아치(arch) 형태의 모습.

46 즉 성내는 사람의 얼굴에 표출되는 모습에서 콧구멍이 벌어진 사람이 짜증을 낸다는 것을 파악할 수 있다는 것이다.

47 혹은 게으르다.

할 수 있다. 마른 얼굴을 가진 사람들은 조심스럽다.[48] 살이 찐 자들은[49] 겁이 많다. 이 점은 당나귀와 사슴에게로 되돌려 확인할 수 있다. 작은 얼굴을 가진 사람들은 소심하다.[50] 이 점은 고양이와 원숭이에 되돌려 확인할 수 있다. 큰 얼굴을 가진 사람들은 [행동거지가] 굼뜨다.[51] [그 증거로] 당나귀와 소를 참조하라. 얼굴은 작지도 크지도 않아야 하기에 이 둘 사이의 중간의 상태가 적절할 것이다. 얼굴이 비천해 보이는 사람은 [그 혼도 비천하고][52] 이 점은 겉으로 드러난 전체 인상으로 되돌려서 확인할 수 있다.

눈 밑에 부레와 같은 **눈물주머니**를 매달고 있는 사람들은[53] 술고래이 인데, 이 점은 해당하는 사람의 모습을 참조하라. 왜냐하면 과다하게 음주하는 술꾼[54]은 실제로 눈 밑에 부레처럼 생긴 주머니를 매달고 있기 때문이다. 눈 위에 부레 같은 것이 늘어져 있는 사람은 잠에 취해 있는

10

15

---

48 걱정 근심이 많은 혹은 신중한(epimeleis).

49 sarkōdē 대신에 ostōdē(푀르스터)로 읽으면 '뼈만 앙상한 자들은'으로 옮겨진다. 이어지는 예들이 당나귀와 사슴인 것으로 보아 '살이 찐'으로 읽는 것이 무난하겠다. 하지만 당나귀와 사슴의 배 쪽에 갈비뼈가 두드러지게 보일 수 있다는 것을 유추해 보면 '뼈만 앙상한'도 이해할 만하다.

50 '소심한 사람'(mikropsuchos)이라는 표현은 앞서 자주 언급되었던 '마음이 너그러운 사람'(megalopsuchos)에 대립되는 표현이다. 『니코마코스 윤리학』 제4권 제3장(35절)에는 소심한 사람은 나쁜 사람으로 보이지 않고, 다만 악의 없이 잘못을 저지르는 사람이라고 말하면서 "본인이 좋은 일을 할 만한 사람임에도 불구하고 자신이 할 만한 것을 스스로 박탈한다. 또한 그는 자신이 그 좋은 일을 할 만하지 않다고 평가함으로써 어떤 나쁨을 가지고 있는 사람, 자기 자신을 모르는 사람으로 보인다"라고 규정한다.

51 게으르다.

52 혹은 관대하지 못하다.

53 아랫눈꺼풀이 축 처져 있는 사람. 눈물주머니가 부레처럼 부풀어 있는 모습을 연상하면 될 것이다.

54 푀스르터, 폭크트, 러브데이와 포스터에 따라 empepōkosi로 읽는다.

사람이다.[55] 이 점은 잠에서 깬 사람의 모습으로 되돌려서 확인할 수 있다. 왜냐하면 금방 잠에서 깨어난 사람의 눈에는 눈꺼풀이 주머니처럼 드리워져 있기[56] 때문이다.

눈이 작은 사람들은 소심하다. 이 점은 겉으로 드러난 전체 인상과 원숭이에게로 되돌려 확인할 수 있다. 커다란 눈을 가진 사람들은 [행동거지가] 굼뜨다(게으르다). 이 점은 소에게로 되돌려 확인할 수 있다. 그러므로 뛰어난 기질을 가진 사람은 눈이 작거나 커서는 안 된다. 움푹 파인 눈을 가진 사람은 나쁜 짓(惡行)을 저지르는 자다. 이 점은 원숭이에게로 되돌려 확인할 수 있다. 눈이 돌출된 사람들은 멍청하다.[57] 이 점은 겉으로 드러난 해당하는 전체 인상과 당나귀에게로 되돌려 확인할 수 있다. 눈은 돌출되어 있어도 안 되지만 움푹 파여 있어도 안 되기에 그 중간의 모습이 가장 뛰어날 것이다. 눈이 아주 조금 오목하게 파인 사람들은 마음이 너그럽다. 이 점은 사자에게로 되돌려 확인할 수 있다. 또 눈이 조금 더 오목하게 파인[58] 사람들은 온화하다.[59] 이 점은 소에게로 되돌려 확인할 수 있다.

작은 이마를 가진 사람들은 교양이 없다. 이 점은 멧돼지에게로 되돌

---

55 비몽사몽(非夢似夢)하는 사람.

56 덮이듯 돌출해 있다.

57 우둔하다.

58 epi pleion(한층 더 오목하게 파인 [눈])이 아닌 epipedoi(평평한 [눈])라고 읽으려는 학자도 있다(Kekulé). 앞선 제5장에서 마음이 관대하고 온후한 사자가 움푹 들어간 눈을 가진 데 비해 소심하고 교활한 표범은 평평한 눈을 가진다고 주장한 바 있다. 이 직전에는 눈이 움푹 들어간 사람은 악인으로 간주된다고 했다. 하지만 여기에서 사자나 소가 참조되는 것은 눈이 지나치게 움푹 들어간 원숭이가 참조되는 경우에 비해 들어간 정도가 상대적으로 작아 오히려 움푹 파인 눈과 튀어나온 눈의 중간에 가까운 사람일 것으로 생각된다.

59 온순하거나 유순하다.

려 확인할 수 있다. 지나치게 넓은 이마를 가진 사람들은 게으르다. 이
점은 소에게로 되돌려 확인할 수 있다. 둥근 이마를 가진 사람들은 무감
각하다.[60] 이 점은 당나귀에게로 되돌려 확인할 수 있다. 어지간히 크고
납작한 이마를 가진 사람들은 민감하다.[61] 이 점은 개에게로 되돌려 확
인할 수 있다. 얼굴이 각진 사람들은 마음이 너그럽다. 이 점은 사자에게
로 되돌려 확인할 수 있다. 미간을 찌푸린 사람들은 강퍅하다.[62] 이 점은
황소와 사자에게로 되돌려 확인할 수 있다.

미간이 넓고 팽팽한[63] 사람은 아첨꾼이다. 이 점은 [거기서 일어난 전
체 인상에서] 생기는 모습을 되돌아보아 확인할 수 있다. 또한 이 점은
개들에게서 발견할 수 있다. 개들이 사람들의 마음에 들려고 꼬리를 흔
들 때마다 부드러운 미간을 가지고 있음을 관찰할 수 있기 때문이다. 따
라서 미간을 가린 상태는 강퍅함을 보여 주고 매끄러운 상태는 아첨꾼
임을 보여 주는 것이기 때문에 그것들의 중간 모습이 가장 조화로운 것
이다. **찌푸린 미간을 가진 사람들**은 [그 혼 또한] 기분이 침울하다. 이 점
은 해당하는 사람의 그러한 감정 상태를 참조하라. 비탄에 잠긴 사람들
은 찌푸린 이마를 가지고 있으니까. 눈을 내리깔고 눈썹이 내려간 사람
들은 탄식하는 사람이다.[64] 이 점은 가라앉은 자세로 그런 감정 상태로

---

60 무신경하다.

61 민감하다 혹은 영리하다. 전해지는 텍스트에는 '무감각하다'(anaisthētos)라고 되어
   있으나 이는 잘못된 것 같다. 812a6에서 "큰 머리를 가진 사람들은 감각적이다. 이 점
   은 개에게로 되돌려 확인할 수 있다"는 것에 비추어 보면 원문은 anaisthētoi가 아니라
   aisthētikoi(민감하다 혹은 감각적이다)로 새겨져야 할 듯하다(Foerster, Batholomaeus).
   골케(Gohlke)는 내용적으로 euaisthētoi로 추정한다.

62 원어 authadeis는 제멋대로고 방자하다. 완고하고 고집이 세다는 말이다.

63 atenēs는 문자 그대로는 '팽팽하게 긴장된', '꽉 조인'을 의미한다. 그러니까 팽팽하게
   '긴장된 모습'으로도 새길 수 있다(W. S. Hett).

64 이 말은 '애통해하는 사람'으로 번역할 수도 있고, '불평하는 사람'을 의미할 수도 있다.

있는 모습을 참조하라. 왜냐하면 탄식하는 사람들은 가라앉은 이마를 가지고 있기 때문이다.

머리가 큰 사람들은 민감하다.[65] 이 점은 개에게로 되돌려 확인할 수 있다. 이에 반해 머리가 작은 사람들은 둔감하다. 이 점은 당나귀에게로 되돌려 확인할 수 있다. 뾰족한 머리를 가지고 있는 사람들은 부끄러움 [염치(廉恥)]을 모른다.[66] 이 점은 구부러진 갈고리발톱을 가진 새들에게로[67] 되돌려 확인할 수 있다.

작은 귀를 가진 사람들은 [성격이] 원숭이와 같고, 큰 귀를 가진 사람들은 당나귀와 같다.[68] 우리는 이 점을 가장 좋은 개들의 귀가 중간 크기라는 데서도 찾아볼 수 있을 것이다.

피부색이 너무 거무스레한 사람들은 겁이 많다. 이 점은 아이귑토스인들과 아이티오피아인들에게로 되돌려 확인할 수 있다. 그러나 피부색이 지나치게 흰 사람들은 겁이 많다. 이 점은 여성에게로 되돌려 확인할 수 있다. 그러므로 용감함에서 오는 피부색은 그 둘 사이의 중간이어야만 한다. 이 점은 사자에게로 되돌려 확인할 수 있다. 황금빛 피부[69]를 가진 사람들은 배짱이 있다. 이 점은 사자에게로 되돌려 확인할 수 있다. 지나치게 붉은 피부[70]를 가진 사람들은 교활하다.[71] 이 점은 여우들에게

　　맥락상 '탄식하는 사람'이 더 가까운 의미이겠다.

65　세심하다 혹은 민감하다. 감각이 재빠르다. '꼼꼼하다'라는 의미로 새길 수 있다.

66　호메로스, 『일리아스』 제2권 219행. 테르시테스(Thersitēs)의 뾰족한 머리(phoxos kephalē)를 가진 생김새가 그렇다.

67　맹금류를 가리킨다.

68　작은 귀를 가진 사람들은 귀가 가벼워서 성품이 가볍고, 큰 귀를 가진 사람은 우둔해서 고집이 세다는 의미일 것이다.

69　머리카락만을 말하는 것인지 전체 색깔을 말하는 것인지는 명료하지 않다.

70　사람의 머리카락뿐만 아니라 몸 전체 빛깔을 말하는 것으로 이해된다.

71　나쁜 짓을 하는 놈들. 좀 더 긍정적 의미로 옮기면 '교활하다, 간교하다, 똑똑하다, 영리

로 되돌려 확인할 수 있다. 창백하고 피부색이 얼룩진[72] 사람들은 겁쟁이이다. 이 점은 공포로부터 생겨난, 해당하는 사람의 모습을 참조하라. 핏기가 없어진 벌꿀색 피부는 냉랭하다. 게다가 차가운 것은 움직이기도 어렵기 때문에 신체에 관해서도[73] 움직이기 힘들다면 당연히 그 사람의 동작은 느릴 것이다. 피부가 붉은 사람들은 신체의 모든 부분이 운동함으로써 뜨거워지면서 붉게 되기 때문이다. 피부색이 불타오르는 불꽃 같은 사람들은 광기에 사로잡혀 있다.[74] 왜냐하면 신체의 각 부분이 과도하게 뜨거워짐으로써 피부색이 불꽃처럼 되는 반면, 극도로 뜨거워진 사람들은 광기에 빠져 있을 것이기 때문이다.

가슴 언저리에 불타오르는 불꽃처럼 붉은빛을 띠는 사람들은 격분하기 쉽다. 이 점은 그런 감정 상태에 있는 사람의 가슴 주위가 타오르는 불처럼 붉어졌기 때문이다. 목 주위와 관자놀이 주위의 핏줄이 튀어나온 사람들은 격분하기 쉽다. 이 점은 그 감정 상태에 있는 사람의 모습을 참조하라. 왜냐하면 화난 사람들은 그러한 모습을 하고 있기 때문이다. 금방 얼굴이 붉어지는 사람들은 부끄럼을 잘 타는 사람이다. 이 점은 부끄러워지면 바로 얼굴을 붉히는 사람의 모습을 참조하라. 볼이 쉽게 붉어지는 사람들은 술고래다. 이 점은 술에 취하면 볼이 금방 빨개지는 사람의 모습을 참조하라. 눈이 금방 빨개지는 사람들은 분노로 인해 화가 나기 쉽다. 이 점은 그 감정 상태로 되돌려서 확인할 수 있다. 왜냐하면 분노로 인해 제정신이 아닌 사람들은 바로 눈이 붉어지게 되기 때문이다.

하다'로, '모든 것을 잘 해낼 수 있는 재주를 가진 자'를 말할 수도 있겠다.

72 홍분된. 울긋불긋해진 피부색을 말하는가?

73 구체적인 기능을 담당하는 물리적인 신체의 기관.

74 광란에 빠지기 십상이다.

5

10

눈 색깔이 지나치게 검은 사람들은 겁이 많다. 왜냐하면 지나치게 검은 피부색은 이미 소심함의 징표를 나타내고 있기 때문이다. 지나치게 검지 않고 갈색이 도는 눈 색깔을 가진 사람들은 배짱이 좋다. 눈 색깔이 회색이거나 희끄무레한 사람들은 겁이 많다. 왜냐하면 지나치게 흰 피부색은 이미 명백히 소심함을 나타내고 있기 때문이다. 눈 색깔이 회색[혹은 엷은 푸른 빛]이 아니라[75] 오히려 검푸른[76] 색을 가진 사람들일수록 배짱이 좋다. 이 점은 사자와 독수리들에게로 되돌려 확인할 수 있다. 암홍색의 눈을 가진 사람들은 호색적이다. 이 점은 산양(염소)들에게로 되돌려 확인할 수 있다. 불타는 눈을 가진 사람들은 부끄러움[수치심]이 없다. 이 점은 개들에게로 되돌려 확인할 수 있다. 창백한 눈과 당황하는 빛[77]을 가진 사람들은 겁이 많다. 이 점은 공포에 빠진 감정 상태로 되돌려서 확인할 수 있다. 왜냐하면 두려움에 사로잡힌 사람들의 눈은 평형을 유지하지 못하는 색깔인[78] 회색으로[79] 바뀌기 때문이다. 그러나 번쩍번쩍 빛나는 눈을 가진 사람들은 호색적이다.[80] 이 점은 수탉과 까마귀에게로 되돌려 확인할 수 있다.

정강이에 수북하게 털이 난 사람들은 호색적이다. 이 점은 산양(염

---

75 푸른색과 엷은 색깔에 대해 부정적인 평가를 내리는 것은 당시 헬라스인에게 일반적으로 받아들여지는 민중적 믿음이었던 것 같다. 지금 남아 있는 대리석 건축물 조각 등이 본래는 원색(原色)으로 칠해져 있다는 것을 상기하면 좋겠다. 헬라스의 대리석 건축물, 조각 등이 채색되었다는 것이 알려진 것은 최근이다.

76 원어 charopos(검푸른)가 정확히 어떤 색깔을 지칭하는지는 분명치 않다. 흔히는 '빛나는' 눈을 의미하나 경우에 따라서는 omma chropon은 '폐병에 걸린 사람의 눈'을 묘사할 때 사용된다.

77 얼룩이나 반점이 있는 눈.

78 변화되는 색깔로서.

79 창백하게.

80 육욕적이다 혹은 관능적이다.

소)들에 되돌려 확인할 수 있다. 가슴 부분과 배 주위에 몹시 털이 수북한 사람들은 결코 참아 가며 주어진 일을 끝까지 수행해 내지 못한다.[81] 이 점은 가슴과 배가 깃털로 뒤덮인 새들에게로 되돌려 확인할 수 있다. 가슴에 털이 전혀 나지 않은 사람들은 부끄러움을 모른다. 이 점은 여성에게로 되돌려 확인할 수 있다. 따라서 지나치게 털이 많아도 안 되고 지나치게 적어도 안 되는 것이기에 중간의 상태가 가장 뛰어난 것이다. **털이 수북한 어깨를 가진 사람들**은 참아내며 결코 주어진 일을 끝까지 수행해 내지 못한다. 이 점은 새들에게로 되돌려 확인할 수 있다. 등에 지나치게 수북한 털을 가진 사람들은 부끄러움을 모른다. 이 점은 짐승들에게로 되돌려 확인할 수 있다. 목덜미에 수북한 털을 가진 사람들은 너그럽다.[82] 이 점은 사자들에게로 되돌려 확인할 수 있다. 뾰족한 턱[끝에 털이 난]을 가진 사람들은 대담하다. 이 점은 개들에게로 되돌려 확인할 수 있다.

미간에 털이 많고 눈썹[83]이 연결된 사람들은 무뚝뚝하다.[84] 이 점은 해당하는 감정 상태에 있는 사람의 닮은꼴을 참조하라. 눈썹이 코 쪽으로 수그러지고, 반대로 관자놀이 쪽으로 올라간 사람들은 어리석다.[85] 이 점은 돼지들에게로 되돌려 확인할 수 있다.

머리칼이 곤두서 있는 사람들은 겁쟁이다. 이 점은 무서울 때 머리카락이 곤두서 있는 사람들의 모습을 참조하라. 왜냐하면 머리카락이 심

---

81 즉 일을 끝까지 해내는 끈덕짐, 끈기, 지속성이 부족하다.

82 관대하다. 고매하다.

83 눈썹 사이가 가까운.

84 언짢다. 침울하다 혹은 비관적이다.

85 혹은 어리석다. 우직하다. 『동물 탐구』 491b16~17에는 '눈썹이 코 쪽으로 굽어진 사람들은 난폭하고(atruphnos), 관자놀이 쪽으로 굽어진 사람들은 조롱하며 시치미 떼는 사람들'이라고 나와 있다.

하게 곱슬거리는 사람들은 겁쟁이인데, 이 점은 아이티오피아인들에게로 되돌려 확인할 수 있다. 곤두선 머리털도 심하게 곱슬곱슬한 머리카락도 그 징표로서 겁이 많음을 나타내는 것이기 때문에, 단지 그 <u>끄트머</u>리만 곱슬곱슬한 머리카락은 배짱을 나타내게 될 것이다. 이 점은 사자에게로 되돌려 확인할 수 있다. 이마 앞에 난 머리카락이 정수리 쪽에 있는[86] 사람들은 고상하다.[87] 이 점은 사자에게로 되돌려 확인할 수 있다. 머리카락이 이마에서 코 쪽으로 길게 자란 사람들은 비굴하다.[88] 이 점은 그 외모에서 비굴해 보이는 전체 인상으로 되돌려서 확인할 수 있다.

보폭이 넓고 천천히 걷는 사람은 굼뜨게 일을 착수하지만 일을 끝까지 완수할 수 있을 것이다.[89] 왜냐하면 보폭을 넓게 걷는 것은 일을 성취하는 것에 효과적이기 때문이다. 그러나 천천히 걷는 것은 일을 늦추는 것이다. 보폭이 좁고 천천히 걷는 사람은 굼뜨게 일을 착수하는 자이고, 게다가 일을 끝까지 완수할 수는 없을 것이다.[90] 왜냐하면 좁은 보폭으로 걷는 것도 천천히 걷는 것도 일을 끝까지 완수하는 데 효과적이지 않기 때문이다. 보폭이 넓고 빨리 걷는 사람은 진취적으로 일을 착수하고

---

86 즉 배치되어 있는 혹은 장식되어 있는. 대신에 anasillon(뻣뻣한 머리카락)으로 읽어서 'A ridge of hair'(머리카락이 이랑처럼 파여 있는 모습)로 번역하기도 한다(T. Loveday and E. S. Forster).

87 이 말을 직역하면 '자유인답다'(eleutherios)이다.

88 이 말을 직역하면 '자유인답지 않다'(aneleutheros)는 것이다.

89 정신적으로, 일을 착수하는 '결단'은 느리지만 일단 결단하면 끝까지 그 일을 해내는 사람이다.

90 정신적으로, 일에 대한 결단력이 약하고 일을 끝까지 해내지 못한다.

【아니지만】⁹¹ 일을 끝까지 완수할 수 있을 것이다.⁹² 왜냐하면 그 민첩성은 진취적으로 일을 착수하는 것이지만, 그 보폭의 넓음은 일을 잘 성취하는 것이 【아니】기 때문이다.⁹³ 보폭이 좁고 빠르게 걷는 사람은 진취적으로 일을 착수하려는 사람이지만 일을 끝까지 완수하지는 못할 것이다.^{94 95}

---

91 결단력이 부족한 사람? 호메로스의 『일리아스』에서 아가멤논을 향해 칼을 뽑을까 말까 결단을 내리지 못하고 우물쭈물하는 아킬레우스 같은 모습일까? 그런데 "그 빠름은 일에 대한 착수를 나타내고, 그 넓이는 일의 결말을 나타낸다"(T. Loveday and E. S. Forster). 여기서 논의 맥락상 부정어 '아니다'(ouk)가 빠져야 더 잘 이해될 듯하다. 푀르스터도 부정어를 생략할 것을 제안한다. 이 단락의 논의는 아주 도식적이다. 만일 이 논의의 형식적 정합성을 중시한다면 텍스트는 수정되어야 한다. 빠르게 걷는 것이 적극적인 진취성의 징표(813a9)이므로 tachubamōn ouk epithetikos(813a7)의 ouk를 삭제하고 읽어야 한다.

92 정신적으로는 일을 착수하는 데에 머뭇거리지만 끝까지 '끈덕지게[근성(根性) 있게]' 지속성을 가지고 그 일을 성취해 내는 사람.

93 마찬가지로 빠르게 걷는 것이 진취적으로 과감하게 일을 착수하는 것이고, 큰 보폭으로 걷는 것은 목적 수행에 효과적이어야 할 것이다(각주 91 참조). 그러한 맥락에서 to men tachos telestikonm hē de makrotēs ouk anustikon(813a7~8)은 to men tachos epithetikon, hē de makrotēs anustikon으로 수정할 필요가 있다(Foerster).

94 정신적으로, 일에 착수하기는 하나 끈덕지게 그 일을 성취해 내지는 못하는 사람이다.

95 걸음걸이가 빠르고 보폭이 넓은 행동거지는 호메로스의 경우에 '신과 같은' 영웅의 태도에 어울리는 전형적인 모습이다. 이 논의는 표면적으로 걸음걸이의 빠름과 느림, 보폭의 넓음과 좁음이 유비적으로 관계 맺고 있다. 보폭의 넓음은 '일을 잘 성취함'이고 짧음은 '잘 성취하지 못함'이다. 빠른 걸음은 '일을 끝까지 완수하고 일을 진취적으로 착수함'이고 느린 걸음은 '일을 굼뜨게 착수함'이라고 가정하면 다음과 같은 경우의 수가 성립한다. 일을 끝까지 완수하는 능력의 유무와 관련해서는 817b7~30에서 다루어진다. 거기에서는 신체의 크기와 체질을 통해 '성격'을 규정하고 있다.

	보폭의 넓음	보폭의 좁음
빠른 걸음	일을 끝까지 완수. 일을 잘 성취함	일을 진취적으로 착수하지만 끝까지 완수하지 못함
느린 걸음	굼뜨게 일을 시작하지만 일을 끝까지 완수함	굼뜨게 일을 착수하고 일을 끝까지 완수하지 못함

손, 팔꿈치, 팔 휘두르기에 대해서는 같은 판단 기준이 적용된다. 양 어깨를 곧게 세우고 그것을 [좌우로] 흔들고 다니는 사람들 그리고 짧은 팔을 가진 사람들은 … 〈오만하다, 허세를 부리는 데가 있으니〉[96] 이 점은 말에게로 되돌려 확인할 수 있다.[97] 앞으로 구부정한 채 어깨를 흔들며 걷는 사람들은 고매한 정신의 소유자다. 이 점은 사자들에게로 되돌려 확인할 수 있다. 다리나 정강이를 바깥쪽으로 향해 걷는 사람들은 여성적이다. 이 점은 여성에게로 되돌려 확인할 수 있다. 몸을 비비 꼬고 돌리는 사람들은 아첨꾼이다. 이 점은 그러한 사람의 모습을 참조하라. 걷는 중에 몸이 오른쪽으로 기울어지는 경향이 있는 사람들은 톳쟁이들이다. 이 점은 해당하는 그 전체 인상을 참조하라.

잘 움직이는 눈을 가진 사람들은 재빠르고 탐욕스럽다.[98] 이 점은 매에게로[99] 되돌려 확인할 수 있다. 눈을 자주 깜박이는 사람들은 겁이 많다. 왜냐하면 도망치고 싶은 마음은 눈에 먼저 나타나기 때문이다. 곁눈질하는 눈[100]을 가진 사람, 눈꺼풀이 눈 너머로 반쯤 드리우고 시선에 움

---

96 탈문(lacuna)이 있거나 텍스트가 파손되었다. 아마도 거들먹거리며―(속된 말) 어깨에 '후카시'를 넣고―걷는 모습에서 무언가를 언급하려 했던 것으로 추정된다. 푀르스터는 gauroi(gauros; 오만한, 건방진, 도도한)을 제안한다. 나라면 우리말로 '채신머리없다'라고 하지 않았을까 싶다.

97 즉 '말과의 유비를 통해서' 확인할 수 있다는 의미다.

98 harpastikosf라는 말은 harpax(강탈자, 노상강도)에서 왔을 것이다. 직역하자면 '노상강도 같은'이라는 의미일 것이다. 이 말은 헬라스어 문헌에서 단지 여기만 나타난다.

99 매는 호메로스의 경우(『일리아스』제13권 62행)에도 "날쌘 매"로 표현되고 있다. 그 밖에도 "갈기 고운 말들이 매보다도 더 빨리 달리게 해 주십사고…"(『일리아스』제13권 819행), "… 그 모습은 비둘기 잡는 매, 날개 달린 것들 중에서 가장 빠른 매와도 같다"(『일리아스』제15권 237~138행)라는 표현도 등장한다. 플라톤의 『파이돈』(82a4~7)에는 "부정의와 독재, 강도질을 선호했던 사람들은 늑대나 매, 솔개 부류 속으로 들어갈 법하네"라는 말로 매에 대한 속성을 드러내고 있다. 여기서 플라톤은 매와 약탈자, 노상강도의 이미지를 연결시키고 있다.

100 '신뢰하지 못하는 시선'을 말한다.

직임이 없는 사람, 윗눈꺼풀의 시선을 밑으로부터 위로 끌어올리며 게²⁵다가 부드러운 시선을 가진 사람들, 눈꺼풀을 아래로 떨어뜨리는 사람들, 전체적으로 부드럽고 분산하는 시선을 가진 모든 사람들은 ⟨…⟩[101] 이 점은 해당하는 전체 인상과 여성에게로 되돌려 확인할 수 있다. 그 눈이 천천히[102] 움직이고 눈 안에 흰색의 색조(色調)를 가진 사람들, 눈빛이 굳어져 있는 것처럼 되어 버리는 사람들은 사려가 깊다. 왜냐하면 혼이 어떤 생각에 몰입해 있을 때에는 눈빛도 고정돼 버리기 때문이다.

목소리가 크고 낮은 사람들은 오만하다. 이 점은 당나귀에게로 되돌려 확인할 수 있다. 낮은 목소리로 말하기 시작해서 마지막에 날카로운 목소리로 끝내는 사람들은 침울하고 비탄에 잠겨 있는 사람이다. 이 점은 소나 이런 종류의 목소리에 어울리는 자를 참조하라. 앙칼진[103] 음조를 가지고 부드럽고[104] 가라앉은 목소리로 말하는 사람들은 톳쟁이들이다. 이 점은 여성들[105]과 해당하는 전체 인상에 되돌려 확인할 수 있다. 낮고 큰 소리를 다른 음조의 목소리를 섞지 않고 내는 사람에 대해서는 ⟨…⟩[106] 완강한 사냥개와 해당 전체 인상에 되돌려서 확인할 수 있다. 부드럽고 아무런 음조가 없는(단조로운)[107]목소리를 내는 사람들은 온화

---

101 ⟨모두 새파란 젊은이들이다(hoi katillainontes hōraioi)⟩ 역시 파손된 부분인데, 추정하기로는 눈을 지긋하게 내리깔고 정숙하게 주위를 슬며시 쳐다보는, 사람을 대놓고 쳐다보지 못하는 '얌전한 젊은이들의 모습'을 보여 주는 것 같다. 외양의 맵시가 뛰어난 사람을 묘사하고 있는 듯하다. 헬라스 여성에 대한 조각상에서 볼 수 있지 않을까?

102 시간을 두고.

103 날카로운.

104 온화하고. 즉 귀가 간지럽게 말하는 소리.

105 여편네들.

106 원문 파손. 푀르스터는 gennaioi(gennaios; 고귀한)이나 megalonoi(megalonous; 관대한 마음을 가진)를 제안한다. barutonon 대신 baru koilon(낮고 허망한)으로 읽기도 한다. 스웨인은 "A deep(낮고), hollow(공허한), simple voice is noble"로 옮긴다.

107 '아무런 음조가 없는'(atonos)으로 번역한 말은 원래 긴장되지 않은 '느슨해진 이완된

하다. 이 점은 양들에게로 되돌려 확인할 수 있다. 고함을 지르는[108] 사람들은 음탕하다. 이 점은 산양들에게로 되돌려 확인할 수 있다.

지나치게 **작은 사람**[109]들은 [생각함에서] 재빠르다. 왜냐하면 피가 그 속에서 순환하고[110] 있는 신체 자체가 작기 때문에 그 운동 역시 지극히 신속하게 사고를 관장하는 기관[111]에 도달하기 때문이다. 그러나 매우

큰 사람은 [생각함에서] 느리다. 왜냐하면 혈액이 그 속을 순환하고 있는 신체 자체가 원래 크기 때문에 그 운동이 사고를 담당하는 기관에 느리게 도달하기 때문이다. 작은 사람들 중에서 건조한 신체와 체내에서의 열 때문에 생겨난 피부색을 가진 사람들은 결코 어떤 일을 끝까지 완수하지 못한다. 왜냐하면 작은 몸에서 혈액 순환이 일어나고 또[112] 체내

의 열 때문에 순환이 빨라짐으로써 그 사고 작용은 일시적으로 동일한 것[113]에 머물지 못하고[114] 오히려 내걸린 목적[115]을 달성하기 전에 한 번은 여기에 한 번은 저기에 생각이 머무르기 때문이다.[116]

또 키가 큰 사람들 중 습기 있는 신체와 신체에서의 차가움 때문에[117]

상태'를 의미한다.

108 쇳소리가 나는.

109 키(stature)가 작은 사람.

110 혹은 운동(phora).

111 epi to phronoun(사고하는 기관). 일반적으로 사고를 관장하는 기관이 심장이라는 생각은 호메로스 이래의 전통 중 하나이며, 엠페도클레스, 아리스토텔레스, 에피쿠로스, 스토아학파에까지 영향을 미치고 있다. 갈레노스가 스토아학파의 '심장 중심설'에 비판을 가하고, 뇌 중심설로 옮겨 가기 시작한다.

112 맥락상 의미는 '이와 동시에'에 가깝다.

113 단일한 대상.

114 사유가 일관적이지 못하다.

115 목적이 되는 것(to huperechon).

116 어떤 일을 다 완수하기도 전에 새로운 어떤 것을 찾아 넘어간다는 말이다. 요컨대 논리의 비약, 생각의 넘나듦을 의미한다.

117 근거해서.

생겨난 피부색을 가진 사람들은 결코 그 목적을 끝까지 완수하지 못한다. 왜냐하면 큰 신체 때문에 피의 흐름이 큰 공간에서 일어나고 또 그 몸속의 차가움 때문에 흐름이 막혀 느리게 일어나기 때문에[118] 사고를 관장하는 기관에 도달하지 못하기 때문이다. 그러나 작은 사람들 중에서 습기 있는 신체와 몸의 차가움 때문에 생겨나는 피부색을 가진 사람들은 어떤 일을 끝까지 완수할 수 있다. 왜냐하면 작은 신체에서 피의 운동[119]이 일어나므로 몸의 차가운 기운이 [피의 빠른 운동을 제어함으로써 뜨거움과 차가움 사이에] 균형(summetria)을 이루어 내기 때문에 첫 번째 목적(즉 사고를 담당하는 기관으로의 운동의 도달)이 달성될 수 있기 때문이다. 한편 큰 사람들 중에서 건조한 신체와 [신체에서의] 열 때문에 생겨난 피부색을 가진 사람들은 목적을 완수할 수 있고 감각적이다. 왜냐하면 신체의 열은 신체의 크기와 피부색의 불균형을 바로잡을[120] 수 있기 때문이다. 그래서 [당사자가] 일을 끝까지 완수하도록 균형을 이루어 내는 것이다.

이렇게 해서 우리는 신체의 크기가 초래하는 지나침 혹은 신체의 작음이 가져오는 모자람이 어떻게 목적을 수행하는 데에 이르거나 혹은 목적을 전혀 완수하지 못하는지를 설명했다.[121] 감각과 관련해서도 이것

20

25

30

---

118 차가움(psuchros)은 움직이기 어려운 속성을 가진다(812a20).

119 앞서 흐름(phora)과 같은 의미로 사용되었다.

120 직역하면 '치료해서, 고쳐서, 개선해서'이다.

121 피의 속성과 성격의 관계에 대한 아리스토텔레스의 논의는 『동물의 부분들에 대하여』 648a2~11, 650b19~651a19와 『동물 탐구』 제3권 제19장 참조. 아리스토텔레스는 피의 세 가지 속성을 열(to thermon), 농도의 연함(to lepton), 순수함(to katharon)으로 이해한다(『동물의 부분들에 대하여』). '짝퉁 아리스토텔레스'는 여기서 단지 '열'(thermotēs)만을 언급하고 있다. 로수스는 피의 양과 진함으로 말한다. 그는 피의 차가움과 연함을 지성과 연결시키고 뜨거움을 용감함과 연결시킨다. 용감하다는 것은 덜 지성적이라는 것을 의미한다. 아리스토텔레스, 짝퉁-아리스토텔레스, 로수스에

들[122] 중에 중간 본성이 그것에 관련된 사람들에게 최선이고 또 가장 완벽한 것이다. 왜냐하면 [중간 본성에 해당하는 당사자의 체내 혈액의] 운동은 그리 긴 거리가 아니므로 사고를 담당하는 기관(nous)에[123] 쉽게 도달할 수 있으며, 거리가 짧기 때문에 지나치지도 않기 때문이다.[124] 따라

의 공통점은 피의 온도를 인간의 지성과 관련시키고 있다는 점이다. 아리스토텔레스와 로수스는 짝퉁-아리스토텔레스와 달리 차가운 피가 지성적으로 더 우세하다고 주장한다. 이상의 논의를 요약하면 다음과 같다. 피의 성격을 결정짓는 두 가지 중요한 요소는 신체의 '크기'와 피의 '흐름'이다. 두 요소를 조합하면 이 논증은 '키의 작음은 피의 흐름이 짧기 때문에 생각함에서 빠르다'와 '키의 큼은 피의 흐름이 길기 때문에 생각함에서 느리다'라는 두 전제로부터 출발한다. '뜨거움'의 속성은 운동의 빠름을, '차가움'의 속성은 운동의 느림을 일으킨다. 따라서 키가 작고 뜨겁다는 것은 '빠름'의 속성을 거푸 가지게 되므로 일을 끝까지 완수할 수 없게 되는 것이다. 그 이유는 생각이 일정한 목적을 향해 나가지 못하고 이리저리 방황하게 됨으로써 제약과 방해를 받아 논리의 비약을 가져오기 때문이라는 것이다. 그러나 키가 작아서 '빠름'의 속성을 지니지만 '차가움'의 속성이 가미되면 '균형'이 이루어진다. 이런 방식으로 그 밖의 나머지 가능한 경우들을 조합하면 다음과 같은 도표가 그려질 수 있다.

	키가 작음	키가 큼
	피의 흐름이 작은 공간(짧은 거리)을 가므로 생각함에서 빠름(813b7~9)	피의 흐름이 큰 공간(긴 거리)을 가므로 생각함에서 느림(813b9~11)
건조한 살집과 '뜨거운' 피부색	일을 끝까지 완수하지 못함. 생각함에서의 비약 때문에(813b11~16)	일을 끝까지 완수하고 감각적이다. 뜨거움(빠름)과 크기(긴 거리)가 '균형'을 이루기 때문에(813b23~27)
습기 있는 살집과 '차가운' 피부색	일을 끝까지 완수. 빠름이 어렵게 움직일 수밖에 없는 부분을 통해서 '균형'을 이루어 내기 때문에(813b20~23)	일을 끝까지 완수하지 못함. 피의 흐름이 길고 느리게 일어나므로 그 사유하는 곳에 완전하게 도달하지 못하기 때문에(813b16~20)

122 신체 크기의 지나침과 모자람.

123 앞서 언급된 '사유하는 기관', 즉 정신을 가리킨다.

124 피의 흐름이 사유하는 곳에 들어가는 과정을 설명한다. 신체의 크기가 적절하다는 것은 공간이 적절하다는 말이다. 그 공간, 즉 거리의 적절함은 피의 흐름이 그곳에 도달하는 시간이 너무 오래 걸리지도, 그렇다고 지나치게 짧게 걸리지도 않는다는 말로 이해된다.

서 그 자신 앞에 놓여 있는 어떠한 일이든지 그 목표를 끝까지 달성하고
적절한 대상을 감각하기 위한 가장 완벽한 사람은 적절한 크기여야만 35
할 것이다.[125]

균형이 잡히지 않은 사람들은 나쁜 일이라면 무엇이든지 할 수 있는 814b
자들이다.[126] 이 점은 그러한 자들의 본연의 상태와 암컷에게로 되돌려
확인할 수 있다. 만일[127] 균형을 이루지 못한 사람이 나쁜 일이라면 무엇
이든지 할 수 있는 자들이라면, 균형 잡힌 사람들은 응당 정의로워야 하
고 용기가 있어야 한다. 하지만 처음에 말했듯이 우리는 마땅히 균형 잡 5
힌 사람에 대해서는 수컷의 단순한 외모가 아니라 신체와 어울리는 예
의범절과 좋은 기질이 그 증거로 참조되어야 한다.

중요한 징표의 종합: 징표 범위의 전체 인상, 종차, 위계질서

지금까지 언급된 모든 징표에 대해서도 해당하는 전체 인상,[128] 즉 수컷
과 암컷을 그 증거로 참조하는 것이 바람직하다. 왜냐하면 그렇게 함으

---

125 b11~b35에서 피와 인간의 성격을 규정하는 대목은『무명씨의 라틴어판 관상학』12에
　　　서도 유사한 방식으로 기술되고 있다. 이를 미루어 보면 이른바 '짝퉁 아리스토텔레스
　　　의『관상학』'이 로수스의『관상학』에 영향을 미치고, 이것이 다시『무명씨의 라틴어판
　　　관상학』에 영향을 미쳤다고 추정해 볼 수 있다.『무명씨의 라틴어판 관상학』12에는
　　　'로수스가 혼(anima)의 장소로 위치시켰던 피가 신체의 성격과 인간의 지성, 또 감각
　　　적 지각의 성격'에 영향을 미친다고 말하고, '모든 성격은 그 출발점을 피의 유형과 기
　　　질로부터 취한다'라고 설명되어 있다.

126 euagōgia(좋은 교육/훈련)과 euphuia(좋은 자질)는 summetria(균형)와 관련되고,
　　　asummetria(불균형)은 panourgia(불한당 부류)와 관련되고 있다. 이는 관상학적 판단
　　　이 미적 판단과 긴밀하게 결부되고 있음을 보여 주는 것이다.

127 ei gar가 아니라 ei de로 읽었다.

128 '징표가 지시하는 것 간의 일치.'

로써 가장 완전한 구분이 이루어지며, 또 수컷이 암컷보다 더 정의롭고 용감하다는 것, 일반적으로 말해서 더 낫다는 것을 보여 주는 셈이기 때문이다.

징표로써 선택되는 전체 징표들에서 다른 징표보다 한층 명료하게 기초적인 성격 특성[129]을 표시하는 어떤 징표가 있다. 또한 징표가 더 명료해지는[130] 것은 그것이 [신체의] 가장 적합한 장소에서 나타나는 경우다. 여기서 가장 적합한 신체상의 장소란 눈, 이마, 머리 그리고 얼굴 언저리이며 다음으로는 가슴과 어깨 언저리, 그다음으로는 다리와 발 언저리이다. 뱃살은 별로 중요하지 않다. 한마디로 말해서 그러한 신체상의 몇몇 부분이 가장 명증한 징표를 제공하는 것이며, 그것들을 참조함으로써 분별력(프로네시스)이 가장 적절하게 작용하는 것이다.[131]

---

129 to hupokeimenon. 징표 배후에 있는 정신적 특성. 문자적으로는 '밑에(hupo-) 놓여 있는(-keimenon)'을 의미한다.

130 enargestera라는 말은 '시각적으로 명백하게 드러난다'라는 의미다.

131 소피스트 아다만티우스의 『관상학』에는 "관상학적 연구는 신체의 각 부분과 사지, 각각의 [피부를 포함한] 색깔, 운동, 숨결과 소리 그리고 이것들 다음에 오는 그와 같은 다른 것들에 따라서 이루어져야만 한다"(B1)라고 말하고 있다.

해제

관상학의 철학적 토대에 대한 비판적 검토

책의 저자와 책 제목에 대하여

이 작품은 『아리스토텔레스에게로 돌려진 관상학』(*Phusiognōmonika ta eis Aristotelē anapheromena*)으로 알려져 있다. 19세기 독일의 고전학자 벡커가 편집한 아리스토텔레스의 작품 모음집 『소작품집』(*Opuscula*)에 실려 있는 작은 작품들 가운데 하나다. 그러나 발레틴 로제(1854년; Valentin Rose)와 리햐드 푀르스터(1888년; R. Foerster)의 연구 이래로 이 작품을 더 이상 아리스토텔레스의 '진짜' 작품으로 간주하지 않게 되었다. 아리스토텔레스 연구자들은 이 작품을 페리파토스학파에서 공부한 누군가가 아리스토텔레스의 생각을 충실하게 반영하여 '관상학'에 대해 쓴 작품으로 받아들인다. 푀르스터는 이 작품이 대체로 기원전 2세기경에 쓰인 것으로 평가한다. 그는 808a16에서 언급된 톳쟁이 외관을 가진 '소피스트 디오뉘시오스'의 예를 끌어들여 이 주장을 뒷받침한다. 디오뉘시오스에 관한 정확한 역사적 정보는 전해지지 않는다. 한마디로 말해서 이 작품은 아리스토텔레스의 진작이 아니라 아리스토텔레스의 이름을 좋은 의미로 사칭한(?) 누군가가 쓴 것으로 추정되는 '짝퉁 아리스토텔레스' 저작들 중 하나인 셈이다.

이 작품의 가장 오래된 사본은 Marcianus IV. 58(K)인데, 『아리스토텔레스의 관상학』(*aristotelous phusiognōmonika*)이라는 제목으로 전해지고 있다. phusiognōmonika는──라틴어로는 physiognomonica──문자적으로 'phusiognōmonia에 관계되는(속한) 것들'을 말한다. 어원을 고려하면 '본성(phusis)을 인식하는 혹은 판단하는(gnōmōn) 것'을 의미한다. phusiognōmonika의 단수 형태 phusiognōmonikē technē(관상학적 기술)는 phusio-gnōmoneō로부터 파생되었다. 중성의 복수 표현은 책 제목으로 흔히 사용된다. 아리스토텔레스의 *Topika*라는 작품도 'topoi(topos의 복수로 '논거 점들')에 관계되는 것들'을 의미한다. 이 책에서는 "관상학은 그 이름에서 알 수 있듯이, 마음에 자연적으로 생긴 특성(겪음들, ta phusika pathēmata)을 다루는 것이다. 획득된(epiktētos) 성격 특성이라도 그것이 생기면서 관상의 대상이 된 징표가 변한다면, 그것 또한 관상학과 관련된다"[1]라고 정의하고 있다. 요컨대 관상학은 인간에게 자연적혹은 본성적으로 일어나는 정신 안에서의 겪음과 그에 부수하는 정신적특성을 다룬다.

아리스토텔레스의 철학에서 pusikos(자연적인, 사실적인)라는 말은 흔히는 logikos(논리적인, 개념적인, 말로서)와 대립되는 의미로 사용된다. 이런 측면에서 관상학은 개념적인 학문이 아니라 사실적이고 경험적인 학문이라 할 수 있다. 책의 내용을 고려해서 골케(Gohlke)는 『관상학』을 '본질-탐색'을 하는 작품으로 이해하고, 슈나이데빈(Schneidewin)은 부제로 '신체적인 것에서 정신적인 것의 추론'으로 이해했다. 『관상학』 806b35에서는 "신체의 여러 부분에서 읽히는 징표보다 (얼굴에서의) 표정(ēthos)으로부터, 혹은 움직임과 자세로부터 읽혀진 징표가 더 확실하다"라고 말한다. 이런 점을 고려해 볼 때, 관상학은 **얼굴을 포함한 신체의 다양한 징표들로부터 그에 해당하는 정신적 특성**

---

1   『관상학』 806a23~25.

을 추론해 내는 것이라고 정의할 수 있을 것이다.

작품의 구조: 두 논고는 동일 저자의 작품인가?

이 책은 크게 「논고 A」와 「논고 B」 두 부분으로 나뉜다. 이는 푀르스터의 구분에 따른 것이다. 양 논고는 관상학의 이론과 방법 그리고 관상의 징표들과 그 성격에 대해 논의하고 있다. 「논고 A」는 "정신적 특성들은 신체적인 것에 수반하는 것으로, 신체의 운동 변화의 영향을 받지 않고 그 자체로 존속하는 것이 아니다"라는 말로 시작하고, 「논고 B」는 "나에게는 혼과 신체가 서로 간에 공통된 변화를 겪는 것처럼 생각된다. 혼의 상태가 변화를 겪으면 동시에 신체의 형태에도 어떠한 변화가 생길 것이고, 그와 반대로 신체의 형태에 생긴 변화로 인해 혼의 상태가 변화를 겪을 수도 있을 것이다"라는 주장으로 새롭게 출발하고 있다. 양 논고를 시작하는 이 두 문장은 그 내용에서뿐만 아니라 언어적으로도 두 논고가 유사성을 가지고 있다는 점을 잘 보여 준다. 실제로 「논고 B」에서 시작하는 논의의 입장은 「논고 A」의 출발점이 된 기본적 논점과 매우 유사하다.

　그러나 「논고 B」가 「논고 A」와 다른 '새로운' 출발을 하는 것으로 본다면 「논고 A」와 「논고 B」의 저자가 서로 다르다는 추정을 해 볼 수도 있다. 그 이유는 만일 양 논고의 저자가 동일한 저자라면 계속해서 이어지는 논의를 전개하는 같은 책에서 관상학에 대한 유사한 관점을 재차 드러낼 필요는 없을 것이기 때문이다. 게다가 「논고 A」는 동물의 비교 연구에 한정하는 반면, 「논고 B」는 새로운 관상학적 방법을 제시하고 있다. 성별(性別)에 따른 종적 차이를 구분하는 것이 바로 그것이다

(809a26~30). 이런 점에서 양 논고가 방법론적인 차이를 가진다면 이 두 논고가 서로 다른 작가에 의해 저술되었다고 생각하는 것이 그럴듯하다. 실제로 푀르스터 이후, 방법론적 이유로 「논고 A」에서 거부된 동물 비교가 「논고 B」에서 주로 사용된다는 사실로부터 「논고 B」가 다른 저자에 의해 작성되었으며 「논고 A」보다 먼저 작성되었다고 생각되기도 하였다.

이러한 주장에 대해 자비네 폭크트(1999; Sabine Vogt)는 '이와 마찬가지로 하나의 좋은 설명은, 두 소책자가 다른 목적이나 상이한 청중을 목표로 해서 쓰였다는 가정하에 동일한 저자가 그렇게 할 수 있었을' 것이라고 가정하는 것이 옳다고 주장한다. 작성 순서에 대해서도 그녀는 두 논문의 관계를 역전시켜서 「논고 B」의 서론에 자명한 사실로서 '공통 징표'와 '특징 징표'의 구별을 언급하고 있는데(808b30~809a1), 이에 대한 간략한 설명은 「논고 A」(805b15~27)의 두 용어에 대한 자세한 논의를 이미 알고 있는 경우에만 이해될 수 있다고 해석한다(pp. 191~192). 논고의 저자에 대한 그녀의 주장에 따르면, 두 논고에서 나타나는 관상학적 자료들에는 어떤 모순이나 일치하는 부분이 거의 없으며, 그것들은 상호 보완적이기 때문에 두 논고의 초안 작성에 동일한 자료가 사용되었고, 논고의 저자가 의도적으로 반복을 피했을 가능성을 배제할 수 없다는 것이다. 요컨대 이러한 관찰은 두 논고가 '단일 저자'(또는 '두 명의 공동 저자')에 의해 작성되었다는 가정을 뒷받침한다.

「논고 A」와 「논고 B」는 형식적으로는 이론적 논의 부분과 징표들의 목록 두 부분으로 나누어진다. 「논고 A」는 805a1~807a30에서, 「논고 B」는 808b11~810a13에서 개별적인 신체적 특징에서의 특정한 정신적 특성을 분류하고 있다. 「논고 A」에서는 성격 유형에 따른 목록들이 나열되고 있으며(807a31~808b10), 「논고 B」에서는 인간의 신체에 관련된 징표들에 따른 목록이 나열되고 있다(810a14~814b9).

두 논고는 내용적인 측면에서 서로 다르다. 「논고 A」에서는 방법론적인 이유로 인해서 동물 비교가 대체로 거부되었다. 반면 「논고 B」에서는 성별의 원형인 사자와 표범에 대한 설명과 많은 동물 비교에서 볼 수 있듯이, 동물의 비교가 관상학적 절차에서의 중심적 측면이 되고 있으며, 「논고 A」에서 나타나고 있지 않은 성별(性別)에 따른 종적 차이에 대한 언급도 나온다. 「논고 B」의 방법론에 대한 논의는 「논고 A」(805al~807a30)보다 훨씬 적다. 「논고 B」에 따르면 관상학은 대체로 경험에 기반하므로(809al~3), 그 실행은 소수의 전문가 범위로 제한된다. 따라서 「논고 B」를 전문가를 위한 실용적인 지침서로 이해한다면 일반적인 설명과 구체적인 정당화에 대한 부족함은 놀라운 일이 아니다. 「논고 A」는 주제의 이론적 토대에 관심이 매우 많고, 관상학적 징표 추론의 논리적 전제 조건에 대한 아리스토텔레스의 논의에 의식적으로 의존해서 논의하고 있다. 반면에 「논고 B」는 분명히 실천과 경험, 즉 「논고 A」에서는 한 번도 나오지 않은 '전체 인상'(epiprepeia)의 개념을 끌어들이고 있고, 그것을 통한 방법에서 '초심의 관상 전문가'를 대상으로 하고 있다. 또한 동물 비교가 관상학의 정당성과 실제 적용에서 매우 중요한 역할을 수행하는 것으로 얘기하고 있다.

「논고 A」의 구조 분석

805a1~18	관상학 연구의 토대: 신체와 혼의 상호 의존성
805a18~33	관상학의 세 가지 전통적 방법: a) 동물 비유, b) 인종적 비교, c) 감정 상태와 얼굴 표정의 유비

「논고 B」의 구조 분석

「논고 A」의 내용 분석

관상학의 성립 전제: 『분석론 전서』 제2권 제27장에서의 '관상학의 방법론'

관상학이 성립하는 토대와 정당성은 이 책의 서두에서 밝혀 주는 바와 같이 '정신적 특성(마음의 작용)들은 신체적인 것에 수반하고, 그 자체로는 신체의 신체 운동(kinēsis)에 의해 영향받는다'라는 것이다. 그렇다면 **어떻게** 정신이 신체적인 것에 '수반하고' 신체의 운동에 '영향받는다'(patheis)는 것인가? 이 책의 저자는 난해하고 골치 아픈 심리 철학적(psycho-philosophical)인 저 물음에 대해서는 별다른 논리적 증명을 시도하지 않은 채 그 전제를 너무도 자명한 것으로 받아들인다. 일종의 선결문제 요구의 오류(petitio principii)를 범하고 있는 셈이다. 이처럼 논증되지도 않고 경험적으로도 증명되지 않은 심신 관계에 대한 전제를 이 책의 저자는 어째서 관상학 논의의 출발 전제로 받아들였을까? 이 문제와 연관해서 우리는 아리스토텔레스 자신이 『분석론 전서』에서 관상학이 학문으로서 성립할 수 있는 전제들과 관상학의 방법론을 언급하는 대목을 살펴볼 필요가 있다.

어쨌거나 『관상학』의 저자는 성격과 신체적 외관 간에 주고받는 상호 영향을 관상학적 징표 추론의 출발로 보고 있다. 이와 동시에 저자는 이를 관상학의 기본 전제로 내놓고 있다. 이것이 관상학의 토대와 관상학 성립에 대한 정당성을 뒷받침해 주고 있는 것이다. 신체와 혼이 상호 영향을 주고받는 것은 신체상의 징표와 그에 해당하는 특정한 성격 간의 상호 관련성을 보장하는 것이기 때문이다.

실제로 '징표로부터의 추론'(sullogismos), 즉 엔튜메마(설득추론; enthumēma)를 다루고 있는 아리스토텔레스의 『분석론 전서』 제2권 제27장에서는 "또한 관상(학)이 가능해지는 것(phusiognōmonein)은 (1)

자연 본성적인 한 겪음(pathemata)이 신체와 혼을 동시적으로(hama) 변화시킨다고 우리가 인정하는 경우"라고 주장한다.[2] 계속해서 그는 다음과 같이 말한다.

"음악을 배운 사람은 아마도 자신의 혼을 이미 변화시켰을 것이지만, [10] 그러한 겪음(상태; pathos)은 우리의 자연 본성에 있는 것이 아니라 오히려, 예를 들어 분노나 욕망 같은 것이 자연 본성에 의한 움직임(정동)에 속하기 때문이다. 그래서 (2) 이것(전제 1: '신체와 혼이 동시적으로 변화한다')과 더불어서 하나의 징표(sēmeion)가 하나의 겪음에 대응하고 있다는 것이 승인되고, (3) 각각의 종(種)에 대해 고유한 겪음과 징표를 우리가 파악할 수 있다면(전제3) 우리는 관상(즉 외양을 통해 성격을 추정하는 것, phusiognōmonein)을 할 수 있게 될 것이다.

[15] (3) 예를 들어 사자의 '용맹함'처럼 어떤 겪음이 어떤 불가분적인 개별적 종(種)에 고유한 방식으로 존립하고 있다면, 그것에는 필연적으로 또 다른 징표가 있을 것이다. 왜냐하면 [신체와 혼이] 서로 함께 변화를 겪는다(sumpaschein)고 가정되기(ex hypothesi) 때문이다. 그리고 지금의 경우 징표를 '사지(四肢)의 맨 끝부분이 크다는 것'이라고 하자. 이것은 그 전체에 대해서는 아니지만, 그 밖의 동물의 종에도 존립할 수도 있다. 왜냐하면 그 징표는 이렇게 해서 그 겪음이 한 종의 전체에 고유하다는 의미에서 고유한 것이지, 우리가 그렇게 말하곤 하는 것처럼 한 종에만 고유하다는 의미[3]는 아니기 때문이다. [20] 그래서 그 종 전체에 대

---

2 『분석론 전서』 제2권 제27장 70b7~9.
3 이러한 공외연적인 '고유속성' 규정에 대해서는 『토피카』 제1권 제5장 102a18~30 참조.

198   해제 — 관상학의 철학적 토대에 대한 비판적 검토

한 고유한 겪음⁴은 그 밖의 동물의 다른 종(種)에도 존립하고 있는 것이
되고, 인간과 다른 어떤 동물들도 용맹할 것이다. 이렇듯 하나의 겪음에
하나의 징표가 대응하고 있다고 우리가 가정했기 때문에 그것들도 징표
를 갖게 될 것이.

그래서 만일 사정이 이와 같다고 하고, 또 단지 무언가 고유한 겪음
을 하나만 갖는 동물들과 관련한 여러 징표를 한데 모을(sullexai) 수 있
게 되고, [25] 또 어떤 겪음이 필연적으로 하나의 하나의 징표를 갖기
때문에, 각각이 하나의 징표를 가지고 있다면 우리는 관상할 수 있게
(dunēsometha phusiognōmonein)될 것이다.

그러나 (4) 예를 들어 사자가 용맹하고 관대한 것처럼⁵ 만일 그 종 전체
가 두 가지 고유한 것(겪음, 특성; duo idea)을 갖는다면, 그것에 고유한
방식으로 부수되는 징표들 중 어느 쪽이 어느 쪽의 겪음의 징표인가를
우리가 어떻게 알 수 있게 되는 것인가? 아마도 그것들 양쪽이 무엇인
가 다른 것에 의해 그 전체에 의하지 않으면서 존립하고, 각각이 그 [구
성원] 전체가 아니라 존립하는 것들 중에 한쪽의 징표는 가지고 있지만
다른 쪽의 징표는 가지고 있지 않은 경우에는 [어느 쪽이 어느 쪽 겪음인
지를 우리는 알게 될 것이다.] [30] 왜냐하면 어떤 사람이 용감하긴 하지
만 관대한(eleutherios) 것은 아닌 경우, 그 두 개의 징표 중에서 바로 이쪽
[사지 끝부분의 큰 것]을 가진다면 사자에 대해서도 그것이 용맹함의 징
표인 것이 분명하기 때문이다.

따라서 (5) 관상학적 연구가 가능해지는 것(to phusiognōmonein)은 제

---

4   성격의 특징이기보다는 신체적인 특징(W. D. Ross).
5   사자의 성격에 대해서는 『동물 탐구』 제1권 제1장 488b16~17 참조.

1격에서[6] 중항(B)이 첫 번째 항[끝항 A][7]으로 환위되기는 하지만 중항 (B)이 제3항[8](C)을 넘어서고(외연이 넓고) 그것과는 환위되지 않음에 따른다. 예를 들어 A는 '용기'를, B는 '사지(四肢)의 끝부분이 크다는 것'을, C는 '사자'를 나타낸다고 해 보자. 여기서 B는 C가 속하는 모든 것에 속하며, 그뿐만 아니라 또 그 밖의 것들에도 [B는] 속한다.[9] 그러나 A는 B가 속하는 모든 것에 속하고, 그 밖의 다른 것에도 속하지 않지만 A는 B와 환위된다. 만일 그렇지 않다면, 하나의 겪음에 하나의 징표가 대응하지 않을 것이다"(『분석론 전서』 제2권 제27장 70b9~38).

우선 위의 인용문에서 나타난 몇 가지 중요한 사안이 『관상학』에도 유사한 용어로 나타나고 있다는 점을 간단하게 지적하고 넘어가기로 하자. 첫째, 어떤 특정한 동물에게 고유한(idea) 징표와 모든 동물에 속하는 공통의(koina) 징표에 대해서는 805b16~17과 808b30에서 이야기되고 있다. 둘째, '징표의 선택'에 대해서는 805b28을 비롯한 몇 군데에서 이야기되고 있다. 셋째, 신체에 대응하지 않은 혼에서의 겪음에 대해서는 806a16에서 언급되고 있다.

이 인용문을 분석해 보면 앞서 세 개의 전제(1~4)를 제시하고, "따라서" 아래부터 제1격의 삼단논법으로 하나의 논리적 추론 방법(예증 5)을 말하고 있는 것으로 이해된다(70b32~38). 관상학의 연구가 성립하기 위한 기본적 전제는 다음과 같은 것이다.

---

6 『분석론 전서』 제1권 제4장 25b37~39. 1격의 정의: "만일 A가 모든 B에 대해 술어가 되고, B가 모든 C에 대해 술어가 된다면 A는 필연적으로 모든 C에 대해 술어가 되어야만 한다."
7 상위개념(대개념).
8 하위개념(소개념).
9 70b14~21 참조.

(전제 1) 자연적 겪음이 있는 한, 신체와 혼은 동시적으로 변화한다. 그 겪음은 화냄과 욕망과 같은 자연적 움직임이다(70b7~11).

(전제 2) 하나의 (혹은 모든) 겪음에 대한 징표로서 단지 하나의 신체적 표지만이 있다(70b11~12). 각각의 동물의 종(種)의 고유한 겪음과 징표에 대응하는 짝을 파악하는 것이 관상학적 연구의 과제다(70b22~26).

(전제 3) 우리는 각각의 동물의 종의 고유한 겪음과 고유한 징표를 발견하는 것이 가능하다. 예를 들면 사자의 용맹함과 '사지(四肢)의 끝부분이 크다'는 것. 이것은 그 전체는 아니지만 다른 동물의 종에도 속할 수 있다(70b12~22).

(전제 4) 하나의 동물 종 전체가 두 가지의 고유한 특성을 가진다면(예를 들어 사자가 용맹하고 관대하다면), 어떤 징표가 그 고유한 특성에 따르는 징표에 속하는지를 우리가 어떻게 알 수 있는가? 아마도 양쪽의 겪음이 어떤 다른 종 전체는 아니지만 어떤 것들에 속한다고 하면, 또 만일 그 구성원 전체에서는 아니지만 그 종들에서 각각이 찾아진다고 할 것 같으면, 그 경우에는 어떤 것은 겪음 중의 하나를 갖고 다른 것은 갖지 않게 될 것이다. 왜냐하면 만일 어떤 사람이 후하지(eleutherios)는 않아도 용감한데 이 징표 중에서 [바로] 이것을 가진다면, 이것 또한 사자에 대한 용맹함의 징표가 된다는 것이 분명하기 때문이다(70b26~32).

(예증 5) 1격의 삼단 논식으로서의 논리적 추론 과정의 예(70b32~38)

관상학이 성립할 수 있는 정신적 사태와 신체적 사태가 상호 영향을 받는다면, 감각적 징표(sēmeion)와 이에 상응하는 내적인 겪음(pathos) 간에 쌍방향 관계가 성립할 수 있어야 한다. 용맹함 같은 하나의 성격(A)이 동종에 속하는 모든 개체(사자)에 사지(四肢)의 큼 같은 징표 (B)에 의해 수반된다면, 다른 종의 구성원에 B가 존립한다는 것은 A가 또한 그 개체의 내재적인 속성이라는 추론이 허용되어야 한다.

징표와 겪음 간에 쌍방적 관계를 확인하기 위해서는 그들 간에 모든 가능한 경우의 상호 관계를 다 수집할 수 있어야 한다. 이것은 다른 개별자들의 성격을 평가하는 토대가 된다. 귀납(epagōgē)의 과정을 통해 큰 사지를 가진 모든 동물은 용맹하다고 확증할 수 있다면, 제1격의 삼단논식을 구성할 수 있게 된다. 정리하자면 다음과 같은 것이 된다. 만일 A가 B에 속하고 B는 C에 속한다면, A는 필연적으로 C에 속해야만 한다. 여기서 B(중항)는 대전제의 끝항(A)과 소전제의 술어(C)를 관계 맺는 역할을 수행한다.

대전제: 큰 사지를 가진(B) 모든 동물은 용맹스럽다(A).
소전제: C는 큰 사지를 가진(B) 동물이다.
결론: C는 용맹스럽다(A).

이와 같은 방법을 관상학적인 실천을 위해 인간의 경우에 적용한다고 해보자. 예를 들어 사자 C는 (다른 동물들도 가지고 있는 것처럼) 큰 사지인 징표 B를 가진다. 큰 사지의 징표인 B를 가지고 있는 사람들은 용기 A가 있다. 이 명제는 환위 가능하다. 즉 용기가 있는 사람만이 큰 사지를 갖는다. 따라서 사자는 용기가 있다. 이러한 추론 방식을 확대하게 되면 인간과 동물의 유비를 통한 '관상학적 관찰'이 가능할 수 있게 될 것이다.

위 인용문에서 가장 핵심이 되는 대목을 다시 끄집어내 분석해 보면 이렇다.

이것(**전제 1**: '신체와 혼이 동시적으로 변화한다는 것')을 받아들이고, 또 (**전제 2**) 하나의 징표(sēmeion)가 하나의 겪음에 대응하고 있다는 것이 승인되고, (**전제 3**) 각각의 [동물의] 종(種)에 대해 고유한 겪음(성격 표지)과 징표를 우리가 파악할 수 있다면, 우리는 관상(phusiognōmonein, 25행)을 통해 성격을 추론할 수 있다.

전제(1), (2), (3)이 성립되어야 관상학적 연구가 가능할 수 있다는 것이다. 실제로 전제에서는 '받아들일 수 있고'(dotheiē), '할 수 있다면'(dunaimetha)이라는 희구법(optative mood)으로 표현하고, 결론에서는 '할 수 있을 것이다'(dunēsometha)라는 미래형을 사용하고 있다. 여기서는 이렇게 조건적으로 성립 가능한 관상학이 어떻게 사실과 관련되는지에 대해서는 더 이상 아무런 언급이 없다. 이 점은 『관상학』에서도 역시 마찬가지다. "만일 이것이 참이라면——실제로 이것이 늘 참이라고 한다면——관상학적 연구가 있어야 할 것"(805a17)이라고 희구법으로 표현하고 있을 뿐이다.

관상학이 성립할 수 있는 조건과 그 논증에 대한 논리적 분석은 이렇다. 자연적으로 어떤 종의 모든 동물에 속하는 겪음이 있다면——다른 종에는 우연적으로만 속하지만——(1)에 의해서, 이 겪음과 연관되는 어떤 고유한 신체적 징표가 있어야만 한다. (2)에 의해서, 이것은 그것이 발견되는 그 겪음과 연관되는 혹은 상응하는 고유한 징표이어야만 한다. 하지만 아리스토텔레스는 (1)을 논리적으로 증명하지는 않았고, **자연적 관찰에 따라서** 여러 감정에 따라붙는 징표가 있다는 것에 근거하고 있을 뿐이다. 이를테면 화를 내면 얼굴이 붉게 충혈되는 것처럼 겉으로 드러나는 징표가 그렇다. (2)에 대해서도 아리스토텔레스는 명확한 논리적 근거를 제시하지 않는다. 다만 논증을 위해 자명한 것으로 받아들이고 있을 뿐이다. (3)도 기본적으로는 증명되지 않은 (1)과 (2)에 의존하고 있을 뿐이다.

정리하자면, 그 모든 구성원이 정신적 특징 M1과 신체적 특징 P1을 갖는 S1을 하나의 종이라고 하자. 그리하여 P1이 M1의 징표임을 만족시킨다면, P1을 갖는 또 다른 종 S2의 어떤 개별자는 M1을 가질 것이라고 추론할 수 있을 것이다. 그렇지만 (4)에 의하면 아리스토텔레스는 하나의 종이 하나 이상의 징표를 가질 수 있음을 인정하는 것처럼 보인다. 그렇다면 하나의 고유한 징표가 특정한 동물에 속한다는 것을 어떻게 결정할 수 있을지 하는 **치명적인 문제**가 여전히 해결되어야만 할 것으로 남아 있다.

(5)에서 볼 수 있듯이, 아리스토텔레스는 신체적 특징으로부터 성격적 특징을 추론할 수 있는 가능성을 제1격의 추론식에 의존하고 있는 것처럼 생각한다. 제1격에서 대전제는 환위할 수 있으나 소전제는 환위할 수 없다. 따라서 다음과 같은 추리가 가능해지는 것이다. '큰 사지를 갖는 모든 동물은 용감하다. 모든 사자는 큰 사지를 가지고 있다. 그러므로 모든 사자는 용감하다.'

이를 통해서 볼 때, 아리스토텔레스는 신체와 혼이 자연적인 겹음에서 동시적으로 영향을 주고받을 수 있는 가능성을 열어 두고 있는 것처럼 보인다. 그래서 아리스토텔레스는 '신체와 혼이 동시적으로 변화한다면'이라는 조건 밑에서만 관상학이 성립할 수 있다고 본다. 즉 '관상학적 연구'가 가능할 수 있다는 것은 물리적인 외형적 징표를 통해 성격을 추론해 낼 수 있다는 것을 의미한다. 그러나 신체와 혼이 서로 영향을 주고받는다는 이 철학적 관점은 신체의 '형상'으로서의 혼에 대한 아리스토텔레스의 질료-형상 개념(hylomorphic conception)과는 거리가 떨어져 있는 것으로 받아들여진다.

실제로 아리스토텔레스는 『혼에 대하여』 제2권에서 '혼은 필연적으로 잠재적으로 생명을 가질 수 있는 자연적 신체 형상으로서 실체(ousia)여야만 한다'라며 질료-형상설을 강력히 주장한다. 또 혼은 '생명을 잠재적으로 가지는 자연적 신체의 제일 현실태'라는 것이다. 그런 까닭에 밀랍(蜜蠟)과 그것에 새겨진 각인(schēma; 刻印)이 하나인지를 물을 필요가 없고, 각 사물의 질료와 그 형상이 동일한지를 또한 물을 필요가 없는 것과 마찬가지로, 혼과 신체는 하나인지를 물을 필요가 없다는 것이다.[10] 그렇다고 하면 혼과 신체의 상호작용과 상호 영향에 대한 생각에 토대를 둔 관상학적 탐구는 아리스토텔레스의 질료-형상설을 누그러뜨려 일상적 경험 태도에 기반하는 '소박한' 수준의 학문이라 해야 마땅할 것이다.

어쨌거나 이 책의 주제인 관상학에서 논의되는 신체적 외관과 성격은 현대 심리철학에서 말하는 물리적 사태(physical state)와 심리적 사태(mental state)와는 직접적으로 관련을 맺고 있지는 않다. 관상학의 출발은 신체의 외관이 인간의 성격과 어떤 연관 관계를 가질 수 있는지를 경험적으로 따져 보는 것이라 할 수 있다. 원칙적으로 관상학은 혼과 신체가 분리될 수 없고, 변화될 수 없는 통일성이 존재한다는 전제 위에서 출발한다. 또한 관상학은 경험과 관찰에 바탕하고 있기에 인간 일반과 동물의 종(種)에 대해 정통한 경험적 지식을 충분히 가지고 있는 사람만이 관상학을 연구할 수 있다. 단적으로 말해서 "모든 동물의 경우에서 각각의 종류에 정통한 앎이 있는 사람들이 있는데, 이들은 예를 들어 기수(騎手)는 말, 사냥꾼은 개의 외적 생김새로부터 그 정신적 특성(마음의 작용)을 알아볼 수 있다"(805a15~16)는 것이다.

---

10 『혼에 대하여』 제2권 제1장 412a19~33.

관상학의 토대와 그 토대에 대한 비판

앞서 살펴본 바와 같이, 혼에 대한 신체의 영향과 신체에 대한 혼의 영향이 동시에 작동하고 있다고 전제해야만 관상학은 성립할 수 있다.『분석론 전서』에서와 마찬가지로『관상학』도 관상학이 성립할 수 있는 신체와 혼 간의 관계가 '왜' 성립하는지에 대해서는 관심을 표명하고 있지 않다.

이 책에서 상호작용하는 예로서 주어지는 것들은 물리적 사건으로는 질병과 술 취함(805a2~4), 섭생의 방식(다이어트)과 의술(808b21~24)이고, 심리적 사건들은 슬픔과 기쁨(808b14~15)과 같은 감정적인 사건들이다. 이 두 사건들은 심리적, 물리적 변화를 가져오게 된다. 여기서 말하는 상호작용(sumpathēia)은 혼과 신체에서 일어나는 '작용'(operation)을 말하는 것이지 그것이 작용하게 되는 능력이나 원인을 말하는 것은 아니다.

『관상학』에서는 이 두 방향의 '상호작용' 대해 이렇게 말하고 있다.

"이것은 술에 취하거나 질병의 경우에서 **아주 분명하다**. 왜냐하면 정신적 특성이 신체적인 겪음(sōmatos pathēmata)에 의해 변화한다는 것은 명백한 일이기 때문이다. 또 반대로 신체는 혼의 겪음에 의해 그에 따른 변화를 겪는다(sumpaschon). 이것은 사랑과 두려움 그리고 슬픔과 기쁨에서 분명하다. **게다가** 신체와 혼이 서로에 대해 어떤 방식으로 그렇게 긴밀하게 결합을 하게 되고, 이 때문에 대부분의 것들에서 혼과 신체가 서로에게 받는 겪음의 원인이 되고 있다는 것은 자연에 의해 생긴 것들을 봄으로써 더 잘 알게 될 것이다"(805a2~9).

여기서『관상학』의 저자는 더 이상의 논증을 전개하지 않은 채 '아주 분명하다'(dēlon panu ginetai)와 불변화사 '게다가'(eti de)를 사용해 혼과 신체에 대한 상호 영향이 존재함을 당연한 것으로 전제하고 있다. 그러면서 모든 동물의 각각의 종에 대해 정통한 앎이 있는 사람들은 그 외적 생김새로부터 그것들의 정신적 특성을 파악해 낼 수 있다는 추론을 이끌어 낸다. 마치 노련한 마부가 말의 외형을 보면서, 또 사냥꾼이 개의 외형을 보면서 말과 개의 성향을 파악하는 것처럼 말이다. 이 경험적 사실과 그 논리적 토대가 정당하게 성립한다면 하나의 학문으로서 마땅히 '관상학'이 성립해야만 한다는 정당성을 보여 줄 수 있을 것이다.

요컨대 관상학이 성립할 수 있는 전제는 다음 세 가지다.

첫째, 술 취함이나 질병과 같은 상태는 신체적 변화가 정신적 특성의 변화를 가져온다. 역으로 사랑과 두려움, 고통과 쾌락과 같은 정신적 상태는 신체의 변화에 영향을 주면서 상호작용을 한다.
둘째, 모든 개별적 동물들은 특정한 외관과 특정한 성격을 가진다.
셋째, 말과 개에 대한 전문가는 그것들의 외관을 보면서 그것들의 정신적 특성을 추론한다.

첫째 주장에 관련해서 어떤 의문이 든다. 일시적 상태를 겪는 것을 신체와 성격의 지속적 성질에 대한 유비로 적절할 수 있을까? 아리스토텔레스는 『범주론』(9b11~10a10)에서 부끄러울 때는 얼굴이 붉어지고, 두려울 때는 얼굴이 창백해진다는 점을 인정한다. 따라서 누군가가 동일한 정신적 겪음을 통해 동일한 신체적 변화가 일어날 것이라고 추론하는 것도 받아들인다. 또한 정신이 겪는 성질에 대해 그 신체적 자극이 있다는 것도 받아들인다. 그래서 누군가는 괴롭힘을 당할 때 쉽게 화를 내기 마련이다. 그러나 그러한 성질의 변화는 지속적일 수 없는 일시적 변화에 불과하다고 아리스토텔레스는 주장한다.

둘째 주장과 관련해서 그것만으로는 외관과 성격이 상호 영향을 받고 있는지의 여부를 확인할 수 없을 것이다. 게다가 세 번째 주장은 두 번째 주장과 모순되는 것처럼 보인다. 모든 개별적 동물이 특정한 외관과 성격을 갖는다고 하면, 아무리 경험 많은 마부라도 어떤 동물의 특정한 외관에 따라붙는 특정한 성격을 포착해 내는 것은 거의 불가능할 것으로 여겨지기 때문이다.

실제로 이 책의 저자는 805a33~b10에서 성격이 동일하지 않은 사람, 예를 들어 뻔뻔한 사람과 용감한 사람은 정신적 특성이 달라도 동일한 모습을 가질 수 있음을 지적한다. 또 경우에 따라서는 그 성격에 따라 동일한 얼굴 표정이 아니라 다른 얼굴 표정을 가질 수도 있다. 이 책의 저자 또한 '침울한 사람들도 때때로 유쾌한 날을 지내고 쾌활한 사람들에게서 보이는 얼굴 표정을 나타낸다. 또 그 반대로 쾌활한 사람도 고통을 겪을 수 있는데, 따라서 얼굴에 나타난 표정은 변할 수 있음'을 지적하고 있다. 그리고 805b10~806a6에서는 동물과의 비유를 통해 성격을 추론해 내는 것도 잘못일 수 있음을 지적한다. 왜냐하면 신체상으로 동물을 닮았다고 해서 그 혼 역시 그 동물과 닮았다고 추론할 수는 없기 때문이다. 이 책의 저자에 따르면, 진정 무언가를 말할 수 있으려면 단지 **어떤 점에서만** 닮았다고 말해야 한다는 것이다.

관상학 연구의 세 가지 전통적 방법

관상학적 연구의 주된 과제는 규정된 방법을 확정하고(805a), 징표의 선택을(tēn eklogēn tōn sēmeiōn) 통해 사실과 부합하는 결론을 이끌어 내는 것이다(805b10, 805a25).『관상학』의 저자는 종래에 있어 왔던 관상학에 대한 연구가 세 가지 방식으로 이루어져 왔음을 지적한다. 첫째는 동물의 비유, 둘째는 인종의 비유, 셋째는 외형적 현상의 감정적인 근본 성격에 근거한(ek tōn ēthōn tōn epiphainomenōn) 연구 방법이다. 이 세 가지 방법은 기원전 3세기 당시에 혹은 그 이전부터 통용되던 일반적 방법일 것으로 추정된다.

동물의 비유

첫째 방법은 아리스토텔레스의 『동물의 발생에 대하여』(De generatione animalium) 제4권 제3장에서도 언급되는 것이다. "어떤 관상학자는 모든 사람의 생김새(opseis)를 둘 혹은 세 동물에게로 되돌려서 [사람들에게] 말함으로써 종종 납득시켰다"(769b20~22). 특별히 이 관상학자들이 누구인지, 어떤 출전에서 나왔는지에 대한 더 이상의 언급은 없다. 이와 같은 선상에서 『관상학』의 저자는 "어떤 사람들은 개별적인 종(種)에 따른 외적 생김새와 하나의 특정한 정신적 특성을 확정함으로써 동물의 종(種)에 근거해서 관상학적 연구를 수행하고 있다"라고 말하고 있다.[11]

이 방법은 동물의 성향(ēthos)도 인간의 감정과 성격에 해당하는 전체 범위에 걸쳐 있다는 생각에 기본적 토대를 두고 있다. 『동물 탐구』 488b12~27에는 인간에게나 해당할 수 있는 모든 성격을 개별적 동물들에 고스란히 적용시키고 있다. 인간과 동물 간 성격 유비가 『관상학』에서의 동물 비유에 대한 논리적 근거가 되고 있음은 분명해 보인다. 거기에서 아리스토텔레스는 많은 동물도 기억의 능력을 가지고 있으나 숙고할(bouleutikon) 수 있는 유일한 동물은 인간뿐임을 지적한다. 또한 과거의 사건을 상기할 수 있는(anamimnēskesthai) 동물은 오직 인간만이라는

---

11 동물을 비유를 통한 관상학적 방법에 대해서는 805a18~33 참조.

것이다. 그 대목을 간략히 옮겨 보자.

"동물 서로 간에는 성향에 따라서 차이가 난다. 어떤 것들은 온순하고,
동작이 굼뜨고, 공격적이지 않다. 소가 그렇다. 다른 어떤 것들은 사납
고, 공격적이고, 고집불통이다. 멧돼지가 그렇다. 어떤 것들은 영리하고
겁이 많다(phronima kai deila). 사슴과 토끼가 그렇다. 다른 어떤 것들은
비열하고 음험하다. 뱀이 그렇다. 다른 어떤 것들은 자유롭고(eleutheria;
당당하고), 용맹하고, 고결하다(기품이 있다; eugenē). 사자가 그렇다. 잘
태어났고(gennaion), 난폭하고, 음험한 것들도 있다. 늑대가 그렇다. 고결
하다는 것은 좋은 부류에서 태어났다는 것이고, 잘 태어났다는 것은 자
신의 본성으로부터 벗어나지 않았다는 것이다. 어떤 것들은 교활하고
사악하다. 여우가 그렇다. 다른 어떤 것들은 기백이 있고, 사랑스럽고,
아양을 부린다. 개가 그렇다. 어떤 것들은 온순하고 쉽게 길들여진다. 코
끼리가 그렇다. 다른 어떤 것들은 부끄러워하고 주의 깊다. 거위가 그렇
다. 어떤 것들은 시샘 많고 치장하기를 좋아한다(philokalos). 공작이 그
렇다. 인간만이 숙고할 수 있는 동물이다. 많은 동물은 기억과 배움을 공
유할 수 있다. 그러나 인간을 제외하고는 다른 어떤 것들도 과거를 상기
할 수 없다."[12]

동물의 비유 방법을 일반적 추론 형식으로 형식화하자면 다음과 같

---

12 『동물 탐구』 제8권 시작 부분에서(588a16 아래) 아리스토텔레스는 인간의 경우에 가장
분명하게 차이가 드러나는 것처럼, 대부분의 동물들도 혼과 관련해서 성격 유형의 흔
적(ichnē)을 가지고 있음을 지적하고 있다. 예를 들면 길듦, 난폭함, 온순함, 거칢, 용맹
함, 겁 많음, 두려움, 대담함, 교활함 같은 것들이 유비적이기는 하지만 인간의 '이해함'
에 해당하는 것과 함께 동물에게도 있다는 것이다.

다. 이 추론 형식은 앞서『분석론 전서』하권 27장의 분석에서도 고찰한 바 있다.

(1) 대전제: '하나의 특정한 신체 표지는 하나의 특정한 특성에 대해 환위 가능한 징표다.'
이 전제로부터『관상학』에서의 소전제를 이끌어 낸다.
(2) 소전제: '이 동물은 이 특정한 신체 표지를 가지고 있다.'
(3) 결론: '그러므로 이 동물은 저 규정된 특성을 가진다.'

구체적인 예를 들어 보자. 이 추론 방법은 '사자가 용맹하다. X는 사자를 닮았다. 그러므로 X는 용맹하다'라는 식으로 징표와 동물의 특성을 포착해서 한 사람의 성격을 이끌어 내는 식이다.

인종의 비유

인종의 비교에 근거하는 방법은, "외관이나 성격들이 다른 인간 종족별로 이를테면 아이귑토스인, 트라키아인, 스퀴티아인처럼 인종(ethos)을 구분함으로써, 인간의 유(類) 그 자체에 근거해서 징표를 선택"하는 것이다. 이 방법은 기원전 5세기에 이미 알려진 방법이다. 상이한 자연적인 기후 조건에 따른 민족의 상이한 성격을 구별하는 것은 힙포크라테스의 의술에 관련된 일련의 저작과 헤로도토스의『역사』의 여러 대목에서도 빈번하게 나타나고 있다.

인종의 비유는 두 가지가 언급되는데, 하나는 "북쪽에 사는 종족은 용감하고 뻣뻣한 머리카락을 가지고 있지만, 남쪽에 사는 종족은 겁이 많고 부드러운 머리카락을 가지고 있다"(806b15~18)는 것이다. 이를테면 "피부색이 너무 거무스레한 사람들은 겁이 많다. 이 점은 아이귑토스인들과 아이티오피아인들에게로 되돌려 확인할 수 있다"(812a12~13). 다른 하나는 "작고 섬세하다. 수척하다. 작은 눈과 작은 얼굴을 가진다. 이를테면 코린트 사람과 레우카디아 사람들이 그렇듯이"(808a30~3)와 같은 것이다.

이 인종의 비유에 근거한 관상학적 방법이 나중에 인종 차별에 대한 이데올로기를 만들어 내는 발판이 되었다.

외형적 현상의 근본 성격에 근거한 방법

세 번째는 '다른 어떤 사람들은 외형적 현상(얼굴 표정, 감정 상태에 수반하는 표정)에 근거해서 관상학적 연구를 수행'하는 방법이다. 이것은 특정한 감정과 연관된 표정이나 외형을 보고 판단하는 방법이다. 이를테면 인간의 성향은 각각의 심적 성격에 부수해서, 즉 화내고, 두려워하고, 성적 흥분에 도취하는 것과 같은 것 그리고 그 밖의 다른 각각의 감정적 상태에 수반해서 나타나는 표정을 바탕으로 판단한다.

이 세 번째 방법은 「논고 A」보다는 「논고 B」에서 사용되고 있다. 동물 비유를 사용하는 방법은 특별한 방법적인 숙고와 반성이 없이 「논고 B」에서 빈번하게 나타나고 있다.

얼굴 표정으로부터의 방법에 대한 비판

세 번째로 언급된 "오로지 얼굴에 드러난 표정에 따라 관상학적 연구를 진행"하는 방법이 먼저 비판되고 있다.

(1) 동일한 외모를 통해서 성격을 추론해 낼 수 있다는 주장은 두 사람이 동일한 얼굴을 가지면서도 서로 상이한 성격을 가질 수 있다는 식으로 쉽게 논박된다. 왜냐하면 '용감한 사람'과 '뻔뻔한 사람'도 정신적 속성(dianoia)은 전혀 상이하지만 동일한 모습을 가질 수도 있기 때문이

다. 사실 이 비판은 논리적으로는 동물의 징표를 통한 성격 판단, 즉 '동물의 비유의 방법'에 대한 비판과 연관되는 것으로 보인다.

(2) 두 번째의 비판적 관점은 사람들이 경우에 따라서는 동일한 얼굴 표정을 갖지 않고, 다른 얼굴 표정을 가질 수 있다는 것이다. 왜냐하면 침울한 사람들도 때때로 유쾌한 날을 보내며 쾌활한 사람들의 얼굴 표정을 나타낼 수 있기 때문이다. 또한 그 역도 성립할 수 있다. 요컨대 얼굴 표정은 영속적일 수 없고 수시로 변할 수 있다. 또 수시로 변하는 감정 표정을 통해 자신에게 귀속되는 성격이나 자신의 전형적이고 영속적인 얼굴 표식을 감출 수도 있다.

(3) 이로부터 이 책의 저자는 결론적으로 "소수의 경우에서만 겉으로 드러난 얼굴 모습으로부터 결론을 끄집어낼 수 있다"라는 것으로 이 비판적 논의를 마무리하고 있다. 이런 의미에서 얼굴 모습으로부터 성격을 추론해 내는 것은 제한적일 수밖에 없다. 왜냐하면 얼굴의 모습 이외에도 다른 신체적인 몸가짐, 머리, 피부색, 목소리와 같은 것을 통해서도 인간의 성격을 추론해 낼 수 있기 때문이다. 이 점을 806a26~33에서는 다음과 같이 명확히 밝히고 있다.

"관상이 이루어지는 것은 다음과 같은 것들 즉 움직임, 자세와 색깔로부터, 얼굴에 나타난 표정으로부터, 머리카락, 피부의 윤기, 목소리, 살집, 몸의 여러 부분 그리고 전체적인 신체의 모습으로부터 [징표(결론)를] 이끌어 내는 것이다."

동물 비유 방법에 대한 비판

첫째 비판은 인간과 동물의 '유사성'에 대해 반대하는 것으로 그 초점이 모인다. 유사성의 관점은 인간과 동물을 비교하는 데에 적합하지 않다는 것이다. 동물들 각각의 형태(idea)를 낱낱이 살펴보면서 신체적으로 이 동물과 닮은 사람 누구라도 그 혼에 있어서 그 동물과 닮을 것이라고 주장하는 것은 가능하지 않다는 것이고, 또 우리는 기껏해야 어떤 점에서만 닮았다는 것(proseoikōs ti)을 찾아낼 수 있을 뿐이다. 요컨대 인간과 동물은 질적인 차이를 지니고 있기 때문에 제한적으로만 닮을 수 있을 뿐이라는 것이다.

둘째 비판은 첫 번째 비판보다 더 강력한 것으로 보인다. 둘째 비판은 내용적으로 (2-1)과 (2-2)로 나누어 생각해 볼 수 있다. 원문을 그대로 인용하겠다.

"게다가 이것에 덧붙여, 어떤 종류의 동물이든 각각 고유한 징표는 미미하지만 공통의 징표는 많이 있다. 따라서 (2-1) 누군가가 고유한 징표에서가 아니라 공통의 징표에 의해 동물과 닮은 것인데, 만일 그렇다면 도대체 어떻게 그 사람이 사슴보다 사자와 닮았다고 하는 일이 있을 수 있을까? 왜냐하면 고유한 징표는 '무언가' 고유성을, [20] 공통의 징표는 '무언가' 공통성을 의미하는 것은 매우 그럴듯하기 때문이다. 그러므로 동물 일반에게 공통적인 징표는 관상학적 연구를 수행하는 자에게는 아무것도 명료하게 밝히지 않을 것이다.

그러나 (2-2) 만일 어떤 종류의 동물에게 고유한 징표가 선택된다고 해도 그것이 어떤 정신적 특성의 징표인지를 특정할 수는 없을 것이다. 왜냐하면 그것이 어떤 종류의 동물에게 고유한 징표임이 확실하다고 하더라도 관상학 연구자가 대상으로 삼고 있는 그 동물들의 마음속에 그만큼 고유한 성격이 있다고 생각할 수는 없기 때문이다. [25] 왜냐하면 용맹한 것은 사자뿐만 아니라 다른 많은 동물들도 용맹하고, 겁은 토끼뿐 아니라 다른 수많은 동물들도 많기 때문이다"(805b17~26).

요컨대 동물 부류들은 소수의 동물들만이 고유한 징표를 갖고, 대부분의 것들은 공통의 징표를 가진다는 것이다. (2-1)의 논리적 비판의 요점은, 만일 다른 종에 공통적으로 공유하는 징표에 호소한다면 인간이 어떤 다른 종보다 한 종에 더 닮은 징표를 공유한다고 말하는 것은 불가능하다는 것이다. 그렇다고 하면 고유하지 않은 공통의 징표는 관상학적 연구로서 적합할 수 없다. 공통의 징표는 명료하게 어떤 성격을 드러내 줄 수 없으니까. 그러나 (2-2)에서 보듯이 설령 고유한 특징의 징표를 사용한다고 할지라도, 동물의 경우에는 그것이 어떤 부류에게만 귀속되는 고유한 정신적 특성일 수 없다. 왜냐하면 어떤 고유한 징표가 어떤 특정한 성격을 지시한다는 것을 안다는 것은 불가능하기 때문이다. 실제로 용맹성은 사자 이외의 동물에서도 발견되고, 겁 많음은 토끼 이외의 다른 동물에서 발견되기 때문이다. 따라서 어떤 징표가 어떤 성격과 관련되는지를 밝혀낼 수 없게 된다.

한편, 이 인용 대목에 이어지는 '새로운 원칙을 통한 동물 비유 방법의 개선책'과 다른 개선책들, 이를테면 '영속적인 특징들만이 징표로서 사용될 수 있다'라는 주장은 앞서 우리가 보았던 『분석론 전서』 제2권 제27장 논의를 그대로 반영하고 있는 것으로 보인다.

새로운 원칙을 통한 동물 비유 방법의 개선책

위에서 진행된 비판적 논의를 통해 저자는 동물 비유 방법을 공통되는 징표나 고유한 징표가 아니라 새로운 징표를 선택하는 방법을 제시하고 있다. 만일 공통의 징표나 고유한 징표가 선택하는 자에게 명료한 어떤 것을 주지 못한다면, 또한 동물들 하나하나를 관찰하는 것이 그릇된 결론으로 이끈다면, 동물들 하나하나를 검토할 필요가 없다. 오히려 모든 동물로부터 동일한 성격적 특징(pathos)을 겪는 징표를 선택하는 편이 나을 것이다. 따라서 누군가가 동물에게서 용기의 징표적 특징들(ta sēmeia)을 검사한다면 용맹한 동물들을 낱낱이 검사하는 셈이 되는 것이고, 어떤 종류의 성격적 특징이 그들 모두에게 속하는 것이지만 다른 동물들에는 결코 일어나지 않음을 파악하는 셈이 된다.

하지만 이와 같은 방식으로도 징표를 선택하는 것은 만족스럽지 못하다. 우리가 설령 동물들에서 '이것들이 용맹성의 징표(sēmeia)다'라는 것을 선택한다면, 용기라는 이 공통 성격이 다른 정신적 특성을 가진 모든 동물들에게 속하게 될 뿐 아니라 다른 어떤 특징들도 있게 될 것이기 때문이다. 그렇기 때문에 우리가 찾은 그 특징이 용기에 대한 징표인지, 아니면 다른 어떤 특징에 대한 징표인지 의문을 가질 수밖에 없게 된다.

저자가 세련되게 수정한 동물의 비유에 근거한 관상학은 단지 공통적으로 하나의 신체적 특징과 단지 하나의 심리적인 특징을 갖는 동물 종의 표본을 선택해야만 한다는 것이다. 그래서 이 책의 저자는 이 난점을 극복한 새로운 원리를 제안한다.

다른 개선책들: 영속적인 특징들만이 징표로서 사용될 수 있다

여기서 저자는 관상학을 위한 새로운 개선책으로 영속적인 징표들을 선택해야 한다는 원리를 제시한다. "징표들이 한 번 생겼다가 사라지는 것들인 한에서는, 어떻게 그것들이 마음의 작용에서 영속적인 것에 대한 참된 징표일 수 있겠는가?"라고 의문을 내놓으면서 '신체적 징표들이 영속적인 한에서는, 그 징표들은 영속적인 어떤 정신적 성격을 나타내야만 한다'라는 원리를 이끌어 내고 있다. 다시 말해 일시적으로 생겼다 사라지는 징표들은 어떤 경우에는 참일 수 있지만, 그러나 그것이 늘 혼의 실제의 사태(pragmata)에 동반하지 않는다면 도대체 아무런 쓸모가 없다고 결론 맺고 있다.

그러면서 저자는 신체적 변화를 가져오지 않는 혼의 상태들은 관상학자에게 전혀 도움이 되지 않는다고 주장한다. 다시 말해 혼의 특정한 상태(겪음)인 음악적 지식이나 물리학의 지식은 신체적 변화와 무관한 것이기 때문에 관상학자들은 이것을 징표로서 사용할 수 없다는 것이다. 즉 음악적 지식을 '겪는' 누군가의 혼의 상태를 보면서 '저 사람이 음악가다'라고 식별하게 만들지는 못한다는 것이다. 이런 점에서 관상학은 '신체의 특징이 혼의 겪음을 수반하는 경우'를 그 연구 대상으로 삼는 것이라고 말할 수 있다.

관상학의 정의: 대상, 징표의 원천, 징표들의 더 분명한 의미

이 책의 저자가 밝히고 있는 관상학의 정의는 다음과 같다. 즉 '관상학'(phsiognōmonika)이라는 말 자체가 의미하는 바처럼 "정신적 속성에서의 자연적인 특징(겪음)들에 관한 것"과 "관상학에서 고찰된 그 징표들에서 [정신적 특성의 개입을 통해] 어떤 변화를 만들어 내는 획득된 특징에 관한 것"을 다룬다는 것이다. 여기서 '획득된'은 '자연적인'(phusikos)에 대립되는 표현이다.

이 책의 저자는 관상학에 관련된 세 가지 중요한 철학적 물음을 제시하고 있다.

첫째, 관상학이 어떤 종류의 징표들을 다루는가?

둘째, 어떤 것들로부터(ek tinōn) 개별적인 징표가 포착되었는가?

셋째, 개별적인 각각의 것들에 대해서 하나하나 순서대로 더 분명하게 나타난 현상들을 상세하게 드러내는 일이다.

첫째 물음에 대해선 806a23에서 "마음에 자연적으로 생긴 성격 특성

(겪음들)"이라고 명확히 금을 그으며 답하고 있다. 둘째 물음에 대해선 "지금은 관상학적 징표들이 어떤 부류로부터(ex hōn genōn) 이끌려져 나오는지만을 말하겠다"라며 그 원천에 대해서 '신체의 움직임', '형태', '피부 색깔', '얼굴에 나타난 특징적 모습이나 인상', '머리카락', '피부의 부드러움', '목소리', '살집의 상태' 등을 열거하면서 "전체적인 신체의 외형으로부터 징표를 이끌어 낸다"라고 말하고 있다. 이와 같은 것들이 관상학자들이 탐구하는 징표가 존재하는 모든 부류에 속한다는 것이다. 셋째 물음인 '개별적인 각각의 것들에 대해서'는 806b3~807a3에서 상세하게 논의되고 있다.

관상학의 새로운 방법:
논리적 징표 추론의 새로운 철학적 방법의 도입(807a3~12)

"그런데 그것으로 인해 관상학을 이끌어 갈 수 있는 또 다른 방법이 있다. 그럼에도 지금껏 그 방법을 시도하는 사람은 아무도 없었다. [그 방법은 이런 것이다.] 예를 들어 만일 쉽게 화를 내거나 소심한 사람이 항상 질투심이 많은 성격이라면, 설령 그들에게서 질투심의 징표를 찾을 수 없더라도 미리 인정받은 징표들에서 질투심을 찾아내는 것이 관상학자들에게는 가능할 수 있다. 특히 이와 같은 방법은 철학적 훈련을 거친 사람들에게 고유한 것이라고 할 수 있는데, 이는 일정하게 주어진 전제로부터 필연적인 결론을 이끌어 내는 능력을 우리는 철학에 고유한 특징으로 생각하기 때문이다. 그러나 이 방법은 때때로 감정이나 동물의 고찰에 따라서 진행되는 관상학적 연구와 반대되는 결론에 도달하는 경우가 있다."

관상학의 연구는 신체적 징표로부터 전체 인간의 특징을 연구하는 것이 아니라 특정한 사람들의 이러저러한 성격을 추론해 내는 것을 목표로 한다(807a30). 신체적인 특징을 통해 해당하는 개별적 사람의 성격을 이끌어 내는 것뿐만 아니라 '신체상의 징표가 없는 경우'에는 새로운 관상학의 방법을 사용해야만 한다. 이 새로운 방법은 겪음과 동물의 관찰에 의존하지 않고, 성격의 유형으로부터 다른 어떤 성격을 논리적으로 추론하는 것이어서 신체상의 징표만을 토대로 이끌어 낸 추론과는 달리 경우에 따라 모순된 관상학적 판단을 가져올 수도 있다.

그래서 이 책의 저자는 지금까지 행해져 오지 않았던 새로운 관상학의 방법을 제시한다. 관상학을 연구하는 새로운 방법은 '철학적 방법'이라고 부를 수 있는데, 이 방법은 809a19 아래에서 논의되는 '논리적 추론의 방법'이다. 다음과 같은 방식과 절차가 관상학적 탐구에서의 논리적 추론의 방법이다.

"게다가 징표의 선택과 관련해서 어떠한 경우에도 적용되어야 하는 추론(sullogismos)을 통해 이루어져야만 한다. 추론은 가능한 경우가 있을 때마다 사용해야만 하는데, [그 추론 절차에서] 현재 징표가 나타내는 것들에 별도로 속해야만 하는 당면한 것을 덧붙임으로써 그렇게 해야만 한다. 예를 들어 만일 부끄러움을 모르고 편협한 사람이 있다면 그 사람은 또한 도둑이자 자유인답지 못한(비열한) 사람일 것이다. 즉 부끄러움이 없기 때문에 도둑이며, 편협하기 때문에 자유인답지 못한(비열한) 사람이다. 어쨌든 이와 같은 모든 경우들 각각에 우리는 이러한 방법을 적절히 이용함으로써 그 탐구를 진행해 나가야 한다."

징표 표지의 세밀한 선택에 대한 예증들(807a13~30)

"목소리에 대해 그 감정 상태에 따라 고찰하자면, 우리는 높고 날카로운 목소리는 신경질적인 기질을 가진 사람의 징표로 특정되어야 한다고 생각할 수 있다. 왜냐하면 짜증 내고 화내는 사람은 평소에는 소리를 지르고 쇳소리를 내지만 무관심한 성격의 사람은 목소리의 긴장을 늦추고 낮은 목소리를 내기 때문이다. 이와 반대로 동물의 모습으로 고찰해 나간다면 용맹한 동물의 목소리는 저음이지만, 겁 많은 동물은 높은 톤의 목소리를 가지고 있다. 왜냐하면 사자와 황소, 자주 짖는 개, 싸움용 수탉은 모두 낮은 톤의 목소리를 내지만 사슴이나 토끼는 높은 톤의 목소리를 내기 때문이다. 하지만 이러한 경우에조차 낮은 목소리인지 높은 목소리인지에 따라 용맹한 동물인지 겁쟁이 동물인지를 특정해 나갈 것이 아니라 오히려 (그 세기의 정도에서의 징표로서) 용맹한 것은 힘찬 목소리를 가지고, 겁쟁이는 (그 징표로서) 목소리의 탄력이 없고 연약한 목소리를 가진다고 보아야 하며, 아마도 그편이 더 나은 방법일 것이다.
징표가 서로 일치하지 않고 모순되는 때에 그중 어느 것이 다른 것보다 신뢰할 만한 가치가 있는지를 분간할 수 없다면 그러한 것을 확정하지 않고 두는 것, 특히 유의 전체가 아닌 종을 증거로 참조해 나가는 것이 최선의 방법이다. 왜냐하면 종 쪽이 관상학에 의해 고찰하고 있는 대상에 더 비슷하기 때문이다. 사실상 우리가 관상학적 연구를 행하는 것은 인간 전체 부류가 아니라 그 유 속의 어떤 특정한 사람들이니까."

여기서는 징표를 세밀하게 따져서 선택되어야만 한다는 점을 강조하고 있다. 또한 동물 비유에 대한 비판을 하고 있는데, 동물 비유에 대한 비판은 이미 805b10~806a6에서 논의된 바 있다. 이 책의 저자는 기존의 동물 비유에 대한 관상학적 방법을 비판하면서 새로운 관상학의 방법을 제시한다. 이 책의 저자가 강조하고 있는 또 하나의 초점은 징표가 일치하지 않는 경우 섣부른 판단을 이끌어 내지 말라고 지적하고 있는 점이다. 그래서 저자는 "유 전체가 아닌 종을 증거로 참조해 나가는(되돌리는) 것이 최선의 방법"임을 주장한다. 그 이유는 "우리가 관상학적 연구를 행하는 것은 인간 전체 부류가 아니라 그 유 속의 어떤 특정한 사람들"이기 때문이라는 것이다.

「논고 B」 작품의 내용 분석

전제: 신체와 혼의 상호적 영향과 동시적 영향

「논고 A」와 마찬가지로 〈논고 B〉 역시 관상학의 중심 전제인 신체와 혼의 상호 연관 관계를 언급하는 것으로부터 논의를 시작하고 있다. '혼의 상태(hexis)의 변화는 동시에 신체의 형태(morphē)의 변화"를 가져온다. 그 역도 마찬가지다. '슬퍼함과 기뻐함'의 혼의 상태는 그에 대응하는 신체적 모습을 동반한다는 것은 명백하기 때문이다. 요컨대 관상학은 신체와 혼의 상호작용이 동시적으로 일어난다는 것을 전제로 삼고 있다.

고유한 특징과 공통적 특징 간의 구별

이 책의 저자는 고유한 특징(pathē)과 공통되는 특징을 구별한다. "혼의 고유한 활동에는 신체의 고유한 것이 따르는 반면에 혼의 공통된 활동에는 신체의 공통적인 것이 따른다"라는 것이다. 여기서 들고 있는 공통적인 특징과 고유한 특징은 동물의 관찰에서 얻어진 것으로 보이는데 특별히 어떤 논리적 설명을 통해서라기보다는 일반적인 동물의 습성과 행동거지에서 이끌어 낸 것으로 보인다. 가령 오만과 지나친 성애(性愛)의 도취는 공통적인데, 털 많은 꼬리를 가진 동물들은 공통적으로 오만하고, 당나귀와 돼지는 성애 욕구가 크다는 것이다. 욕지거리를 해대는 것은 개의 고유한 특징이고, 고통을 잘 느끼지 못하는 둔감함은 당나귀에게 고유한 것이다.

관상학자의 능력: 실천적 훈련, '전체 인상'으로부터의 추론적 방법

이 책의 저자는 여기서 「논고 A」에 언급되지 않은 두 가지 새로운 생각을 제시하고 있다. 그러면서 저자가 강조하고자 한 것은 아마도 '관상학의 실천적 수행의 절차'인 것 같다. 저자는 관상학을 이론적으로보다는 좀 더 실천적 혹은 기술(technē)적으로 연구하기 위해서는 '사실에 대한 숙달(친숙함)'과 '전체 인상'(epiprepeia)의 파악이 필요하다고 강조한다. 여기서 말하는 '사실에 대한 친숙함(숙달)'은 경험을 통한 실제적인 '관상학적 경험의 풍부함'이라고 바꾸어 말할 수 있다. 관상학의 연구자는 "모든 동물에 관해 최대한도의 친숙함(숙달, sunētheia)"을 사용해야만 하는데, 그 이유는 인간의 "신체에서 찾아지는 징표들은 동물의 관찰에서 획득된 유사성(homoiotēta)이나 동물의 행위에서 생긴 유사성의 증거로" 되돌려질 수 있기 때문이다. 다시 말해 "신체에서 나타나는 뚜렷한 현상(외형상의 징표, epiphainomenon)들 중 어떤 것은 작은 차이(mikra diaphora)에 의해서만 나타나는 것이 있고, 동일한 이름으로 불리는 것도" 있다는 것이다. 예를 들어 두려움과 힘든 일로부터 생겨난 얼굴의 '창백함'이라는 현상은 같은 이름으로 불리고 그 차이라는 것도 실제로 그다지 크지 않다. 그래서 관상학적 통찰을 위해서는 그 형태에 관한 숙달에 따라 겉으로 드러난 해당하는 '전체 인상'(epiprepeia)을 획득해야만 '창백함'이라는 현상의 차이를 쉽게 식별할 수 있게 된다. 관상학의 연구를 위한 가장 빠르고 최선인 방책은 외형의 식별에 관해서는 '해당하는 전체 인상'으로부터 연구를 시작하는 것이다. 그러한 방법을 사용함으로써 많은 것을 정확하게 식별할 수 있게 된다.

이미 본문 주해(p. 157 각주 25)에서 '전체 인상'에 대해 상세히 설명한 바 있다. '전체 인상'은 「논고 B」에서 처음으로 등장하는 개념으로 이해하기 매우 어려우나 「논고 B」에서 이루어지고 있는 관상학적 연구 방법에서 가장 중요한 역할을 담당하는 관상학적 용어다. 개별적 동물의 종, 수컷과 암컷의 구분과 마찬가지로 하나의 유비로서 epiprepeia(전체 인상)는 그 대상의 성격을 파악하고, 그 성격을 '환원해서' 확인하는 주요 근거가 되고 있다. 또한 전체 인상은 주어진 신체적 사태에 대해 가능할 수 있는 다양한 해석들 사이에서 선택하고 판단하는 데 꼭 필요한 경우에 결정적으로 제기되는 것이다. 경우에 따라서는 전체 인상이 수컷과 암컷의 구분 못지않게 관상을 준별하는 판단의 기준이 되는 것이다.

여기서 문제가 되는 개념인 epiprepeia를 두고 시비가 벌어질 수 있다. 자비네 폭크트가 Gesamteindruck(전체 인상)으로 번역하는 것과 달리 러브데이와 포스터 그리고 스웨인은 '일치'(congruity)로 번역한다. 이렇게 번역하는 이유는 809a13~18에서 '특정한 징표와 특정하게 지시된 것' 간의 안성맞춤의 '일치'를 말하고 있기 때문이고, 게다가 809a18에는 이 양자가 'prepein dei'(… 일치해야만 한다)고 말하고 있기 때문이다. 스웨인과 조지 보이스 스톤스(George Boys-Stones)는 epiprepeia가 『관상학』에서 '전체적인 생김새'가 개입되는 대목이 없음을 지적한다. 조지 보이스 스톤스는 이 말이 개별적인 징표와 그것들이 지시하는 성격적 특징 간의 '적합함' 내지는 '일치'를 의미하는 것처럼 보인다고 주장한다. 나는 이 책에서 이 두 입장 중 어느 쪽에도 치우치지 않고 양쪽으로의 가능성을 다 열어 두고 결정을 유보하면서 일단 '전체 인상'으로 옮겼다. 그렇지만 방금 전에 설명한 것처럼, '숙달 혹은 친숙함(sunētheia)'과 '전체 인상'은 관상학적 통찰에서 상호 긴밀한 관계를 맺고 있다는 점은 기억해 두어야 한다.

후기의 관상학자에 속하는 소피스트 아다만티우스의 『관상학』 B1에는 "이러한 징표에 부수하는 인간 전체의 전반적인 인상(epiprepeia)이 판단하는 데(eis epikrisin)에 가장 중요하다"라는 구절이 나온다. 아다만티우스의 『관상학』을 번역하면서 이안 레파트(Ian Repath)는 epiprepeia를 '전반적인 인상'(overall appearance)로 옮긴다. 이 밖에도 이 말이 '전반적인 인상'을 의미하는 『무명씨의 라틴어판 관상학』 45에는 "전체 상황과 신체의 성질(qualitate corporis)로부터 나온 전체 인상(omnis aspectus), 이것을 헬라스인들은 epiprepeia라고 부르고, 모든 관상학의 작가들은 이것에 최고의 강조를 둔다"라는 언급이 나온다.

징표의 선택에 대한 추론의 방법

그러면서 이 책의 저자는 관상학의 연구를 위한 또 한 가지 방법으로 '징표의 선택에 대한 추론'이라는 방법을 제시한다. 이 대목이 『관상학』에서의 추론 개념을 포착해 낼 수 있는 유일한 대목이기도 하다. 이는 앞서 논의한 바 있는 『분석론 전서』 제2권 27장에서의 추론 방법과 어떤 관련성을 가지고 있음은 틀림없어 보인다. 또한 이 방법은 「논고 A」의 '동물의 비유'에서 사용된 방법인 '사자가 용맹하다. X는 사자를 닮았다. 그러므로 X는 용맹하다'라는 식의 추론 방식과 유사한 방법이다.

이 추론 방법은 징표로 환원해서 더 이상 조회할 수 없는 경우에 사용할 수 있다. 그것은 또한 「논고 A」 807a3~12에서 도입된 '철학적 방법'으로서의 한 절차일 것이다. 이런 방법을 통한 추론 과정의 예를 들면 이런 것이다. "만일 누군가가 부끄러움이 없으며 편협하다면, 그는 또한 도둑이고 자유인답지 못한(관대하지 못한) 사람"이라고 추론할 수 있다. 왜냐하면 도둑은 부끄러움이 없으며, 또 자유인답지 못한 사람은 편협하기 때문이다.

풀어 정리하자면 추론 절차는 이렇게 구성된다. 신체적 징표를 통해 누군가가 '그는 부끄러움이 없고 편협하다'고 판단했을 때, 그것으로부터 '그는 도둑이고 자유인답지 못하다'라고 **자동적으로** 승인하게 된다. 단 여기서 '자동적'이라는 말은 논리적 필연성을 가지지 않고 개연성만을 가진다. 추론의 필연성은 마땅히 전제들의 인식적 지위에 의존하고 결정되어야만 하기 때문이다. 결론의 필연성은 전제의 필연성을 통해서 확보되어야 하지만 이 신체적 징표를 통한 추론에서는 전제의 필연적 참이 아직 확보되지 못했다.

1) 대전제: 부끄러움이 없는 사람은 도둑이다.	1) 대전제: 편협한 사람은 자유인답지 않다.
2) 소전제: 이 사람은 부끄러움이 없다.	2) 소전제: 이 사람은 편협하다.
3) 결론: 이 사람은 도둑이다.	3) 결론: 이 사람은 자유인답지 못하다.

일반적인 종적 차이: 남성적 원형과 여성적 원형

아리스토텔레스는 『동물의 발생에 대하여』, 『동물 탐구』(608a21~b18)를 비롯한 여러 생물학 저작에서 수컷과 암컷의 종적 차이를 신체적 특징을 통해서 구별하고 있다. 또한 『관상학』의 저자 역시 여러 대목에서도 이 종적인 신체 차이를 통해 성격의 구별을 수행하고 있다. 수컷과 암컷의 본질적인 품성과 성격의 차이는 신체적 차이에서 기인한다는 것이다. 흔히 아리스토텔레스의 생물학을 연구하는 학자들은 여성에 대한 남성의 우월성을 주장하는 아리스토텔레스적 '종적 편견'을 지적하면

서 그 주장에 대한 논리적 맹점과 엄밀한 과학적–생물학적 성찰이 부족
하다는 점을 비판하곤 한다. 이런 관점에서 아리스토텔레스의 생물학적
세계관은 남녀의 성 평등을 주장하는 페미니스트들로부터 '역사적으로
가장 지독한 여성 차별주의'적인 생각이 깔려 있다는 낙인과 동시에 학
문적인 강력한 저항에 부딪치기 마련이다.

　아리스토텔레스의 여성관은 당시 통용되던 사회적 관습과 태도에 기
인한 것이라고만 설명하기에는 부족한 면이 있다. 어쩌면 좀 더 중요하
고 복잡한 다른 문제가 있을 수 있다. 여성에 대한 남성의 생물학적 우월
성을 주장하는 논리의 바탕에는 '이론 혹은 가설' 대 '관찰'이라는 보다
중요한 학문적 방법이 개재(介在)되어 있다. 다시 말해 아리스토텔레스
의 생물학적 사고에는 '형이상학적 이론과 관찰적 사실과의 대결'이 놓
여 있다고 보아야 한다. 하지만 아리스토텔레스식의 관찰 방식과 경험
적 태도에 수반하는 이론적 고찰만으로 자연에 널려 있는 '생명 현상의
관찰적 사실들에 대한 복잡성'을 바로 남녀 간의 극명한 종적 차이를 보
여 주는 근거로 삼을 수는 없는 노릇이다.[13] 이 주제는 충분히 흥미를 불
러일으킬 수 있는 주제이기는 하지만 일단 나는 여기서 더 이상 이 문제
에 대하여 세밀하게 다루지 않으려 한다.

　아닌 게 아니라 이 저작 역시 이와 동일한 관점에서 이렇게 말하고
있다. "우선 나는 용감함과 소심함 혹은 정의나 부정이라는 점에 관해
도대체 어떤 방식으로 동물들이 적절히 차이가 나는지 그 차이를 규
정하고 동물들을 구분해 보기로 하겠다. 그런데 동물의 부류는 두 가

---

13 생물학에서의 여성에 관한 아리스토텔레스 입장이 진지한 과학의 산물인지, 편견과 이
　데올로그의 산물인지를 물으면서, 결코 이데올로그가 아니라 진지한 과학적 물음과
　탐구의 결과임을 주장하는 논의를 참조하라(R. Mayhew, *The Female in Aristotle's Biology;
　Reason and Rationalization*, Chicago, 2004).

지 유형으로 구분되어 그 각각의 유형에 적합한 특징이 돌아가야 한다"(809a26~29). 그러면서 대뜸 다음과 같은 일반적 결론을 끄집어내고 있다.

"우리가 사육하는 동물들 중 암컷이 수컷에 비해 혼이 더 부드럽고 더 유약하다. 게다가 신체적으로는 암컷이 신체적으로 수컷보다 힘이 덜 세지만 양육하기와 길들이기에는 훨씬 더 쉽다. 따라서 암컷이 이러한 [성향을] 지님으로 말미암아 수컷에 비해 분개를 덜 느낄 수 있다."

저자는 "내 생각으로는"이라는 일인칭을 사용해 자신의 주장을 강조하고 있긴 있지만 "암컷이 수컷보다 더 심술궂고, 분별이 없으며, 비열해 보인다. 실제로 영성들과 우리에게 길러지는 암컷 동물들이 그렇다는 것은 전적으로 명백하지만, 숲에 서식하는 동물들에 대해서도 앞서 이야기한 바와 같다는 것을 양치기와 사냥꾼들은 모두 일치되게 인정하고 있다"라고 말한다.

이 책의 저자는 이러한 성격적 특징은 암컷의 신체적 특징에서도 고스란히 노정된다는 관찰을 기록하고 있다. 가령 암컷이 수컷보다 더 작은 머리, 더 좁은 얼굴, 더 가느다란 목, 더 약한 가슴, 더 작은 흉곽을 가지고 있고, 엉덩이와 허벅다리는 수컷보다 더 살집으로 둘러싸여 있다는 것과 같은 관찰적 보고를 제시하고 있다. 이와 정반대로 '수컷의 본성은 태생적으로 더 용맹하고 더 올곧지만 암컷의 본성은 더 겁이 많고 더 올곧지 못하다'라는 일반적 결론을 이끌어 낸다.

이렇게 종적 유형의 생물학적 차이를 설명한 다음, 남성적 원형을 갖는 유형의 동물로 사자를 지목하고(809b14~36), 여성적 원형의 동물로 표범을 지목한다(809b36~810a8). 그러면서 사자와 표범의 신체상의 징표를 상세하게 나열한 다음, 두 원형으로서의 사자와 표범이 갖는 '성격상의 특징'을 다음과 같이 정리하고 있다. 혼에 관련해서는 "사자는 후하고, 고상하고, 마음이 관대하고, 승리만을 사랑하며, 친하게 어울리는 동료들에게는 온후하며, 공정하며, 애정을 나타"내는 성격적 특징을 내세운다. 요컨대 종들이 갖는 신체상의 차이가 그들 간의 성격상의 본질적인 차이를 가져온다는 것이다. 이를 미루어 짐작해 보면『관상학』의 저자는『동물 탐구』제9권에서의 해당 논의를 충분히 숙지하면서 이 대목을 쓴 것으로 추정된다.

여성에 대한 이러한 균형 잡히지 않은 시각은 아리스토텔레스의 생물학적 사고에도 고스란히 녹아 있다. 아리스토텔레스는 "여자가 남자보다 동정심이 더 많고 눈물이 더 많다. 게다가 더 악하고, 비난을 더 잘하고, 욕을 더 잘하고, 기억을 더 오래 한다"라고 말하면서 인간이 가질 수 있는 온갖 나쁜 성격을 여자에게 돌리고 용기를 비롯한 좋은 성품은 남자에게 귀속시키고 있다. 또한 가장 완전한 성격은 남자에게 있으며, 이러한 성격이 특별히 인간의 경우에서 더욱 명백하게 드러난다고 주장한다(『동물 탐구』608b1~14). 마찬가지로 이 책의 저자도 여성의 성격 특성에 대하여 "도량이 좁고, 교활하고, 일반적으로 말해 음흉스럽다"라고 주장한다(810a7~8). 이러한 신체적 불균형과 결함으로 인하여 발생했다고 하는 남녀 간의 정신적 특성 차이는 아리스토텔레스의 정치적 사고의 영역으로도 확장되어 그와 같은 구별이 있어야 하는 것으로 발전한 듯하다.[14]

---

14 "노예는 숙고하는 부분(to bouleutikon)을 전적으로 가지고 있지 못하나 여성은 그것을 가지고 있다. 하지만 여성에게는 행위를 지배하는 권위가 없다. 아이들은 그것을 가지고 있지만 완전히 발달하지 못했다"(『정치학』제1권 제13장 1260a12~15). "게다가 암컷에 대한 수컷의 관계에서는 수컷이 자연적으로 우월하고 암컷이 자연적으로 열등하며,

이 책의 저자는 또한 남성적인 신체 형상(idea)과 여성적인 신체 형상을 두드러지게 지닌 대표적인 두 동물을 열거해 설명하면서, 이와 같은 종적 차이의 예증 방법이 다른 나머지 동물에게도 마찬가지로 적용될 수 있다고 보고 있다. 이렇게 해서 저자는 관상학적 연구를 위해서는 동물에게서 나온 동물의 특징들을 고찰하고, 그 징표의 선택에 관련해서는 구체적인 징표 목록의 예들을 상세히 언급하는 것으로 이 책을 마무리하고 있다.

「논고 A」와 「논고 B」에서 열거된 징표들의 구체적인 사례 연구에 관해서는 이 책의 〈부록〉에 내놓은 신체의 특징과 그것에 속하는 성격적 특징 그리고 그 추론 근거를 정리한 도표를 참조하라.

「논고 B」에서 '중간'의 철학적 의미—피의 속성과 관련해서

「논고 B」에는 '중간', '적절함', '균형'이라는 용어가 여러 번 나온다. 여기서 말해지는 중간은 인간의 성격뿐 아니라 품성과도 관련 맺고 있다. 이 점은 잘 알려진 대로 아리스토텔레스의 윤리학에서 인간 행위의 준칙이 되고 있다. 즉 모든 탁월함은 중용이어야 한다는 것이다.

이 중용사상은 기본적으로 수학적 중간 항을 찾는 과정에서 나왔고, 구체적인 상황에서 인간 행위의 적절함을 구하는 행위의 목적이 된다. 중간을 추구하는 이러한 생각은 행위의 영역을 넘어 예술, 조각, 건축에도 응용되거나 적용되는 기본적인 토대가 된다. 중간을 탐구하는 작업은 시각적 중간에서 시작하여 행위의 중간을 목표로 삼고, 나아가 구상적 아름다움에까지 이르는 넓은 영역에서 사용되는 중요한 기술적 용어

수컷은 지배하고 암컷은 지배를 받는다. 그리고 이와 동일한 방식이 필연적으로 인간 전체에 적용되어야만 하는 것이다"(『정치학』 제1권 제5장 1254b13~15).

다. 이러한 점을 미루어 볼 때, 적절한 크기와 균형을 외형적 아름다움의 기준으로 삼고, 이를 다시 인간의 성품으로 연결시키는 것은 지극히 아리스토텔레스적인─넓은 의미에서 보면 헬라스적인─사고방식으로 간주될 수 있을 것이다.

아리스토텔레스는 그의 책 『시학』에서 아름다움이란 너무 크지도 너무 작지도 않은 중간적 크기를 가지는 것이라야 한다고 말하고 있다.

"덧붙여 아름다운 것은 생명체든 여러 개의 것들로 구성된 모든 사물이든 그 부분들이 잘 배열되어 있어야 될 뿐만 아니라 그 크기가 아무렇게나 되는 대로여서는 안 된다. 왜냐하면 **아름다움이란 크기와 배열 속에 있으며, 이런 까닭에 아름다운 생명체라면 어떤 것도 아주 작을 수는 없는데,** (왜냐하면 바라보는 행위가 거의 감각할 수 없을 정도로 순식간에 일어나 한꺼번에 쏟아지듯 이루어지기 때문이며) **또한 너무 커서도 안 되는데,** (왜냐하면 바라보는 행위가 동시에 일어나지 않아 바라보는 사람은 전체를 놓치고, 하나로서 바라볼 수 없기 때문이다). 예를 들면 어떤 생명체가 수만 스타디온 크기를 갖는 경우처럼 말이다. 따라서 마치 [사물의] 몸체와 생명체들의 경우에 크기를 가져야만 하되, 그것이 한꺼번에 잘 볼 수 있는 만큼이어야 하는 것처럼, 이야기의 경우에도 또한 길이를 가져야만 하되 그것은 잘 기억할 수 있을 만큼이어야만 한다"(『시학』 1450b34~1451a5).

이 책에서는 가령 남성의 원형으로서의 사자의 외형을 다음과 같이 묘사하면서 '중간'(metron) 사상의 성격을 끄집어내고 있다.

"그리 둥글지도 않고 길쭉하지도 않은 적절한 크기의 눈, 더 큰 크기의

눈썹 … 머리 크기는 적절하며, 굵고 균일한(eumēkēs) 긴 목은 … 직모
도 지나치게 굽슬굽슬한 것도 아닌 … 몸 전체는 잘 짜여 있고, 너무 뻣
뻣하지도 않고, 너무 나긋나긋하지도 않다. … 이와 같은 것이 사자의 신
체적 특징이다. 혼과 관련해서는 후하고(dotikos), 고상하고(eleutheros),
마음이 관대하고(위엄이 있으며: megalopsuchos), 승리만을 사랑하며
(philonikos), … 온후하고(praus), 공정하며(dikaios), 애정(philostorgos)를
나타낸다."

이렇게 적절한 만큼의 크기와 중간을 취하는 사자의 성격은 중간임
(mesotēs)의 상태를 가져야 한다. 이러한 중간임의 상태는 탁월함(덕;
aretē)을 말하는 것이다. "균형 잡힌 사람들은 응당 정의로워야 하고 용
기가 있어야 한다. … 우리는 마땅히 균형 잡힌 사람에 대해서는 수컷의
단순한 외모가 아니라 신체와 어울리는 예의범절과 좋은 기질이 그 증
거로 참조되어야 한다"라는 대목 역시 균형(summetria)이 인간의 성품
과 관련된다는 점을 명확히 제시해 주고 있다.

반면 여성에 대해서는 '신체가 전체적으로 잘 분절되어 있지 못하고
균형 잡혀 있지 못하기(asummetron)' 때문에 여성의 혼은 하잘것없고
교활하고 음흉스럽다고 말한다. 이렇게 남성과 여성을 차별하는 관점도
기본적으로는 아리스토텔레스의 중간 개념에 그 뿌리를 두고서 개념을
이끌어 내고 있는 것으로 보인다.

『니코마코스 윤리학』 제2권 제6장(11~13절)은 중간임을 논하면서
탁월성은 "중간적인 것을 겨냥하는 일종의 중용"이라고 정의하고 있다.
따라서 중용은,

"마땅히 그래야 할 때, 또 마땅히 그래야 할 일에 대해, 마땅히 그래야 할

사람들에 대해, 마땅히 그래야 할 목적을 위해, 또 마땅히 그래야 할 방식으로 감정을 갖는 것은 중간이자 최선이며, 바로 그런 것이 탁월성에 속하는 것이다. 이와 마찬가지로 행위와 관련해서도 지나침과 모자람 그리고 중간이 있다. 그런데 탁월성은 감정과 행위에 관련하고, 이것들 안에서 지나침과 모자람이 실패해서 비난을 받는 반면, 중간적인 것은 올곧게 성공해서 칭찬을 받는다. 이 양자가 탁월성에 속하는 일이다. 그러므로 **탁월성은 중간적인 것을 겨냥하는 한 일종의 중용이다.**"

이밖에도 『관상학』에서 중간과 중간의 상태, 조화로움, 균형 (summetrion)을 언급하는 예들은 다음과 같은 것들이다.

"우리는 잘 성장한 것[인간]의 중간(to meson)을 추구해야만 한다."
"그러나 얼굴은 작지도 크지도 않아야만 하기에, 이 둘 사이의 중간의 상태(he mesē hexis)가 가장 알맞다(epieikēs)."
"눈은 돌출되지도 깊게 패지도 않아야만 하기에, 그 중간의 상태가 우세해야만 한다(kratoiē)."
"이것들 중의 중간 상태가 가장 조화로운(euarmostōs) 것이다."
"가장 좋은 품종의 개들이 중간 크기의 귀를 가지고 있음을 우리는 관찰할 수 있다."
"용기 있게 되기 위한 색깔은 이 둘 사이의 중간이어야만 한다."
"지나치게 털이 많아도 안 되고 지나치게 적어도 안 되기에 이 중간의 상태가 최적(kratistē)이다."

피에 따른 성격의 차이를 논의하는 다음과 같은 대목에서 '균형'과 관련하여 단연 뛰어난 예증이 명확히 드러나고 있음을 찾아볼 수 있다.

"지나치게 작은 사람들은 [생각함에서] 재빠르다. 왜냐하면 피가 그 속에서 순환하고 있는 신체 자체가 작기 때문에 그 운동 역시 지극히 신속하게 사고를 관장하는 기관에 도달하기 때문이다. 그러나 매우 **큰 사람**은 [생각함에서] 느리다. 왜냐하면 혈액이 그 속을 순환하고 있는 신체 자체가 원래 크기 때문에 그 운동이 사고를 담당하는 기관에 느리게 도달하기 때문이다. 작은 사람들 중에서 건조한 신체와 체내에서의 열 때문에 생겨난 피부색을 가진 사람들은 결코 어떤 일을 끝까지 완수하지 못한다. 왜냐하면 작은 몸에서 혈액순환이 일어나고 또 체내의 열 때문에 빨라짐으로써 그 사고의 작용은 일시적으로 동일한 것에 머물지 못하고 오히려 내걸린 그 목적을 달성하기 전에 한 번은 여기에 한 번은 저기에 생각이 머무르기 때문이다. 또 키가 큰 사람들 중 습기 있는 신체와 신체에서의 차가움 때문에 생겨난 피부색을 가진 사람들은 결코 그 목적을 끝까지 완수하지 못한다. 왜냐하면 큰 신체 때문에 피의 흐름이 큰 공간에서 일어나고 또 그 몸속의 차가움 때문에 흐름이 막혀 느리게 일어나기 때문에 사고를 관장하는 기관에 도달하지 못하기 때문이다. 그러나 작은 사람들 중에서 습기 있는 신체와 몸의 차가움 때문에 생겨나는 피부색을 가지는 그런 사람들은 어떤 일을 끝까지 완수할 수 있다. 왜냐하면 작은 신체에서 피의 운동이 일어나므로 몸의 차가운 기운이 [빠른 피의 운동 제어함으로써 뜨거움과 차가움 사이에] 균형(summetria)을 이루어 내기 때문에 첫 번째 목적(즉 사고를 담당하는 기관으로의 운동의 도달)이 달성될 수 있기 때문이다. 한편 큰 사람들 중에서 건조한 신체와 [신체에서의] 열 때문에 생겨난 피부색을 가진 사람들은 목적을 완수하고 감각적이다. 왜냐하면 신체의 열은 신체의 크기와 피부색의 불균형을 바로잡을 수 있기 때문이다. 그래서 [당사자가] 일을 끝까지 완수하도록 균형을 이루어 내는 것이다.

이렇게 해서 우리는 신체의 크기가 초래하는 지나침 혹은 신체의 작음이 가져오는 모자람이 어떻게 목적을 수행하는 데에 이르거나 혹은 목적을 전혀 완수하지 못하는지를 설명했다"(813b7~30).

여기서 사용된 논증은 '키의 작음은 피의 흐름이 짧기 때문에 생각함에서 빠르다'와 '키의 큼은 피의 흐름이 길기 때문에 생각함에서 느리다'라는 두 전제로부터 출발한다. '뜨거움'은 피에 빠른 운동을, '차가움'은 피에 느린 운동을 일으킨다. '건조한' 살집과 '습기 있는' 살집도 이에 따라서 대응하는 요소들이다. 가령 '키가 작고 뜨겁다'는 것은 '빠름'의 속성을 연거푸 가지게 됨으로써 일을 끝까지 완수할 수 없게 되는 결과를 가져온다. 왜냐하면 생각이 일정한 목적을 향해 나가지 못하고 이리저리 방황하게 됨으로써 논리의 비약을 가져오기 때문이다. 그러나 키가 작아 '빠름'의 속성을 지니지만 여기에 '차가움'의 속성이 가미되게 되면 '균형'이 이루어질 수 있다. '키가 작고 차갑다'라는 것은 피의 운동이 빠르지만 신체의 열에 의한 '차가움'이 그 피의 운동을 제어함으로써 '균형'을 이루어 일을 끝까지 완수할 수 있게 만드는 것이다.

그래서 이러한 상태들의 지나침과 모자람이 없는 중간 상태, 즉 중간의 크기(metrion to megetos)를 가진 사람이 최선이고 완전하게 일을 성취할 수 있다는 것이다. 여기에도 아리스토텔레스의 중용사상이 그 바탕에 깔려 있다.

"감각에 대해서도, 이것들 중의 중간 본성이 그에 관련된 사람들에게 최선이고 또 가장 완벽한 것이다. 왜냐하면 [중간 본성에 해당하는 당사자 체내의 혈액] 운동은 그리 긴 거리가 아니므로 쉽게 사고를 담당하는 기관(nous)에 도달할 수 있으며, 거리가 짧기 때문에 지나치지도 않기 때문이다. 따라서 그 자신 앞에 놓여 있는 일이 어떠한 일이든 목표를 끝까지 달성한다. 그러므로 적절한 대상을 감각하기 위한 가장 완벽한 사람은 적절한 크기여야만 할 것이다"(813b30~35).

『관상학』의 이 대목과 관련하여 『동물의 부분에 대하여』에서도 피의 속성에 따른 성격의 변화를 언급하는 대목이 있다. 아리스토텔레스는 피의 세 가지 속성을 언급한다. 열(thermon), 농도의 연함(lepton), 순수함(katharon)이 그것이다.

"피가 진하고 뜨거울수록 더욱 강한 힘을 만들어 낼 수 있으며, 피가 엷고 차가울수록 더 감각적이고 더 사유적이 된다. 피와 유비적으로 관련된 것의 경우에도 동일한 차이를 갖는다. 그러므로 꿀벌이나 그와 유사한 다른 동물들은 대부분의 유혈 동물보다 그 본성에서 더 사려 깊고, 유혈 동물 중에서는 차갑고 연한 피를 가진 사람이 그와 반대되는 성질의 피를 가진 것보다 더 사려 깊다. 가장 좋은 것은 **뜨겁고 엷고 순수한** 피를 가진 동물이다. 그런 동물들은 용기나 사려에 있어서 동시에 좋은 상태이기 때문이다. 이런 까닭에 신체의 상반신이 하반신에 비해서 뚜렷한 차이를 가지는 것이고, 수컷이 암컷에 대해, 신체의 오른편이 왼편에 대서 뚜렷한 차이를 가지는 것이다."[15]

아리스토텔레스와 달리 '짝퉁 아리스토텔레스'는 『관상학』에서 피가 가지는 속성으로 단지 열(thermotēs)만을 언급하고 있다. 한편 로수스(Loxus)는 피의 양과 농도의 진함으로 그 속성을 말하고 있다. 그는 피

---

15 『동물의 부분들에 대하여』 648a2~11.

의 차가움과 연함을 생각과 연결시키고, 뜨거움을 용감함과 연결시킨
다. 용감하다는 것은 덜 지성적임을 의미한다. 아리스토텔레스와 '짝퉁
아리스토텔레스' 그리고 로수스의 공통점은 피의 온도를 인간의 생각과
관련시키고 있다는 점이다. 하지만 아리스토텔레스와 로수스는 '짝퉁
아리스토텔레스'와는 달리 차가운 피가 지성적으로 더 우세하다고 주장
한다.

부록

『관상학』에서 열거된 신체의 특징과 그것에 속하는 성격의 특징[1]

『관상학』에서 열거된 신체의 특징과 그것에 속하는 성격의 특징, 그리고 동물 비유나 설명을 통한 그 추론 근거(Sabine Vogt[1999]의 부록 참조).

	신체의 특징	성격	근거	텍스트 출전
신체	암컷보다 더 크고 힘이 셈		수컷	A: 806b32
	형태가 당당하기보다는 편안하게 되어 있음. 근육이 덜하고 섬세하고 부드러운 살집	더 겁이 많고 더 올곧지 못함	암컷	B: 809b9~14
	잘 짜여 있고 근육질이며 너무 뻣뻣하지도 지나치게 나긋나긋하지도 않음		사자	B: 809b30~33
	분절되어 있지 못하고 비례 잡혀 있지 못함		표범	B: 810a6
	작고, 섬세하고, 수척함	소심함		A: 808a30
	섬세하고 밝은 안색	동정심		A: 808a34
	강건함	온화함		A: 808a24
사지	크고 힘이 넘침	사나움		A: 808a21
	작음	소심함		A: 80a29
	강하고 큼	용맹함		A: 807a33

---

1 러브데이와 포스터가 덧붙임.

	신체의 특징	성격	근거	텍스트 출전
	약한 사지	겁이 많음		A: 807b8
신체 크기	지나치게 작음	생각에서 재빠름	짧은 피의 흐름. 사유하는 곳에 빨리 도달	B: 813b7~9
	작고 건조한 살집과 '따뜻한' 피부색	일을 완수하지 못함	짧고 빠른 피의 흐름. 비약적 사고	B: 813b11~16
	작고 습기 있는 살집과 '차가운' 피부색	일을 끝까지 완수	짧은 피의 흐름과 피부색이 균형 잡힌 혼합	B: 813b20~23
	지나치게 큼	생각에서 느림	긴 피의 흐름. 사유하는 곳에 느리게 도달	B: 813b9~11
	크고 건조한 살집과 '따뜻한' 피부색	일을 끝까지 완수 감각적인 사람	열이 크기에서 지나침. 살집과 피부색을 개선해서 균형을 이루어 냄	B: 813b23~27
	크고 습기 있는 살집과 '차가운' 피부색	일을 끝까지 완수	길고 느린 피의 흐름. 사유하는 곳에 완전하게 도달하지 못함	B: 813b16~20
신체 비율	배꼽에서 가슴까지가 가슴에서 목까지보다 긴 사람	대식가		A: 808b2~4
	배꼽에서 흉골까지가 흉골에서 목까지보다 긴 사람	게걸스럽게 먹어 치우고 둔감함	큰 위, 비좁은 감각기관	B: 810b16~24
	상반신이 큼	수면을 좋아함		A: 808b7
	상반신이 큼	수다스러움		A: 808b8
	상반신이 작고 섬세하고 부푼 살집	기억력이 좋음		A: 808b9

	신체의 특징	성격	근거	텍스트 출전
피부	지나치게 검음	겁이 많음	아이귑토스인과 아이티오피아인	B: 812a12~3
	지나치게 흼	겁이 많음	암컷	B: 812a13
	색이 거칢	용맹함		B: 807b2
	희고 맑음	좋은 소질		A: 807b17
	창백하고 흼	좋은 소질		A: 806b4
	얇은 피부	좋은 소질		A: 807b18
	신체를 덮는 붉은 색조와 불그스름한 얼굴색	몰염치		A: 807b32
	불그스름함	사나움		A: 808a20
	불그스름함	헐뜯기 좋아함		A: 808a32
	밝음	동정심		A: 808a33
	밝음	음탕함		A: 808b4
	선명하거나 힘 있음	격정적이고 열혈적		A: 806b4
	창백하고 당황한 (혹은 흥분된) 피부색	겁이 많음	감정 상태	B: 812a18~19
	벌꿀색(담황색)	냉담하고 느림	차가움은 움직이기 어렵기 때문에	B: 812a19~21
	가슴 주위의 붉은색	격분하기 쉬움	감정 상태	B: 812a12~3
	붉음	재빠름	뜨거움	B: 812a21~23
	어두침침함	씁쓸함		A: 808a17

	신체의 특징	성격	근거	텍스트 출전
	얼룩덜룩함		표범	B: 810a5
	불타는 붉은색	미치기 쉬움	과도한 뜨거움	B: 812a22~25
	목 주위와 관자놀이의 핏줄이 팽창함	격분하기 쉬움	감정 상태	B: 812a28~30
	얼굴이 쉬 붉어짐	부끄러움	감정 상태	B: 812a30~32
	볼이 쉬 붉어짐	술고래	(술 취한) 상태	B: 812a33~35
	눈이 쉬 붉어짐	분노에 의한 미침	감정 상태	B: 812a35~37
살집	꽤 촉촉한 습기가 있고 한결 부드러운 살집이나 아주 단단하지도 않고 심하게 살찌지 않음	좋은 소질		A: 807b12
	건장한 살집	수면을 좋아함		A: 808b7
	물기가 촉촉하고 풍성함	온화함		A: 808a25
	단단하고 강건함	무감각		A: 806b21
	부드러움	좋은 소질, 안정적이지 않은 성격		A: 806b22~25
머리카락	뻣뻣함	용기		A: 807a31
	뻣뻣함	용기	사자와 멧돼지, 뻣뻣한 깃털을 가진 새(수탉), 북쪽에 사는 민족	A: 806b6~18
	부드러움	겁이 많음		A: 807b4

	신체의 특징	성격	근거	텍스트 출전
	부드러움	겁이 많음	사슴, 토끼, 양, 부드러운 깃털을 가진 새, 남쪽에 사는 민족	A: 806b6~18
	지나치게 뻣뻣하지 않은	좋은 소질		A: 807b18
	곱슬곱슬함	겁이 많음	아이티오피아인	B: 812b30~31
	끄트머리만 곱슬곱슬함	대담함	사자	B: 812b33
	앞이마에 곱슬곱슬한 머리카락	너그러움 (관대하다. 자유인답다)	사자	B: 812b34~36
	머리카락이 이마에서 코 쪽으로 자라는 경향	편협함 (자유인답지 못하다)	전체 인상, 노예적이다	B: 812b36~a2
	곤두세운 뻣뻣한 머리카락	겁이 많음	감정 상태 공포 상태에서 머리카락이 곤두섬	B: 812b28~30
	직모에 검은 머리카락	씁쓸함		A: 808a19
	곧고, 굵고, 검은 털	음탕함		A: 808b4
	관자놀이에 곧은 털	음탕함		A: 808b5
	너무 검지 않음	좋은 소질		A: 807b18
	황갈색	대담함	사자	B: 812a15
	지나치게 붉은색	무뢰함	여우	B: 812a16
털	배 주위에 털이 수북함	수다스러움	새	A: 806b18~21
	배 주위에 털이 수북함	수다스러움		A: 808b8

	신체의 특징	성격	근거	텍스트 출전
	몸에 반듯하고 굵고 검은 털이 수북함	음탕함		A: 808b4
	관자놀이에 반듯한 털로 수북함	음탕함		A: 808b5
	수북하게 털이 난 다리	음탕함		A: 812b13
	털이 수북한 어깨	주어진 일을 끝까지 수행 못 함	새	B: 812b19~21
	가슴 부분과 배 주위에 지나치게 털이 수북함	주어진 일을 끝까지 수행 못 함	새	B: 812b14~17
	등에 지나치게 수북한 털	부끄러움을 모름	짐승들	B: 812b21
	목덜미에 수북한 털	너그러움	사자	B: 812b22~24
	가슴에 지나치게 털이 없음	부끄러움을 모름	암컷	B: 812b17
	흉부와 불두덩 주변에 털이 없음	사나움		A: 808a22
	좋은 수염	사나움		A: 808a23
	머리카락의 자람이 왕성하고 아래쪽으로 자람	사나움		A: 808a23
	머리카락이 위쪽으로 자람	온화함		A: 808a26
발과 발가락	잘 자라고, 크고, 잘 분절되는 근육질의 큰 발	(혼에서도) 강건함	수컷	B: 810a15~17
	잘 분절된 발	강건함	수컷	B: 811a1
	작고 폭이 좁고, 분절되지 못한 호감 가는 발	유약함	암컷	B: 910a17~20 810b35 아래와 비교

	신체의 특징	성격	근거	텍스트 출전
	약하고 분절되지 않음	유약함	암컷	B: 811a1
	아담한 발		암컷	B: 809b9
	발가락이 휘어짐	부끄러움이 없음	맹금류	B: 810a20~22
	발가락이 적절하게 나뉘어 있지 않음	두려움이 많음	물갈퀴 발을 가진 새들	B: 810a22~24
	휘어진 발톱	부끄러움 없음	맹금류	B: 810a21
다리	살이 찌고, 뻣뻣하고, 팽팽함	감각이 무딤		A: 807b20
	긴 다리	감각이 무딤		A: 807b25
	짧은 다리	겁이 많음		A: 807b8
	힘이 넘치고 근육질		사자	B: 809b29
발목 주위 부분	강하고 잘 분절됨	정신적으로 강건함	수컷	B: 810a24~26
	살이 찌고 잘 분절되지 않음	정신적으로 나약함	암컷	B: 810a26~28
종아리	분절되고 강하고 힘셈	정신적으로 강건함	수컷	B: 810a28~30
	가늘고 근육이 강함	음탕함	새	B: 810a30
	가늚		암컷	B: 809b8
	터질 듯이 탱탱함	뻔뻔하고 부끄러움이 없음	전체 인상	B: 810a32~34
	발목 주위 종아리가 두껍고, 살이 찌고 둥긂	감각이 무딤		A: 807b23
장딴지	다리 밑 부분 장딴지의 두께	용맹함		A: 807a37

	신체의 특징	성격	근거	텍스트 출전
	다리 윗부분 장딴지의 두께	겁이 많음		A807b6
무릎	안으로 모인 무릎 (안짱다리)	톳쟁이		A: 808a13
	안으로 모인 무릎		암컷	B: 809b8
	안으로 모인 무릎	톳쟁이	전체 인상	B: 801a34
허벅다리	살집이 없음		사자	B: 809b29
	수컷보다 더 살집으로 둘러싸임		여성(암컷)	B: 809b7
	살집이 많음		표범	B: 810a4
	뼈가 불거지고 탱탱함	성격이 부드러움	암컷	B: 810a37~b1
	뼈가 불거지고 근육이 강함	강건함	수컷	B: 810a35
	잘 분절되어 있음	강건함	수컷	B: 811a1
	약하고 분절되지 않음	혼이 유약함	암컷	B: 810b36~37
엉덩이	평평함	용맹함		A: 807a37
	가늘고 약함	겁이 많음		A: 807b9
	둥글다	감각이 무딤		A: 807b21
	살찜	감각이 무딤		A: 807b25
	수컷보다 더 살집으로 둘러싸임		암컷	B: 807b7
	살찜		표범	B: 810a4
	살집이 없음		사자	B: 809b29

	신체의 특징	성격	근거	텍스트 출전
둔부	날카롭고 뼈가 앙상함	강건함		B: 810b1
	살이 찌고 통통함	나약함		B: 810b2
	닳아 납작하게 달라붙은 것처럼 보이는 옹색한 엉덩이	약함	원숭이	B: 810b2~4
허리	호리호리함	사냥꾼적임	사자와 사냥개	B: 810b4~6
복부	넓고 평평함	용맹함		B: 807a33
	훨씬 평탄함		표범	B: 810a4
배 주위 부분	홀쭉함	강건함	수컷	B: 810b6~8
	홀쭉하지 않음	나약함	전체 인상	B: 810b8
등	충분하게 크고 다부짐	강건함	수컷	B: 810b9
	폭이 좁고 허약함	나약함	암컷	B: 810b10~12
	등이 깊		표범	B: 810a4
	살이 야윔	좋은 소질		A: 807b17
흉곽	강하고 큼	용맹함		A: 807a32
	넓음	사나움		A: 808a20
	넓음	강건함	수컷	B: 810b12
	수컷보다 더 작음		암컷	B: 809b7
	넓지 않음		표범	B: 810a3
	넓지 않음	나약함	암컷	B: 810b13

	신체의 특징	성격	근거	텍스트 출전
	부풀려진 것처럼 넓음	수다쟁이 허튼소리를 함	소와 개구리	B: 810b14~16
늑골 주변부	물렁물렁함	좋은 소질		A: 807b16
가슴	살이 찌고 넓음	용맹함		A: 807a36
	크고 잘 분절됨	강건함	수컷	B: 810b23
	혈기 왕성		사자	B: 809b6
	수컷보다 약함		암컷	B: 809b6
	넓지 않음		표범	B: 809b28
	봉긋이 솟음	부끄러움을 모름(몰염치)		A: 807b33
상지대	큰 흉곽과 큰 등에 충분하게 상응할 만큼 넓음		사자	B: 809b28
	크고, 살이 찌고, 잘 짜여 있음	강건함	수컷	B: 810b25
	약하고, 살집이 없고, 잘 분절되지 않음	유약함	암컷	B: 810b27
	심하게 구부러지고, 가슴 쪽으로 어깨가 움츠러듦	약함	전체 인상	B: 810b28~31
	뒤쪽으로 휘어짐	경박하고 지성적이지 못함	말	B: 810b31~33
어깨	밖으로 두드러짐	강건함	수컷	B: 810b34~36
	튼튼함		사자	B: 809b27
	약하고 분절되어 있지 않음	나약함	암컷	B: 810b36

	신체의 특징	성격	근거	텍스트 출전
	헐거움	관대함(고상함)	외관(外觀)	B: 811a1~3
	뻣뻣하고 움츠러듦	관대하지 못함(비열함)	전체 인상	B: 811a7~10
쇄골 주위	빈틈없이 짜여 있기보다는 유연할 만큼 헐거움		사자	B: 809b26
	헐거움	감각적임	감각 운동을 손쉽게 받아들임	B: 811a5~7
	꽉 짜여 있음	감각이 무딤	감각 운동을 받아들일 능력이 없음	B: 811a7~10
어깨뼈	넓고 쩍 벌어져서 지나치게 좁거나 전체적으로 느슨하지 않음	용맹함		A: 807a34
	위쪽으로 솟음	감각이 무딤		A: 807a21
	위쪽으로 솟음	몰염치 (부끄러움을 모름)		A: 807b30
	쩍 벌어져 있고, 크고 넓음	사나움		B: 808a21
어깨뼈 주위	다소 마름	좋은 소질		A: 807b13
	꽉 짜여 있고, 그 밑 부분은 느슨함	좋은 소질		A: 807b15
팔	짧음	주사위 놀이를 좋아하는 사람과 춤추는 사람	[족제비]	A: 808a31
손	길고 가느다란 손	겁이 많음		A: 807b9
목	두꺼움	감각이 무딤		A: 807b25

	신체의 특징	성격	근거	텍스트 출전
	두꺼움	강건함	수컷	B: 811a10~12
	굵고 우람함	짐승적 기질	야생의 황소	B: 811b13
	가느다람	(혼이) 연약하다	암컷	B: 811a12
	가느다랗고 긺	겁이 많음	사슴	B: 811a16
	수컷보다 더 가느다란 목		암컷	B: 809b6
	적절한 크기에 지나치게 굵지 않은 목	마음이 관대함	사자	B: 811a14
	적절한 크기(eumēkēs)의 목과 그에 대응하는 비율의 두께와 황갈색의 머리털을 가짐		사자	B:809b24~26
	튼튼하나 아주 살찌지 않음	용맹함		A: 807a35
	지나치게 짤막함	교활함	여우	B: 811a17
	지나치게 길고 가느다람		표범	B: 810a3
목덜미 주위	다소 마름	좋은 소질		A: 807b13
	살이 찌고, 뻣뻣하고, 팽팽함	감각이 무딤		A: 807b20
머리	큰 머리	감각적	개	B: 812a5~7
	작은 머리	무감각	당나귀	B: 812a7
	수컷보다 작은		암컷	B: 809b5
	중간 크기의 머리		사자	B: 809b24
	뾰족함	부끄러움을 모름	구부러진 발톱을 가진 맹금류	B: 812a8

	신체의 특징	성격	근거	텍스트 출전
얼굴	살찐	경솔함	소	B: 811b4~6
	살찐	겁이 많음	당나귀와 사슴	B: 811b6
	살찌고 꽤 긴 얼굴	감각이 무딤		A: 807b26
	야윔	꼼꼼함(걱정 근심이 많음)		B: 811b6
	작음		표범	B: 809b39
	작음	소심함	코린토스와 레우카디아 사람들	A: 808a30
	지나치게 작음	소심함	고양이와 원숭이	B: 811b8
	큰 얼굴	(행동이) 굼뜸	당나귀와 소	B: 811b9
	불그스레함	몰염치 (부끄러움을 모름)		A: 807b33
	주름 잡히고 수척함	활력이 없음(음울함)		A: 808a7
	주름투성이에 살이 빠짐	씁쓸함		A: 808a17
	수컷보다 더 좁음		여성	B: 809b5
	사각형에 가깝고 지나치게 골격만 앙상하지 않음		사자	B: 809b16
얼굴 언저리	창백함	겁이 많음		A: 807b6
	뚱뚱함	빈정대는 사람		A: 808a27
	골이 깊게 주름이 짐	씁쓸함		A: 808a18
	다소 마름	좋은 소질		A: 807b14

	신체의 특징	성격	근거	텍스트 출전
얼굴 표정	금방 변하고 의기소침함	겁이 많음		A: 807b11
	다소 졸린 듯한 표정, 활발하지도 사려 깊지도 않음	활력이 넘침(쾌활함)		A: 808a4
	졸린 표정	빈정대는 사람		A: 808a28
	이를 악물면서 웃는 표정	퉁명스러움 (씁쓸함)		A: 808a17
	얼굴이 파렴치하게 보이는 사람	비열함	전체 인상	B: 811b11~13
	경솔하지 않고 좋은(덕이 있는) 사람으로 보임	활력이 넘침(쾌활함)		A: 808a6
턱	뾰족함	대담함	개	B: 812b24
	크고 살이 찐 턱	감각이 무딤		A: 807b24
	위턱은 돌출하지 않고 아래턱과 균형 잡힘		사자	B: 809b17
입	매우 큰 입		사자	B: 809b16
	큰 입		표범	B: 809b39
입술	입 언저리에 가까운 윗입술이 아랫입술 너머로 걸쳐 있는 사람	관대한 마음	사자, 크고 힘이 센 개	B: 811a18~22
	입술이 얇고 굳으며 송곳니 부근이 도드라진 사람	좋은 혈통	돼지	B: 811a22~24
	두툼하고, 윗입술이 아랫입술보다 튀어나온 사람	미련하다	당나귀와 원숭이	B: 811a24~26

	신체의 특징	성격	근거	텍스트 출전
	윗입술과 잇몸이 튀어나온 사람	헐뜯기 좋아함	개	B: 811a26~28
	윗입술이 높이 쳐들려 있음	헐뜯기 좋아함		A: 808a32
코	가늘기보다는 묵직하게 굵음		사자	B: 809b18
	납작함	음탕함	사슴	B: 811b2
	콧방울에 주름이 잡혀 있으며 눈물이 흐름	동정심		A: 808a34
	두툼한 코끝	경솔함	소	B: 811a28
	날카로운 코끝	쉽게 화를 냄	개	B: 811a30
	가느다란 코끝	새와 같음		B: 811a33
	코끝이 둥글고 무딘	관대한 마음	사자	B: 811a31~33
	코끝 주위가 두툼함	감각적이지 못함	돼지	B: 811a29
	이마로부터 휘어지면서 똑바로 솟아난 코	부끄러움을 모름	까마귀	B: 811a34~36
	매부리코이면서 이마로부터 뚜렷이 분리됨	관대한 마음	독수리	B: 811a36
	콧방울이 위로 열림	짐승적 기질	감정 상태	B: 811b3~4
눈 언저리	주름이 잡힘	빈정대는 사람		A: 808a27
	움푹 들어간 곳에 위치	활력이 넘침(쾌활함)		A: 808a3
눈물 주머니	부레와 같은 눈물주머니가 매달려 있음	음주벽	그 상태	B: 811b13~16

	신체의 특징	성격	근거	텍스트 출전
	부레와 같은 눈물주머니가 앞으로 나옴	잠에 취함	그 상태	B: 811b16~18
눈	작음	소심함		A: 808a30
	작음	소심함	전체 인상과 원숭이	B: 811b18~20
	큼	굼뜸	소	B: 811b20
	작고, 흰, 움푹 들어가고, 약간 납작함		표범	B: 809b39~810a1
	깊게 파임	악행을 저지름	원숭이	B: 811b22
	암갈색의 깊게 박힌 눈. 완전히 둥글지도 타원형으로 늘어지지 않은 적절한 크기		사자	B: 809b19~21
	조금 깊게 파임	원대한 마음	사자	B: 811b26
	조금 더 깊게 파임	온화함	소	B: 811b27
	돌출됨	멍청함	전체 인상과 당나귀	B: 811b23
	지나치게 열려 있지도 않고 완전히 닫혀 있지도 않은 검푸른 눈	용맹함		A: 807b1
	윤이 나지 않는 검은 눈, 지나치게 열려 있지도 않고 완전히 닫혀 있지도 않은 눈	품행이 단정함		A: 807b36
	활짝 열리고 검푸른 눈	몰염치		A: 807b29
눈의 색깔	검푸름	용맹함		A: 807b1
	검푸르고 촉촉하게 물을 머금음	좋은 소질		A: 807b19

	신체의 특징	성격	근거	텍스트 출전
	검푸른 빛깔	대담함	사자와 독수리	B: 812b5~6
	지나치게 검은 눈	겁이 많음		B: 812b5
	지나치게 검지 않고, 황갈색으로 되려는 눈	대담함		B: 812b2~4
	회색이거나 흰색	겁이 많음		B: 812b3~5
	암홍색	음탕함	산양(염소)	B: 812b6
	불타듯 붉은 눈	부끄러움이 없음	개	B: 812b7
	쉽게 붉어지는 눈	분노에 의해 쉽게 미침	감정 상태. 분노에 의해 제정신을 놓음	B: 812a35~37
	창백하고 당황하는 빛깔	겁이 많음	감정 상태. 두려움에 사로잡힌 사람은 회색으로 바뀜	B: 812b8~11
	핼쑥하고 무딘 눈	감각이 무딤		A: 807b23
	반짝이는 눈	음탕함	수탉과 까마귀	B: 812b11~12
	빛나고 욕망에 사로잡힌 눈	음탕함		A: 808b6
	빛이 나지 않는 검은 눈	품행이 단정함		A: 807b35
눈꺼풀	핏발이 서고 두꺼움	몰염치		A: 807b29
눈썹	매우 큰 크기의 눈썹		사자	B: 809b20
	인접한 눈썹	무뚝뚝함	감정 상태의 유사성	B: 812b25
	눈썹이 코 앞쪽으로 수그러지고, 관자놀이 쪽으로 솟아난 사람	어리석음 혹은 단순함	돼지	B: 812b26~28

	신체의 특징	성격	근거	텍스트 출전
이마	작음	교양이 없다	돼지	B: 811b28
	지나치게 큼	굼뜸	소	B: 811b29
	둥	무감각	당나귀	B: 811b30
	어지간히 크고 평평한 이마	주의 깊음	개	B: 811b31~33
	조금 길고 귀 쪽으로 향해 납작하기보다는 다소 둥긂		표범	B: 810a1~3
	사각의 형태로 균형 잡힘	관대한 마음	사자	B: 811b33
	그 중심부에 다소 움푹 파임이 있는 사각형		사자	B: 809b20~22
	불명료한 이마	강팍함 혹은 무분별함 제멋대로 함	황소와 사자	B: 811b34
	이완됨(반듯함)	아첨꾼	감정 상태. 개들이 꼬리를 흔들며 아양을 부릴 때	B: 811b35~38
	찌푸림	침울함	감정 상태	B: 812a2~4
	움푹 가라앉음	탄식하는 사람	감정 상태	B: 812a4
	날카롭고, 반듯하고, 크지 않으며, 빈약한, 매끄럽지도 않고 주름진 것도 아님	용맹함		A: 807b3~4
	크고, 둥글고, 살이 찜	감각이 무딤		A: 807b22
	크고, 살이 찌고, 매끄러움	활력이 넘침 혹은 쾌활함		A: 808a2
귀	작음	원숭이 같음		B: 812a9

	신체의 특징	성격	근거	텍스트 출전
	큼	당나귀 같음		B: 812a10
	중간 크기		가장 좋은 태생의 개	B: 812a10~11
몸가짐 (태도)	웅크린 자세	겁이 많음		A: 807b5
	움직이기에 거북한 신체 형태의 자세	겁이 많음		A: 807b10
	무언가에 열심이지 못하고, 움츠러들며 두려움에 떪	겁이 많음		A: 807b11
	올곧음	용맹함		A: 807a32
	올곧음	사나움		A: 808a19
	똑바로 서지 못하고 다소 앞으로 굽어짐	몰염치		A: 807b30~31
	앞으로 구부러짐	헐뜯기 좋아함		A: 808a33
	꾸부정함	활력 없음 (쾌활하지 못함)		A: 808a25
	오른편 어깨 쪽으로 머리의 기울어짐	툿쟁이		A: 808a13
	경솔하지 않고 좋은(혹은 덕이 있는) 사람의 모습	활력이 넘침 혹은 쾌활함		A: 808a6
움직임	지친 발걸음	활력이 없는 사람		A: 808a12
	걸음의 느림	품행이 단정함		A: 807b34
	걸음의 느림	활력이 넘침		A: 808a5
	굼뜸	온화함		A: 806b25

	신체의 특징	성격	근거	텍스트 출전
	재빠름	열정적임		A: 806b26
	재빠름	몰염치		A: 807b32
보폭	넓고 느림 걸음	굼뜬 착수자이나 일을 끝까지 완수함	넓게 걷는 것은 일을 잘 성취하는 것이고, 느린 걸음은 일을 늦추는 것이니까	B: 813a3~5
	짧고 느린 걸음	굼뜬 착수자이나 일을 끝까지 완수하지 못함	짧고 느리게 걷는 것은 일을 끝까지 완수하지 못하는 것이니까	B: 813a5~7
	넓고 빠른 걸음	진취적으로 일을 착수하는 사람은 아니지만 일을 끝까지 완수함	빠름은 일을 끝까지 완수하는 것이지만 넓음은 일을 잘 성취하는 것이 [아니]니까	B: 813a8
	짧고 빠른 걸음	진취적으로 일을 착수하는 사람이지만, 일을 끝까지 완수하지 못함		B: 813a8~9
	긴 보폭으로 천천히 걸으며 움직일 때마다 어깨를 흔듦		사자	B: 809b31~33
	걸음걸이가 혈기 왕성함		사자	B: 809b30
	앞으로 구부정한 채로 어깨를 흔드는 사람	고매함	사자	B: 813a11~14
	어깨를 세우고 뻣뻣하게 |걸으면서| 어깨를 흔드는 사람	〈원문 파손〉	말	B: 813a11
	밖으로 향해 돌아선 발과 장딴지로 걷는 사람	여성적	암컷	B: 813a14

	신체의 특징	성격	근거	텍스트 출전
	몸을 좌우로 꼬고 돌리는 사람	아첨꾼	감정 상태	B: 813a16
	걷는 중에 오른쪽으로 기우는 경향이 있는 사람	톳쟁이(美童)	전체 인상	B: 813a17
	두 가지 걸음걸이 방식: 엉덩이를 흔들며 걷는 것과 엉덩이를 애써 뻣뻣하게 세운 채로 걷는 것	톳쟁이		A: 808a14
제스처	손, 팔, 팔목의 운동: 빠르고 느림/길고 짧음/ 걸음걸이와 보폭이 유비적으로 관계 맺음	걸음걸이와의 유비	걸음걸이와의 유비	B: 813a9~11
	손바닥을 뒤집고 축 처진 자세를 유지함	톳쟁이		A: 808a13
시선	쉽게 움직이는 눈	재빠르고 탐욕스러움	매	B: 813a19
	미약하게 반짝이는 눈	겁이 많음		A: 807b7
	눈을 깜빡이는 사람	겁이 많음	먼저 눈 속에서 도망을 침 (눈길을 회피함)	B: 813a20
	재빠르게 깜빡임	겁쟁이, 불같은 성깔		A: 807b37~ 808a2
	느리게 깜빡임	품행이 단정함		A: 807b37
	사방을 흘깃흘깃 훑어봄	톳쟁이(美童)		A: 808a15

	신체의 특징	성격	근거	텍스트 출전
	곁눈질하는 눈을 가지고 있으며, 한쪽 눈꺼풀이 눈 너머로 반쯤 드리우는 사람들. 눈 중심에 움직임이 없을 때 윗눈꺼풀의 시선을 밑으로부터 위로 끌어 올리는 부드러운 시선을 가진 사람들. 눈꺼풀을 아래로 떨어뜨리는 사람들. 전체적으로 부드럽고 분산하는 시선을 가진 사람들	〈원문 파손〉	전체 인상과 암컷	B: 813a21~27
	한결같이 정지해 있는 것처럼 눈이 천천히 움직임	생각에 잠김	감정 상태	B: 813a27~30
음성	낮고(깊고) 굵은 저음에 성량이 풍부함	용기		A: 806b26
	낮고 가라앉은 목소리	침착함/평온함	감정 상태	A: 807a16
	낮음	용맹함	사자, 황소, 짖는 개, 싸움닭	A: 807a17~20
	힘센 소리	용맹함	(소리의 높고 낮음에서처럼) 징표가 모순되는 경우 단언적 가정을 이끌어 내지 않음으로써	A: 807a21~25
	높고 밋밋한 소리	겁이 많음		A: 806b27
	높고 날카로운 소리	신경질적인 기질	감정 상태 분노와 화냄	A: 807a14~16
	높음	겁이 많음	사슴과 토끼	A: 807a17~21

	신체의 특징	성격	근거	텍스트 출전
	느슨하고 약함	겁이 많음	(소리의 높고 낮음에서처럼) 징표가 모순되는 경우 단언적 가정을 이끌어 내지 않음으로써	A: 807a21~25
	숨을 내쉬는 듯하고 미약하다	품행이 단정함		A: 807b35
	크고 깊은 목소리	오만함	당나귀	B: 813a31
	깊은 음조에서 높은 음조에서 끝내는 사람	침울하고 비탄에 잠겨 있는 사람	소와 그 소리에 어울리는 것	B: 813a32~34
	높고 부드럽고 째지는 듯한 목소리	툿쟁이	암컷들과 전체적인 인상	B: 813a34~b1
	깊고 높은 음조의 큰 목소리	〈원문 파손〉	강건한 사냥개와 전체적인 인상	B: 813b1~3
	부드럽고 아무런 음조가 없이 (이완된) 목소리	온화함	양	B: 813b3
	높고 날카로움	음탕함	산양(염소)	B: 813b4
	낮음	활력이 넘치는 사람		A: 808a5
말하는 방식	천천히 말함	예의 바른 사람		A: 807b34

참고 문헌

『관상학』원전

Bekker, I., *Aristotelis Opera*, vol. II, Berlin, 1831.

Foerster, R., *Scriptores Physiognomonici Graeci et Latini*, 2 Bde., Teubner, Leipzig 1893, Nachdr. Stuttgart, Leipzig Repr. 1994.

Hett, W. S., *Aristotle, Minor Works*(The Loeb Classical Library), Cambridge, Mass. 1936(1993).

이차문헌

Aristotelis de Anima, ed. Ross, W. D., Oxford, 1956.

Aristotle, Loeb Classical Library, 23 Vols., Harvard(*Historia Animalium, De Generatione Animalium, Parva Naturalia, De Generatione et Corruptione, Phusiognomonica, De motu Animalium, Phusika problēmata*).

Aristotle; Parva Naturalia, ed. W. D. Ross, Oxford, 1955.

Aristotle's De Anima Books II, III, trans. D. W. Hamlyn, Oxford, 1968.

Aristotle's De Generatione et Corruptione, trans. with notes by C. J. F. Willams, Oxford, 1982.

Balme, D. M., *Aristotle: Historia Animalium*, Vol. I, Bk., I-X: Text, Cambridge Classical Texts and Commentaries, Cambridge, 2002.

_____, Aristotle's use of division and differentiae, ed. Gotthelf and Lennox(1987), 69~89.

_____, GENOS and EIDOS in Aristotle's Biology, *Classical Quarterly*, new series, XII, 1962, 81~98.

Barnes, J. ed., *The Complete Works of Aristotle*, Princeton, the revised oxford translation Vol. 2, 1984.

Bolton, R., Science and the Science of Substance in Aristotle's Metaphysics Z, ed. Lewis and Bolton(1996), 231~280.

_____, Definition and scientific Method in Aristotle's *Posterior Analytics* and *Generation of Animals*, ed. A. Gotthelf & J. Lennox(1987).

_____, Essentialism and Semantic Theory in Aristotle: *Posterior Analytics*. II. 7~10, *The Philosophical Review*, LXXXV, 1976, 4.

_____, Aristotle's Method in natural Science: Physics 1, ed. Judson(1991), 1~29.

Bonitz, H., *Index Aristotelicus(Aristotelis Opera*, Bd. V), Berlin 1870, Nachdruck Darmstadt, 1961.

Burnyeat, M. F., 'The Origins of Non-Deductive Inference', in J. Barnes, J. Brunschwig, eds. M. Schofield, *Science and Speculation, Studies in Hellenistic Theory and Practice*, Cambridge and Paris 193~238, 1982.

Bussenmaker, U. C., *Physiognomonica*, in: *Aristotelis Opera Omnia, Graece et Latine cum indice nominum et rerum absolutissimo*, vol. IV(ed. A. F. Didot), Paris, 1857.

Campanile, M. D., La costruzione del sofista: note sul Bios di Polemone, *Studi ellenistici*, 12: 269~355, 1999.

Degkwitz, A., *Die pseudoaristotelischen 'Physiognomonica', Traktar A, Übersetzung und Kommentar*, Heidelberg, 1988.

De Lacy, P., ed., *Galeni De placitis Hippocratis et Platonis*, CMG V 4.1.2, 3 vols.(ed., trans. and comm.), Berlin, 1978~1984.

Der Kline Pauly——Lexikon der Antike, Vol. 1~5, Deutscher Taschenbuch Verlag, 1979.

Diels, H., & Kranz, W., *Die Fragmente der Vorsokratiker*, vol. 1, 2, 3, Berlin: Weidmann, 1952(『소크라테스 이전 철학자들의 단편 선집』, 김인곤·강철웅·김재홍 외 옮김, 아카넷, 2005).

Diggle, J., *Theophrastus Characters, Edited with Introduction, Translation and Commentary*, Cambridge Classical Texts and Commentaries 43, Cambridge, 2004.

Dimitri Gutas, *Greek Thought, Arabic Culture, The Graeco——Arabic Translation Movement in Baghdad and Early 'Abbāsaid Society*(2nd~4th/5th~10th Century, Routledge, 1998(디미트리 구타스, 『그리스 사상과 아랍 문명』, 정영목 옮김, 글항아리, 2013).

Dover, K. J., *Greek Homosexuality*, Harvard, 1978.

_____ *Greek Popular Morality in the Time of Plato and Aristotle*, Oxford, 1975.

Edmonds, J., M., *The Characters of Theophrastus* in the Loeb edition, Harvard university Press, 1927(1941).

Evans, E. C., Galen the Physician as Physiognomist, *Transactions and Proceedings of the American Philological Association*, Vol. 76, 1945, 287~298.

_____, Physiognomics in the Ancient World, *Transactions of the American Philosophical Society*, New Series, vol. 59, no. 5, 1969, 1~101.

Frans de Haas and Jaap Mansfeld, ed., *Aristotle's on Generation and Corruption* I, Oxford, 2004.

Freeland, C., Scientific Explanation and Empirical Data in Aristotle's Meteorology, *Oxford studies in Ancient Philosophy*, VII, 1990, 67~102.

Ghersetti, A., II *Kitāb Aristātālis al-faylasūf fī l-firāsa*: nella traduzione di Hunayn b. Ishāq, Rome, 1999.

Gleason, M. W., *Making Man: Sophists and Self-Presentation in Ancient Rome*, Princeton/NJ, 1995.

Gotthelf, A. & Lennox, J. G., ed., *Philosophical issues in Aristotle's Biology*, Cambridge, 1987.

Gotthelf, A., ed., *Aristotle: On Nature and Living Things*, by Mathesis Publications Inc., 1985.

Hankinson, R. J., ed., *The Cambridge Companion to GALEN*, Cambridge, 2008.

Homer, *Iliad*, *Odyssey*, Loeb Classical Library, Harvard, 2001.

Jebb, R. C., *The Character of Theophrastus*, Translation from a revised Text, London and Cambridge 1870; revised by J.E. Sandys, London, 1909.

Jones, W. H. S. ed., *Hippocrates Vol. 1: Ancient Medicine, Airs, Waters, Places, Epidemics I & III, The Oath, Precepts, Nutriment*, London, 1923.

_____, *Hippocrates Vol. 2: Prognostic, Regimen in Acute Diseases, The Sacred Disease, The Art, Breaths, Law, Decorum, Physician, Dentition*, London, 1923.

_____, ed., *Hippocrates Vol. 4: Nature of Man, Regimen in Health, Humours, Aphorisms, Regimen I-III, Dreams. Heracleitus: On the Universe*, Loeb Classical Library 150, Cambridge, Mass, 1931.

Jones, W. H. S., *The Medical Writings of Anonymous Londinensis*, Cambridge, 1947.

Jouanna, Jacques, ed., *Épidémies I et III*, Paris, 2016.

_____, ed., *Hippocrate, Des vents; De l'art*, CUF, Vol. 5.1, Paris, 1988.

_____, ed., *Hippocrate, Tome X 2e partie, Maladies II*, CUF, Vol. X.2, Paris, 1983.

_____, ed., *Hippocrate: Tome II 1e partie, L'ancienne médecine, Vol. II.1*, CUF, Paris, 1990.

_____, ed., *Hippocratis De natura hominis*, CMG I 1,3, Berlin, 2002 [orig. 1975].

_____, ed., *Prognosticon (Progn.)*, Paris, 2013.

Jouanna, Jacques, *Hippocrate*, Fayard, 1992 (자크 주아나, 『힙포크라테스』, 서홍관 옮김, 아침이슬, 2004).

Jouanna, Jacques, "The Legacy of the Hippocratic Treatise The Nature of Man: The Theory of the Four Humours", *Greek Medicine from Hippocrates to Galen*, trans. Neil Allies, Brill, 2012.

Judson, I. ed., *Aristotle's Physics: A Collection of Essays*, Oxford, 1991.

Kalachanis, K. & Michailidis, I. E., "The Hippocratic View on Humors and Human Temperament", *European Journal of Social Behaviour,* 2(2): PP. 1~5, 2015.

Kant, I., *Anthropology from a Pragmatic Point of View*, trans. R. Louden. In: Kant, I., Louden R., & Zoller, G., eds., *Anthropology, History, and Education*, Cambridge University Press, 2007.

Kullmann, W., *Aristoteles, Über die Teile der Lebewesen*, übersetzt und erläutert von Wolfgang Kullmann, Akademie Verlag, Berlin, 2007.

Lennox, J. G., *Aristotle: On the Parts of Animals I-IV*, Tr., with a Commentary, Oxford, 2001.

_____, *Aristotle's Philosophy of Biology, Studies in the Origins of Life Science*, Cambridge, 2001.

_____, Divide and Explain: the *Posterior Analytics* in Practice, ed. A. Gotthelf & J. Lennox, 1987.

_____, Recent Philosophical Studies of Aristotle's Biology, *Ancient Philosophy* 4, 75~82, 1984.

Lewis, F. A., and Bolton, R., ed., *Form, Matter, and Mixture in Aristotle*, Blackwell, 1996.

Liddle, H. G., & Scott., R., *A Greek-English Lexicon*, revised by Stuart Jones, Sir Henry, and McKenzie, R., with Supplement, Oxford, 1968.

Lioyd, G. E. R., *Sciences, Folklore and Ideology: Studies in the Life Science in Ancient Greece*, Cambridge, 1983.

_____, *Aristotelian Explorations*, Cambridge, 1996.

_____, *Magic, Reason and Experience*, Cambridge, 1979.

_____, *Methods and Problems in Greek Science* (selected papers), Cambridge Univ. Press, 1991.

Loveday, T & Forster, E. S., *Physiognomonics, The Complete Works of Aristotle*, The revised Oxford translation (ed. J. Barnes, 2 Bks), Princeton, 1984, Bk. 1, 1,237~1,250.

Maria Michela Sassi, trans. Paul Tucker, *The Science of Man in ancient Greece*, University of Chicago Press, 2001.

Mewaldt, J., G. Helmreich, and J. Westenberger, eds., *Galeni In Hippocratis De natura hominis commentaria III; In Hippocratis De victu acutorum commentaria IV; De diaeta Hippocratis in morbis acutis,* CMG V. 9.1, Berlin, 1914.

Pellegrin, P., *La Classification des animaux chez Aristote: statut de la bilogie et unité de l'aristotélisme*, Paris, 1982; Logical difference and biological difference: the unity of Aristotle's thought, ed. A. Gotthhelf & J. G. Lennox(1987).

Philip van der Eijk, Galen on the Nature of Human Beings, *Bulletin of the Institute of Classical Studies*, Supplement, 2014, no. 114, Philosophical Themes in Galen, 89~134.

_____, *Medicine and Philosophy in Classical Antiquity,* Cambridge, 2005.

Phillip De Lacy, "Galen's Platonism", *The American Journal of Philology,* Vol. 93, 27~39, 1972.

Pormann, Peter E., ed., *The Cambridge Companion to Hippocrates*, Cambridge, 2018.

Raina, G., "Pallido come il miele. Un colore molto particolare: Il *Melichlōros"*, L'Immagine *Riflessa* 3: 303~316, 1992.

Raina, G., *Pseudo Atistotele, Fisiognomica: Anonimo Latino, Fisiognomica* (introduzione, testo, *traduzione e note*), Milan, 1993.

Rose, V., *Aristoteles Pseudepigraphus*, Leipzig(Nachdr. Hidesheim, New York), 1863/1971.

Ross W. D., *Aristotle's Prior and Posterior Analytics*, Oxford, 1949.

Schneidewin, M., *Die Aristotelische Physiognomik, Schlüsse vom Körperlichen auf Seelisches,* Heidelberg, 1929.

Simon Hornblower & Antony Spawforth, ed., *The Oxford Classical Dictionary* (3rd), Oxford, 1999.

Singer, P. N. & Ph. J. van der Eijk & Piero Tassinari, *Galen. Works on Human Nature, Volume 1, 'Mixtures' (De temperamentis). Cambridge Galen translations,* Cambridge: Cambridge University Press, 2018.

Smith, R., *Aristotle, Prior Analytics*, Hackett Publishing Company, 1989.

Stratton, G. M., *Theophrastus and the Greek Physiological Psychology before Aristotle*, E. J. Bonset & P. Schippers; George Allen & Unwin, 1917.

Swain, S., ed., *Seeing the Faces, Seeing the Soul: Polemon's Physiognomy from Classical Antiquity to Medieval Islam*, Oxford, 2007.

Vogt, S., *Aristoteles, Physiognomonica*, übersetzt und kommentiert, Wissenschaftliche Buchgesellschaft, Darmstadt, 1999 [*Aristoteles, Opsuscula*, Band 18, Teil VI].

von Arnim, J.(1903~1905), *Stoicorum Veterum Fragmenta*, 3vols(Leipzig); vol. 4, indexes by Adler, M.(Leipzig 1924) [관례적인 약어 *SVF*].

디오게네스 라에르티오스, 『유명한 철학자들의 생애와 사상』(이정호·김재홍·김인곤·김주일 공역), 나남, 2021.

미셸 푸코,『성의 역사』——자기에의 배려(제3권), 이영목 옮김, 나남, 2004.

브루노 스넬,『정신의 발견』, 김재홍·김남우 옮김, 그린비, 2020.

설혜심,『서양의 관상학 그 긴 그림자』, 한길사, 2002.

신응철,『관상의 문화학——사람은 생긴 대로 사는가』, 책세상, 2006.

아리스토텔레스,『니코마코스 윤리학』, 김재홍·강상진·이창우 공역, 길, 2011.

아리스토텔레스,『시학』(peri poiētikēs), 김재홍(미간행).

아리스토텔레스,『토피카』(Topika), 김재홍 옮김/해석, 서광사, 2021.

아리스토텔레스,『형이상학』(Tametataphusika), 조대호 옮김, 나남, 2012.

아리스토텔레스,『혼에 대하여』(Peripsuchēs), 오지은 옮김, 아카넷, 2018.

에픽테토스,『왕보다 더 자유로운 삶——에픽테토스의 '엥케이리디온', '대화록' 연구』,
    김재홍 역저, 서광사, 2013.

테오프라스토스,『성격의 유형들』, 김재홍 옮김, 쌤앤파커스, 2019.

플라톤,『국가』(Politēia), 박종현 역주, 서광사, 1997.

플라톤,『라케스』(Lachēs), 한경자 옮김, 아카넷, 2014.

플라톤,『법률』(Nomoi), 박종현 역주, 서광사, 2009.

플라톤,『티마이오스』(Timaios), 박종현·김영균 공동 역주, 서광사, 2000.

플라톤,『티마이오스』(Timaios), 김유석 옮김, 아카넷, 2019.

플라톤,『파이돈』(Phaidon), 전헌상 옮김, 이제이북스, 2013.

플라톤,『향연』(Sumposion), 강철웅 옮김, 이제이북스, 2010.

플라톤,『테아이테토스』(Theaitētos), 정준영 옮김, 이제이북스, 2013.

헤르만 프랭켈,『초기 희랍의 문학과 철학』, 김남우·홍사현 옮김, 아카넷, 2006.

헤시오도스,『신통기』, 천병희 옮김, 한길사, 2004.

호메로스,『오뒷세이아』, 천병희 옮김, 숲, 2002.

호메로스,『일리아스』, 천병희 옮김, 숲, 2002.

힙포크라테스,『공기, 물, 장소에 관하여』, 여인석·이기백 옮김(『힙포크라테스 선집』), 나
    남, 2011.

찾아보기

산양(염소)(aix) 812b7, 14, 813b6

상태(감정의)(diathesis) 805a29

새(ornis) 806b11, 20, 810a21, 23, 31, 811a34, 812b16, 21

색/피부색/피부(chroia, chrōma, chrōs) 806b3, 5, 807b2, 32, 808a17, 34, b4, 810a5, 812a14, 17, 21, 23 아래, 812b1, 4 아래, 813b12, 17, 21, 24, 26

선택(징표의)(eklogē) 805a28, 33, b11, 809a17, 19, 810a13 아래

성격(hēthos) 805a27, 807a6, 808a36

성격적 특징(pathos/pathēma) 805b30, 32, 806a2 아래, 5, 23 아래, 806a13, 808a31 아래

소(bous) 810b16, 811a29, b6, 10, 21, 28, 30, 813a34

소피스트(sophistēs) 808a16

속 좁다/소심하다(mikropsuchos) 808a29 아래, 810a7, 811b8, 19

수다스러움(多辯; lalia) 806b18~21, 910b15

수면을 좋아하는 사람(philupnos) 808b7

수컷(arren) 806b32, 809a29, 32, 39, b5, 8, 11, 15, 810a10, 17, 26, 30, 36, b8, 10, 13, 24, 26, 36, 811a12, 814a5, 8

수탉(alektruōn) 806b14, 807a19 아래, 811b2, 812b12

술 취함(methē) 805a4

스퀴타이인(Skuthai) 805a27

슬픔(lupē) 805a7

신경질(짜증)을 내다(thumoeidēs) 811a13

신경질적인 기질을 가진 사람 (thumoeidous) 807a14

신체/몸/살(sōma, sarx) 805a1 아래, 6, 9, 13 아래, 22 아래, b13, 806a14, 32 아래, b20, 24, 807a32 아래, b3, 5, 8, 32, 808a20, 25, b8, 11, 13, 18, 22, 24 아래, 809a4, 8, b9, 11, 810a7, 812a20, 22 아래, 813a16, b12 아래, 26, 28, 814a4

신체의 형태(morphē) 808b13, 18, 25, 809a13

씁쓸함(퉁명스러움, 언짢음; pikrou sēmeia) 808a17

[ㅇ]

아이귑토스인(Aiguptos) 805a27, 812a12 아래

아이티오피아인(Aithiopes) 812a13, b31

안으로 모이는 무릎(gonukrotos; 안짱다리) 808a13, 809b8, 810a34

암컷(thēlu) 806b32, 809a29, 31, 39, b5, 13, 37, 810a10, 19, 28, b1, 12, 14, 28, 37, 811a13, 814a1, 8

양(probaton, ois) 806b8, 813b4

얼굴(prosōpon) 805b2, 8, 806a30, b29, 807b6 아래, b15, 25 아래, 808a4, 8, 17 아래, 27 아래, 30, 809b5, 16, 39, 811b5 아래, 8 아래, 12812a31, 814b5

엉덩이(osphus/kotulē) 807b22, 807b26, 808a16

엉덩이(허리) 관절(ischion) 807a37, 809b7

여성(gunaikes) 809b1, 812a14, b18, 813a15, 27, b1

여우(alōpekis) 812a17

열(thermos) 806b4

열혈적인/다혈질의(huphaimos) 806b4

온화하고(praus/praos) 808a24, 809b35, 811b28, 813b4

외관, 외형(opsis, eidos, idea) 805a12, 26,

지은이   아리스토텔레스 기원전 384~322년

그리스 북동부 칼키디케 반도 스타게이로스(Stageiros) 출생. 별칭으로 '스타게이로스의 사람'으로 불렸다. 마케도니아의 왕 아뮌타스 3세의 시의(侍醫)였던 아버지 니코마코스 덕에 어린 시절 펠라의 궁전에서 수준 높은 교육을 받으면서 성장했다. 17세가 되던 기원전 367년 아테네로 간 그는 플라톤의 아카데미아에 들어가 플라톤이 죽는 347년경까지 20년 동안 플라톤 문하에서 학문에 정진한다.

플라톤이 죽고 그의 조카 스페우시포스가 아카데미아의 새 원장이 되자 몇몇 동료와 아테네를 떠난 아리스토텔레스는 기원전 342년 마케도니아의 필립포스 왕에 의해 그의 아들 알렉산드로스의 교육을 위탁받은 것으로 추정되기도 한다. 알렉산드로스가 아시아 원정을 준비하던 335년 아테네로 돌아온 그는 아폴론 신전 경내에 뤼케이온이라는 학원을 설립한다. 기원전 323년 알렉산드로스 대왕이 죽고, 아테네에 반 마케도니아 기운이 감돌기 시작하자 아리스토텔레스는 아테네를 떠나 어머니의 고향 칼키스로 갔고, 이듬해에 세상을 떠난다.

그의 저술들을 주제별로 정리하면 다음과 같다. 논리학적 저작으로 『범주론』, 『명제론』, 『분석론 전서』, 『분석론 후서』, 『토피카』, 『소피스트적 논박에 대하여』 등이, 이론 철학적 저작으로 『자연학』, 『형이상학』, 『혼에 대하여』 등이, 실천 철학적 저술로 『니코마코스 윤리학』, 『정치학』, 『에우데모스 윤리학』, 『대도덕학』 등이 전해진다. 또한 언어학적 철학 저작인 『수사술』과 예술 이론적 저작인 『시학』이 전승되었고, 생물학 관련 작품으로 『동물 탐구』, 『동물의 부분들에 대하여』, 『동물의 운동에 대하여』 등도 전해진다.

옮긴이·주석   김재홍

숭실대학교 철학과 졸업. 같은 대학교 대학원에서 서양고전 철학 전공, 1994년 「아리스토텔레스의 학문방법론에서의 변증술의 역할에 관한 연구」로 철학박사 학위 취득. 캐나다 토론토대학교 '고중세 철학 합동 프로그램'에서 철학 연구(Post-Doc). 가톨릭대학교 인간학연구소 전문연구원, 서울대학교 철학사상연구소 선임연구원 역임. 가톨릭관동대학교 연구교수를 거쳐 전남대 사회통합지원센터 부센터장을 지냈으며, 현재 정암학당 연구원으로 있다.

저서 『그리스 사유의 기원』, 『왕보다 더 자유로운 삶』, 『아리스토텔레스 정치학』 등. 역서 『자기 자신에게 이르는 것들』, 『에픽테토스 강의 1·2』, 『에픽테토스 강의 3·4, 엥케이리디온, 단편』, 아리스토텔레스의 『토피카』, 『소피스트적 논박에 대하여』, 『니코마코스 윤리학』 등.

고전의 숲 08
아리스토텔레스 관상학

초판1쇄 펴냄 2024년 3월 12일

지은이 아리스토텔레스
옮긴이·주석 김재홍
펴낸이 유재건
펴낸곳 (주)그린비출판사
주소 서울시 마포구 와우산로 180, 4층
대표전화 02-702-2717 | **팩스** 02-703-0272
홈페이지 www.greenbee.co.kr
원고투고 및 문의 editor@greenbee.co.kr

편집 이진희, 구세주, 송예진 | **디자인** 이은솔, 박예은
마케팅 육소연 | **물류유통** 류경희

ISBN 978-89-7682-859-0 03180

독자의 학문사변행學問思辨行을 돕는 든든한 가이드 _(주)그린비출판사